V&R

Günter Fröhlich

Nachdenken über das Gute

Ethische Positionen bei Aristoteles,
Cicero, Kant, Mill und Scheler

Mit einer Grafik und einer Tabelle

Vandenhoeck & Ruprecht

Bibliografische Information Der Deutschen Bibliothek

Die Deutsche Bibliothek verzeichnet diese Publikation in der Deutschen Nationalbibliografie; detaillierte bibliografische Daten sind im Internet über <http://dnb.ddb.de> abrufbar.

ISBN 10: 3-525-30151-0

ISBN 13: 978-3-525-30151-7

© 2006, Vandenhoeck & Ruprecht GmbH & Co. KG, Göttingen / www.v-r.de
Alle Rechte vorbehalten. Das Werk und seine Teile sind urheberrechtlich geschützt. Jede Verwertung in anderen als den gesetzlich zugelassenen Fällen bedarf der vorherigen schriftlichen Einwilligung des Verlages. Hinweis zu § 52a UrhG: Weder das Werk noch seine Teile dürfen ohne vorherige schriftliche Einwilligung des Verlages öffentlich zugänglich gemacht werden. Dies gilt auch bei einer entsprechenden Nutzung für Lehr- und Unterrichtszwecke. Printed in Germany.

Gesamtherstellung: Hubert & Co., Göttingen

Inhalt

	Vorwort	7
	Nachdenken über das Gute	9
1	Aristoteles	18
1.1	Die Praktische Philosophie und das Glück	18
1.2	Dianoetische und ethische Tugenden	29
1.3	Mêden agan – das rechte Maß	33
1.4	Die Tugenden	37
1.4.1	Die ethischen Tugenden am Beispiel der Gerechtigkeit	37
1.4.2	Die dianoetischen Tugenden am Beispiel der Klugheit	41
2	Cicero und das *Officium*	46
2.1	Cicero und die Grundlagen des stoischen Denkens	46
2.2	*De officiis*	51
2.3	Die Fundamente der Moral	52
2.4	Die Kardinaltugenden	55
2.4.1	Die Weisheit	55
2.4.2	Die Gerechtigkeit	55
2.4.3	Die Tapferkeit	57
2.4.4	Die Besonnenheit/Mäßigkeit	59
2.5	Das pflichtgemäße Handeln	60
2.6	Cicero und die Stoa	65
3	Kant und der kategorische Imperativ	69
3.1	Die Kritik an Aristoteles	69
3.2	Die Grundlagen aus der theoretischen Philosophie Kants	71
3.3	Der gute Wille	74
3.4	Die Imperative	80
3.5	Autonomie und Heteronomie	92
3.6	Die Freiheit des Willens als Autonomie	95

4	John Stuart Mill	103
4.1	Die geistigen Grundlagen	103
4.2	Das Prinzip des größten Glücks	106
4.3	Was heißt Utilitarismus?	107
4.4	Das Glück und der Nutzen	112
4.5	Die Begründung des Utilitarismus	116
5	Die Wertethik Max Schelers	122
5.1	Scheler und Kant	122
5.2	Wert und Wertordnung	123
5.2.1	Werthöhe und Wertrang	123
5.2.2	Die Schichtung des emotionalen Lebens	126
5.3	Was heißt bei Scheler Phänomenologie?	132
5.4	Schelers Wertlehre	137
5.4.1	Der Wertbegriff	138
5.4.2	Fühlen und Gefühle	149
5.5	Der Personalismus Schelers	143
5.5.1	Person und Ethik	144
5.5.2	Person und Individuum	147
5.5.3	Vorbilder	149
	Ethische Positionen	154
	Literatur	155

Vorwort

Einführungen in die Ethik gibt es viele. Als ich im Wintersemester 2000/01 allerdings die Möglichkeit erhielt, Fachhochschulstudierende des Studiengangs »Soziale Arbeit« über die Grundlagen der Ethik und des ethischen Argumentierens zu unterrichten, schienen mir die Bücher, welche der Markt bot, vielfach zu komplex, voraussetzungsreich und für den »ethischen Anfänger« und den philosophischen Laien schwer oder gar nicht verständlich. Ich hielt es aber durchaus auch im ersten Anfang für sinnvoll, die Grundpositionen der Ethik (Aristoteles, Kant und Mill) an Hand der Originaltexte zu vermitteln. Doch war mir klar, dass diese, um vor ihrem geschichtlichen Hintergrund und in ihrer systematischen Bedeutung deutlich und verständlich zu werden, einer detaillierten Ausdeutung bedürfen. Das vorliegende Buch ist das Ergebnis des Versuchs, die historische Literatur dem heutigen Leser – und ursprünglich den Hörern – lebendig werden zu lassen.

Ich habe die Texte seither immer wieder vorgetragen und jedesmal überarbeitet und sprachlich verbessert; in ihrer erweiterten Form mit den Kapiteln über Cicero und Scheler auch vor Philosophiestudierenden – auch diese profitierten vom Versuch, Textnähe mit möglichst großer Klarheit des Ausdrucks zu verbinden – und vor Ärztinnen und Ärzten des Klinikums der Universität Regensburg als Einführung in die Ethik und als Vorbereitung für eine Tutorentätigkeit anlässlich eines Kurs über »Ethik der Medizin«.

Die einzelnen Kapitel kann man in einem engeren Verständnis als fortlaufenden Kommentar der verwendeten Auswahl an Originaltexten ansehen. Der Argumentationsverlauf folgt diesen in seinen wesentlichen Linien. Die entsprechenden Originalstellen sind jeweils im Literaturverzeichnis angegeben und können neben die Kommentierung gelegt werden. In einem weiteren Verständnis kann man aber auch von einer Interpretation der ausgewählten Passagen sprechen, vor allem, da ich versucht habe, die Herangehensweise der Autoren heutigen Fragestellungen anzupassen. Einführungsabschnitte oder Ausblicke ergänzen die Interpretationen der Texte immer dann, wenn es mir nötig schien. Das Buch ist also insgesamt für all diejenigen gedacht, welche sich einen Überblick über ethische Fragestellungen und eine erste Einführung in die historischen ethischen Grundanliegen verschaffen möchten.

Die dargestellten Positionen sind aber natürlich keineswegs vollständig. Vollständigkeit kann beim Ziel, den Umfang in einem überschaubaren Maß zu halten, auch nicht annähernd erreicht werden. Allerdings lassen sich von den verschiedenen ethischen Orientierungen die meisten – auch diejenigen, welche heute noch vertreten werden – auf die Grundpositionen von Aristoteles, Kant und Mill zurückführen. Deren Ideen und Ansichten sind in einer Darstellung der maßgeblichen ethischen Begründungsstrategien deswegen auch unverzichtbar. Scheler setzt sich dagegen von den anderen deutlich ab. Sein phänomenologisches Vorgehen lässt Einblicke in Bereiche zu, welche sonst meist gar nicht beachtet werden. Zwar hat seine Wertphilosophie zu seiner Zeit eine enorme Wirkung entfaltet, für die heutige Diskussion spielt sie aber bestenfalls eine untergeordnete Rolle. Weil ich das bedaure und eine Auseinandersetzung mit Scheler für fruchtbar halte, habe ich ihn für diese Sammlung ausgewählt. Bei Cicero liegt die Sache anders. Wir bemerken bei ihm einen Synkretismus, der unterschiedliche ältere Begründungen in eine Position zu integrieren versucht. Ciceros Stellung als Vermittler der griechischen Tradition in den lateinischen Sprachraum ist allerdings so enorm, dass der Verzicht auf die Schilderung seiner Position in fast allen modernen ethischen Darstellungen nicht gerechtfertigt scheint.

Die Literaturangaben am Ende des Buches sind auf ein Minimum beschränkt und bringen in erster Linie das Allerwichtigste und das Neueste. Dort findet man dann aber leicht weitere Literatur, die zu einer wissenschaftlichen Auseinandersetzung hinführen kann.

Zu größtem Dank bin ich meinem lieben Kollegen Christian Schäfer verpflichtet, da er das Manuskript gründlich gelesen und mir mit vielen Hinweisen geholfen hat. Außerdem danke ich sehr Ulrike Gießmann-Bindewald, die sich so schnell bereit erklärte, das Buch in das Programm des Verlages Vandenhoeck & Ruprecht aufzunehmen und gleich erscheinen zu lassen; dazu für ihre sorgsame Betreuung. Alle Fehler und Ungenauigkeiten, die der Text noch enthalten sollte, gehen freilich allein zu meinen Lasten.

Die Entstehung des Textes ist den Studierenden verpflichtet. Ich widme das Buch all denjenigen, die sich besonders um eine Verbesserung der Studienbedingungen und der Lehre an den Hochschulen bemühen; stellvertretend hierfür will ich Herrn Wolfgang Jilg nennen, den Studiendekan der Medizinischen Fakultät der Universität Regensburg, der so viel seiner Arbeitszeit gerade hierfür verwendet und der mit seinem »Forum Lehre« eine Diskussionsatmosphäre geschaffen und kultiviert hat, die mich immer wieder erstaunen lässt, und die Offenheit und Sachlichkeit – durchweg philosophische Tugenden – in so hervorragender und fruchtbringender Weise verbindet.

Regensburg im Dezember 2005   Günter Fröhlich

Nachdenken über das Gute

Unter Moral versteht offenbar jeder etwas anderes. Zwar gehen wir erstens davon aus, dass Menschen, während sie aufwachsen, bestimmte Vorstellungen über gut und richtig gelehrt und vorgeführt bekommen, hier also durchaus Gemeinsamkeiten vorliegen können. Wir nehmen zweitens grundsätzlich an, dass wir, wenn wir uns über solche Vorstellungen miteinander unterhalten, dem anderen jeweils vermitteln können, welche Überzeugungen wir haben und warum wir diese haben. Wir glauben also, dass der andere unsere Vorstellungen von der Moral verstehen kann.

Dennoch können wir in unseren moralischen Einstellungen offensichtlich niemals vollkommene Einigkeit erzielen. Noch mehr Unterschiede in den Vorstellungen über das, was für richtig und falsch sowie gut und böse gehalten wird, bemerkt man, wenn man die Standpunkte verschiedener Völker und Kulturen durch die Zeit hindurch miteinander vergleicht.

Auf der anderen Seite scheinen wir aber doch der Überzeugung zu sein, dass bestimmte Grundannahmen, bestimmte Einsichten, vielleicht sogar Wahrheiten, bestehen müssen, damit ein geregeltes Zusammenleben zwischen den Menschen möglich ist; wir glauben zudem, dass es ganz grundsätzlich zum Menschsein dazugehört, dass jeder solche moralischen Überzeugungen, Werte und Normen einsehen und darauf aufbauend die dazu gehörigen Regeln beachten kann.

Es gibt aber noch eine andere Ansicht zur Moral, eine Ansicht, die in unserer heutigen Zeit zunehmende Verbreitung findet: Die Ansprüche der Moral – dass solche bestehen, scheint uns intuitiv klar zu sein – werden immer deutlicher als Zumutung erachtet. Es gilt als Zeichen des modernen Menschen, dass er autonom, d.h. selbstbestimmt, entscheiden kann, wie er handelt. Allenfalls Kinder bräuchten so etwas wie eine moralische Führung, man müsse ihnen zeigen, was richtig und falsch sei, man müsse ihnen Werte vermitteln, weil sie von all dem noch nichts wissen könnten; sie hätten ja noch nicht so viele Erfahrungen gemacht. Dabei ist gar nicht einzusehen, warum gerade Kinder etwas nötig hätten, was die Älteren ihrer eigenen Meinung nach nicht zu interessieren braucht.

Wird die Moral nun als Zumutung begriffen, so versteht man darunter etwas, was von außen an den Einzelnen herangetragen wird. Moral ist, nimmt man sie nicht leichthin als Motivationsbegriff, immer die Moral der anderen, sei es die Moral der Kirche, der Eltern oder deren Generation, der eigenen Gruppe oder der Gesellschaft. Das jeweilige Moralsystem, also der Zusammenhang von Werten und Normen, wird dabei als dogmatisch gegeben – im schlechten Sinne des Begriffs – vorausgesetzt. Die Übernahme solcher Wertsysteme setzt eine autoritative Instanz voraus, der man sich in der Anerkennung unterwirft.

Dass man ein autoritatives Moralsystem anerkennt, kann verschiedene Gründe haben. Möglicherweise erkennt man Gott als Urheber sittlicher Forderungen an oder man will zu einer bestimmten Gruppe gehören, innerhalb derer klare und feste Regeln gelten. Wenn die vorgegebenen Bestimmungen aber unverrückbar sind, würden wir sagen, dass das Regelsystem wenig demokratisch ist. Es entspricht damit auch nicht unserer heutigen Art zu denken.

Es kommt aber auch nicht dem gleich, was ich im Folgenden unter Ethik verstehen möchte. Zumeist meint man mit »Moralphilosophie« im Wesentlichen das Gleiche wie mit »Ethik«. Dieser Begriff scheint aber auf etwas zu verweisen, das nicht so sehr als feststehend angesehen wird; es geht dabei offenbar um etwas, worüber man diskutieren kann und bei dem die Ergebnisse der Diskussion noch nicht feststehen.

Heutzutage kennt man in der Öffentlichkeit vor allem die Einrichtung von Ethikkommissionen oder einem Ethikrat. »Rat« steht hier unmittelbar für »beraten« und so scheint wiederum der Begriff getroffen zu sein, dass man über die Inhalte der Moralphilosophie, über das also, was als Moral gelten solle, erst einmal reden und zuvor auch noch nachgedacht haben sollte.

Doch auch hier ist etwas, das für die Ethik entscheidend ist, verfehlt. Die Einrichtung einer Ethikkommission legt zwar den richtigen Schluss nahe, dass hierbei verschiedene Meinungen aufeinandertreffen, welche von den an der Kommission beteiligten Fachleuten vertreten und eingebracht werden sollen; man zieht aber leicht auch den falschen Schluss, es gäbe in der Ethik endgültige Entscheidungen, zu denen eine solche Kommission sich zusammenfinden könnte; Entscheidungen, die dann wieder dogmatisch-autoritativ gelten würden. Es ist im Gegenteil ein Merkmal von Ethik und ethischem Nachdenken, immer und immer wieder für weitere Reflexionen offen zu sein.

Die Ethik ist, so besehen, nicht so sehr für die Ergebnisse einer Unterhaltung über das rechte Handeln zuständig, sondern in der Ethik geht es um die Diskussion selbst und das damit verbundene Nachdenken. Ethik, so können wir definieren, ist »das philosophische Nachdenken über das richtige Handeln«.[1]

---

1 Es besteht ein komplexer Zusammenhang zwischen den Begriffen des »Rechts«, des »Rechten«, des »Richtigen«, der »Richtigkeit«, des »ethisch Gesollten«, des »Guten«, des »Gerech-

Unser Handeln steht unter ganz verschiedenen Aspekten und es bezieht sich auf ganz unterschiedliche Gegenstände. Auf diese Gegenstände und ihre jeweiligen Gegenstandsarten muss die Ethik Rücksicht nehmen, um überhaupt sinnvoll zu sein. Es gibt aber wohl keinen Bereich des Handelns, der außerhalb der ethischen Reflexion steht. Man kann künstlich von diesem Aspekt des Handelns absehen und die Gegenstände, mit denen man dabei umgeht, rein theoretisch betrachten; aber selbst diese Art der Betrachtung scheint unter ethischen Gesichtspunkten wiederum wertvoll zu sein.

Der Anspruch einer solchen universalen Bedeutung der Ethik ist freilich massiv bestritten worden. Im Gegensatz dazu meinen manche, auch die theoretisch bestimmten Gegenstände, also die Inhalte unserer Erkenntnis, seien gar nichts anderes als die Art, wie wir mit ihnen umgingen, wie wir sie gebrauchten.

Von einer anderen Seite her argumentierend ist von Max Weber gefordert worden, die Wissenschaft solle wertfrei sein; sie solle sich also allein um die Gegenstände ihres jeweiligen Wissensgebiets bemühen und sich dabei nicht pragmatisch um die Verwendungsweise ihrer Entdeckungen kümmern. Eine solche Forderung hat zum Zweck der Forschung gewiss ihr Recht. Ich fürchte nur, sie ist nicht vollständig und tiefgreifend realisierbar, mindestens nicht ohne erhebliche Defizite auch für die Wissenschaften selbst. Dafür kann man drei Gründe namhaft machen:

Nach unserer oben gemachten Voraussetzung ist erstens jeder Bereich des Handelns einer ethischen Reflexion gegenüber offen; damit aber ist auch das wissenschaftliche Forschen offenbar nicht nur an Regeln der Forschung – was wieder ethisch bzw. praktisch begründet werden muss –, sondern auch an generelle ethische Maßstäbe gebunden, über die jeder nachdenken sollte.

Zum Zweiten ist die Forderung nach Wertfreiheit, wie wir schon festgestellt haben, selbst ethisch wertvoll, muss dann aber auch ethisch bewertet werden: Ein höherer Wert, wenn denn die Forschung einen solchen berührt (man denke z.B. an die Entdeckung der Kernspaltung und ihre Folgen für den Energiebereich, an den Bereich der internationalen Sicherheitspolitik und gleichermaßen an die Gefahr für das Leben auf der Erde, die von ihr ausgeht), könnte ja durch sie bedroht werden. Ein generelles Absehen von allen Folgen der Forschung hätte also fatale Konsequenzen.

---

ten«, der »recta ratio« usf. – Begriffe, welche für sich alle Vielfältiges bedeuten können. Ich habe hier den Ausdruck »richtiges Handeln« gewählt, da ich im Folgenden davon ausgehen will, dass wir nicht schon wissen, worin das Gute liegt. Dies soll sich vielmehr erst aus dem Nachdenken ergeben, womit nicht gesagt ist, dass wir es dadurch erst hervorbringen. Der Ausdruck des »rechten Handelns« dagegen verweist meiner Ansicht nach eher auf eine Konvention. Eine solche aber müsste moralphilosophisch wiederum erst reflektiert werden.

Drittens aber – und das ist ein außerordentlich wichtiger Punkt – wird auch die Wissenschaft von einzelnen Menschen betrieben. Menschen machen sich seit jeher Gedanken über das richtige Verhalten, jeder über sein eigenes, jeder auch über das der anderen. Auch ein Wissenschaftler trägt insofern Verantwortung für die von ihm gemachten Forschungen, da diese die Gegenstandsbereiche seines Tätigseins sind. In welcher Weise er dieser Verantwortung gerecht wird, ist aber wiederum eine Frage des ethischen Niveaus und der Tiefe seiner eigenen moralphilosophischen Reflexion.

Die Griechen dachten nicht nur nach, sondern schrieben ihre Gedanken auch auf, so dass mit ihnen unser Wissen darüber beginnt, dass sich Menschen über ihr Verhalten Gedanken machen – methodisch reflektierte Gedanken –; sie hatten für dieses Verhältnis des Menschen zu seinem Handeln einen Begriff, nämlich den der *Praxis*.

Unter diesem Begriff verstehen viele heutzutage etwas ganz anderes als die Griechen. Heute dient er oftmals als Gegenbegriff zur *Theorie*. Diese sei Wissen, jene aber die Anwendung dieses Wissens. Die Griechen betonten demgegenüber, dass es ein Wissen gibt, das gar nicht angewendet werden kann und bei dem es entsprechend auch nicht um irgendeine Nutzbarmachung geht. »Nutzloses Wissen« würden wir heute dazu sagen und der Grieche würde uns darin auch Recht geben; nicht allerdings bezüglich des negativen Aspekts.

Dieses Wissen, dem es nur um die Erkenntnis geht und um sonst nichts, nannten die Griechen *theoria*. Davon unterschieden sie das Wissen, das auf das Handeln bezogen ist, die *praxis*. *Praxis* wird also nur als eine andere Form des Wissens verstanden und nicht als bloße Anwendung eines wie auch immer gearteten theoretischen Wissens. Wenn es dagegen nur um das Machen bzw. um das Herstellen von irgendetwas ging, dann nannten die Griechen das *poiesis*. Sie hatten also auch hierfür einen eigenen Begriff.

Wir müssen uns überlegen, was wir heute mit dem Begriff der Anwendung meinen. Wir werden darunter nicht einfach irgendein »Herumwursteln« verstehen wollen, denn wir sollten ja doch immer wissen, was wir tun; und wir verlangen das auch von anderen. Es geht in der Praxis offenbar allein um ein Wissen, welches uns im konkreten Handeln leitet. Es mag ein etwas anderes Wissen sein als das theoretische – obwohl zum richtigen Handeln auch viel theoretisches Wissen gehört; es bleibt aber ein Wissen und damit etwas, das zum Geist gehört und nach einer geistigen Auseinandersetzung verlangt.

Die Praxis ist im Verständnis der Griechen als Wissen nicht nur ein Gegenbegriff zur Theorie, sondern auch zur so bezeichneten *technê*. Unter diesem Begriff ist ebenso ein Wissen verstanden, mehr aber in Hinsicht auf eine Fertigkeit; es ist eine Art technisches Wissen, das die Gestaltung und die Vorgänge an den Gegenständen und den Umgang mit ihnen im Blick hat. Unter der Praxis verstand man dann den engeren Bereich des Wissens, der sich auf das spezifische Handeln innerhalb der menschlichen Lebenszusammenhänge bezieht. Das praktische Handeln betrifft alle Gegenstände, soweit sie sich innerhalb der im 20. Jahrhundert von Edmund Husserl so genannten *Lebenswelt* herausbilden. Diese konstituiert sich in Bezug auf die Trias der Erfahrungen vom eigenen Selbst, der Erfahrungen mit den anderen und der Erfahrungen über die Welt.

Der husserlsche Lebensweltbegriff ist ein sehr weiter. Wir können, was die Ethik angeht, daraus Folgendes ableiten: Wir bestimmten die Ethik als das philosophische Nachdenken über das richtige Handeln; die Praxis richtet, so sahen wir, ihr Augenmerk in erster Linie auf die Gegenstände, soweit sie das Handeln innerhalb des menschlichen Lebens betreffen. Die Ethik besteht also offenbar in einer Reflexion und im Rechenschaft-Ablegen über das Verhältnis einer Person zu sich selbst, über ihr Verhältnis zu und den Umgang mit den anderen und sie bezieht sich auf die Welt, soweit diese sich durch unser Eingreifen verändert.

Von daher ist es verständlich, dass es neben einer persönlichen Moral eine politische Ethik gibt, eine Sozialethik, aber auch Ethiken für verschiedene Lebensbereiche, innerhalb derer gehandelt wird und welche durch das Handeln beeinflusst werden, also eine medizinische Ethik, eine Wirtschaftsethik, eine Rechtsethik, eine Bioethik usf. Es handelt sich dabei keineswegs um einzelne Ethiken, welche miteinander nichts zu tun haben; es sind einzelne Lebensbereiche, in denen sich die gleichen Fragen nach Verantwortung und Freiheit immer wieder neu stellen.

Die Beantwortung dieser Fragen nach den Handlungsweisen innerhalb dieser Teilbereiche des Lebens hängt aber nicht zuletzt von einer Grundentscheidung bezüglich der großen ethischen Fragen, nach der Verantwortung und der Freiheit, entscheidend ab. Man fragt hier dann auch nach der Begründung einer Ethik; und eine ethische Positionsbestimmung legt darauf nahe liegender Weise großen Wert.

Ethik ist keine dogmatische Vorgabe, kein festgelegtes Normensystem, sondern es geht bei ihr um ein Nachdenken, welches die Ergebnisse dieses Nachdenkens gerade nicht schon voraussetzt, das sich damit vielmehr offen hält für das Handeln und seine Prinzipien – obwohl es natürlich das Handeln oder Grundsätze des Handelns zum Ziel hat.

Diese Offenheit für die Ergebnisse des Nachdenkens ist dennoch etwas Grundsätzliches an der Ethik. Man hat ihr schon immer zum Vorwurf gemacht, sie führe nicht zu Ergebnissen, wie wir sie aus der theoretischen Philosophie oder aus den Wissenschaften von der Natur gewohnt sind. Wir können es aber genauso gut anders herum betrachten und gerade einen Vorzug der Ethik darin erblicken, dass man mit ihr niemals zu allgemeinen und feststehenden Regeln und Gesetzen kommt, welche auf das konkrete Handeln bezogen keines Nachdenkens mehr bedürften.

Gewiss sucht die Begründungsfrage in der Ethik eine Antwort auf das Rechtfertigungsproblem der ethischen Theorie; aber nicht einmal die kantische Ethik, deren Ergebnisse aus Stahl geschmiedet scheinen, überhebt uns des immer neuen Nachdenkens über unser Handeln und dessen Grundlagen, über unsere Motivation für unser Tun und darüber, in welcher Welt wir leben wollen.

Wenn wir mit Bezug auf die ethische Reflexion von Offenheit sprechen, so kann damit keineswegs eine Beliebigkeit gemeint sein. Robert Spaemann hat geschrieben, dass Fragen in der Ethik strittig seien, nicht aber relativ. Es ist dagegen vielmehr eine Einsicht aus der Beschäftigung mit moralphilosophischer Literatur und aus der Auseinandersetzung mit den moralischen Anschauungen der Menschen, dass die wesentlichen, grundlegenden und großen Fragen der Ethik – welchen Ausgangspunkt man für ihre Beantwortung auch immer nimmt – stets wieder eingeholt und diskutiert werden. Auch innerhalb der Ergebnisse gibt es weit mehr Einigkeit, mindestens aber Ähnlichkeit –, als es zunächst den Anschein haben könnte – wenn man denn gewillt ist, darauf zu achten.

Eine Frage allerdings liegt an der Wurzel jeder Ethik und insofern muss auch jede ethisch-reflektierende Systematisierung diese Frage zu beantworten suchen: Es ist dies die Frage nach dem Guten. Von der Relevanz dieser Frage für jede ethische Diskussion war implizit schon die Rede, als ich behauptete, die Ethik sei das Nachdenken über das *richtige* Handeln und das heißt freilich auch über das gute Handeln, das Handeln also, welches das Gute erstrebt. Wir fragen nach diesem Begriff des Guten aber in ganz verschiedener Hinsicht.

Zum einen haben wir einen rein technischen bzw. funktionalen Begriff vom Guten. Wir meinen dann ein »gut für etwas«. Der andere Begriff bezieht sich unmittelbar auf das Handeln; es ist der pragmatische Begriff des Guten: Wir sprechen dann von einem »gut für jemanden«. Hierbei meinen wir das, was mir oder jemand anderem oder auch uns gemeinsam nützt. Der dritte Begriff aber geht auf das Gute überhaupt. Auch nach diesem können wir sicherlich fragen, auch wenn es einige gibt, die behaupten, dass diese Frage keine rechten Ergebnisse erwarten lässt.

Wenn wir die Frage nach dem Guten überhaupt als unsinnig ablehnen, besteht das Problem in erster Linie darin, dass wir uns dann ethisch, also in unserem ganzen Nachdenken über das richtige Handeln, auf einen funktionalen oder pragmatischen Begriff des Guten beschränken müssen. Dies widerspricht letztlich unserer Intention, dass wir von der Richtigkeit von Handlungen überzeugt sein können. Wir fragen dann nicht bloß nach dem

Nutzen für jemanden und wir haben dabei schon gar nicht nur den einfachen Ablauf von gegebenen Vorgängen im Blick. Ich frage beim Handeln und bei der Reflexion über den moralischen Wert von Handlungen zumeist also über den rein pragmatischen Aspekt hinaus in Hinblick auf ein Gutes überhaupt.

Eine Verkürzung des Fragehorizonts findet aber nicht deshalb statt, weil man auf die dritte Frage einfach verzichtet, sondern weil man diese Frage mit dem Verweis auf die zweite Stufe, die der Nützlichkeit, schon meint beantwortet zu haben. Die Nützlichkeit wird dabei meist als eine biologisch-soziobiologische angesehen. Wir sind demnach einerseits im Handeln durch unsere Gene geprägt, andererseits durch die Sozialisation, welche wir durch unsere Erziehung erfahren haben, und durch die von uns gemachten Erfahrungen. Diese Prägung wiederum ist eine Determinierung. Sie muss eine solche sein, denn woher sollte bei einer Erklärung, welche sich in den beiden Momenten der phylogenetischen Evolution und der ontogenetisch-individuellen Entwicklung erschöpft, ein Moment der Freiheit zu finden sein.

Freiheit in einem ursprünglichen Sinn – nicht also Fremdbestimmung, in die wir uns »freiwillig« fügen, oder hemmungslose Willkür – müssen wir für unser Handeln und damit für das Nachdenken darüber voraussetzen, sonst macht die ganze Frage nach dem guten Handeln keinen Sinn. Unter Freiheit ist dabei nicht nur zu verstehen, dass sie am Interesse der anderen ihre Grenze hat. Freiheit im ursprünglichen Sinn verweist vielmehr schon konstitutiv auf das Miteinander, auf die Toleranz gegenüber der anderen Meinung und damit auf den Austausch über Uneinigkeiten. Nur im Horizont dieser in letzter Hinsicht anthropologischen Bedingungen können wir in einem expliziten Sinne die Frage nach dem guten und gelingenden Leben, für das wir uns freiheitlich entscheiden können, wirklich stellen.

Am Ende des Nachdenkens über das gute Handeln soll als Ergebnis das festgehalten werden, was wir letztlich *wirklich* wollen. Das aber muss den (meist spannungsreichen) Austausch mit den anderen berücksichtigen. Auch die Ethik wird ihrer Aufgabe offenbar nur gerecht, wenn sie – in einem klar bestimmbaren Sinne – mit sich selbst uneinig ist. Auch bei der Frage, welche Rolle unser Streben nach Lust und Zufriedenheit hier einnimmt, muss das Verhältnis zu den anderen in dieser Weise mit berücksichtigt werden. Mit dem Blick auf die anderen thematisiert sich gleichzeitig auch der Blick auf das eigene Selbst. Vor allem bei moralphilosophischen Überlegungen ist das ein nicht zu vernachlässigender Aspekt, da wir uns mit den obersten Grundsätzen des eigenen (ethischen) Handelns immer auch unmittelbar identifizieren. Das ist letztlich der Grund dafür, dass Max Scheler das gesamte ethische Verhalten an die Person bindet.

Solche Strukturmomente gibt es in der Ethik häufig. So machen wir generelle Unterschiede zwischen Handlungen; wir können auch sagen, wir bewerten sie. Durch eine Wertung bringen wir allerdings auch eine Reihenfolge und Rangordnung in die den Handlungen zugrunde liegenden Werte und Prinzipien. Über diese Rangordnung können wir wiederum mit anderen diskutieren; mit dem Ergebnis, dass am Ende wieder eine Rangordnung steht.

Ein anderes Beispiel ist der Begriff des Glücks. Wenn wir überlegen, was dieser Begriff für uns bedeuten kann, unterscheiden wir in einem ersten Anlauf den Begriff des »Glück-Habens« und den des »Glücklich-Seins«. Beides schlägt sich nieder in einem bestimmten Gefühl und in einem Verhältnis zum Grund und den Umständen. In zeitlicher Hinsicht weisen wir dem »Glück-Haben« etwas Punktuelles zu, dem »Glücklich-Sein« etwas Permanentes, mindestens etwas Dauerndes. In »lokaler« Hinsicht empfinden wir das »Glück-Haben« als etwas Äußeres und von außen verursachtes und das »Glücklich-Sein« als etwas unserem Inneren Zugehöriges. Den Anlass sehen wir beim »Glück-Haben« eher als zufälligen an, als etwas, das sich durch eine bestimmte Situation ergeben hat. »Glücklich-Sein« dagegen betrachten wir in gewisser Hinsicht als etwas Verdienstliches, das seinen Grund nicht nur oder auch gar nicht in den äußeren Umständen haben muss, sondern das aufgrund einer inneren Haltung den äußeren Handlungen gegenüber besteht. Je nachdem, was man unter dem Glück des Menschen versteht, man wird es in den Horizont dieser Erfahrungen einordnen müssen. Es ergeben sich also aufgrund von Differenzierungen der Begriffe eindeutige Strukturmerkmale der sachlichen Gegebenheiten.

Die verschiedenen ethischen Begründungen, die wir im Folgenden nachzeichnen wollen, orientieren sich weitgehend am Begriff einer moralischen Verpflichtung. Das ist freilich ein genuin kantischer (oder auch ursprünglich ciceronischer) Terminus. Er hat aber etwas Grundsätzliches an sich, dass wir nämlich, nachdem wir die besonderen, die ethischen Überlegungen über unser Handeln angestellt haben, anders urteilen und handeln, als wir es ohne diese Überlegungen getan hätten. Allein darin liegt auch der Sinn der Ethik. Sie ist ein reflexives Nachdenken über unser Handeln, auch wenn Philosophen, die sich diesem Nachdenken von Berufs wegen verschrieben haben, die Überlegungen unter eine systematische Einheit zu bringen versuchen.

»Verpflichtung« spricht dann natürlich auch mehr an als nur das Nachdenken. Sie verweist bereits begrifflich auf einen Grundsatz oder Maßstab, an dem sich das Handeln zu orientieren hat. Die inhaltliche Auffüllung dieses Maßstabes fällt meist verschieden aus; dass der Maßstab selbst aber verbindlichen Charakter hat, ist ein Ergebnis des Nachdenkens – zumindest sollte es das sein – und die Denker, welche sich in der philosophischen Tradition mit diesen Fragen auseinandergesetzt haben, sahen das ebenso, trotz ihrer oft völlig unterschiedlichen Herangehensweise an ethische Fragestellungen.

Der Begriff der Verpflichtung ist generell ein Kulminationspunkt für die ethische Begründungsfrage. Die Unterschiede der ethischen Positionen ergeben sich erst, wenn ich frage, wem oder was gegenüber die ethische Position verpflichtet. Hier gibt es durchaus verschiedene Antworten: Aristoteles meint, wir seien in gewisser Weise unserem Leben gegenüber verpflichtet und der Sorge dafür, dass es uns, unserer Familie und unserer Stadt gut geht. Cicero sieht die Verpflichtung des Einzelnen einer Ordnung in der Welt gegenüber. Wir können diese Ordnung erkennen und sie durch unsere Vernunft auch verwirklichen. Kant dagegen ist der Meinung, dass uns unsere Vernunft gerade auf das verpflichtet, was uns als das Richtige erscheint. Und John Stuart Mill möchte den Menschen auf das allgemeine Wohlergehen verpflichten; letztlich, so meint er, gehe es uns selbst mit der Orientierung an diesem Maßstab am besten. Max Scheler meint, wir seien uns selbst gegenüber und der Wertstruktur unserer Person verpflichtet.

Zwar orientieren sich die Denker jeweils an einem anderen Ausgangspunkt für ihre Überlegungen – Aristoteles am Streben nach dem Guten, Cicero an der Verwirklichung der Ordnung in der Welt, Kant an der Pflicht und der Vernunft, Mill am Nutzen und Scheler an der Wertstruktur der Person –, gemeinsam ist ihnen aber, dass sie eine Orientierung geben wollen, damit wir unser Handeln an einem Maßstab, der über die individuelle Zwecksetzung hinausgeht, ausrichten können.

Dennoch dürfen trotz vieler Gemeinsamkeiten die Unterschiede zwischen diesen Positionen nicht geleugnet werden, denn ihre Maßstäbe weisen untereinander in inhaltlicher Hinsicht eine ganze Reihe von Verschiedenheiten auf. Man darf aber auch nicht vergessen, dass die Menschen insgesamt sehr verschieden sind. Ein einheitlicher und absoluter ethischer Maßstab für alle Menschen und Handlungen würde der Vielfalt in der Welt gar nicht entsprechen. Es liegt also nahe, dass es verschiedene Wege gibt, über das eigene Handeln nachzudenken. Ein Streit über die einzig wahre Begründung ist von daher müßig; zudem aber auch deshalb, weil die unterschiedlichen Positionen bei ihrer Wertorientierung – dem Streben nach Wahrheit, Verbindlichkeit, Wohlfahrt für die Mitmenschen, einem reinen Gewissen usf. – doch wiederum eine große Übereinstimmung zeigen. Ein Streit – im kantischen Sinne als verbale Auseinandersetzung unter Anführen von Gründen – ist andererseits nichts, was die Ethik – und das heißt das Nachdenken über das richtige Verhalten – verhindert. Er setzt es vielmehr gerade erst in Gang und hat es immer schon befördert.

1 Aristoteles

1.1 Die Praktische Philosophie und das Glück bei Aristoteles

Aristoteles (384/3-322/1 v. Chr.) war der Erste, der zwischen einer theoretischen und einer praktischen Philosophie im eigentlichen Sinne unterschied. Die erste nannte er Physik, die zweite Ethik. In beiden geht es für ihn letztlich um den Menschen und das, was er erkennen kann. Dort um die Erkenntnis über die Welt und was sich drin bewegt, hier um das, was der Mensch tut, warum er es tut und – das ist für Aristoteles das Entscheidende – ob er damit glücklich werden kann.

Praktische Philosophie ist also ganz allgemein die Lehre, das Reden oder auch nur das Nachdenken darüber, was ich tue. Natürlich verbindet sich damit – Nachdenken ist anstrengend; es soll sich auch lohnen – die Frage nach dem richtigen und möglicherweise damit auch nach dem guten Handeln. Ich soll nicht nur wissen, was ich tue, ich soll auch wissen, warum ich es tue und dass es das Richtige ist, d.h. das, wovon ich – alles zusammengenommen – das meiste habe.

Für Aristoteles gibt es im Wesentlichen zwei Methoden, diesen Fragen auf den Grund zu gehen. Die so genannte deduktive und die induktive. Die Deduktionsmethode geht von den Prinzipien aus, die für das richtige Handeln leitend sind, und versucht, diese auf die konkrete Situation anzuwenden, um dann im Handeln das Richtige zu tun. So kann ich mir überlegen: Soll ich jemandem den Schädel einschlagen? Letztlich ist das nicht der Brauch. Will ich mich an solche Bräuche halten, da ich z.B. der Meinung bin, die Bräuche regelten das menschliche Zusammenleben im Großen und Ganzen recht gut, werde ich niemandem so etwas antun. Ich weiß also im vorliegenden Fall, was im Allgemeinen richtig ist, und halte mich dann daran.

Gehen wir dagegen nach der Induktionsmethode vor, fragen wir zunächst danach, wie die Menschen wirklich handeln, und dann, wer von diesen die Glücklichen sind. Daran schließen sich noch weitere Fragen an, z.B. warum diese glücklich sind und ob sie etwas tun, das den Grund ihres Glückes ausmacht. Zuletzt interessiert uns auch, ob wir selbst etwas tun können, um unserem eigenen Glück auf die Sprünge zu helfen. So führt uns auch diese Methode auf Prinzipien, die uns beim Handeln leiten sollen. Nachdem die erste Methode für Aristoteles aber keinen Weg angibt, wie wir auf diese

1.1 Die Praktische Philosophie und das Glück bei Aristoteles

Prinzipien kommen, hält er die zweite für die angemessenere, seine Fragen bezüglich des besseren Handelns zu beantworten.

Was können wir von Aristoteles erwarten? Welcher Themen wird er sich annehmen? Es werden die Fragen sein nach dem Guten und nach dem Glück und natürlich die Fragen nach dem Menschen, wie er lebt, was das Gute für ihn ist und wie er glücklich wird; und wiederum, was der Mensch selbst zu seinem Glück tun kann und von welchen Umständen dieses möglicherweise sonst noch abhängt. Das sind gewiss Fragen, die sich dem Menschen nicht zufällig stellen oder auch nur nebenbei. Jeder ist vielmehr jeden Tag und überall mit ihnen beschäftigt. Und es hängt von der Beantwortung dieser Fragen sicherlich nicht wenig ab; denn dass wir letztlich alle glücklich werden wollen, darüber besteht weder zu Zeiten des Aristoteles noch heute ein ernsthafter Zweifel. Insbesondere setzt sich Aristoteles in seinem Buch *Nikomachische Ethik* mit den genannten Fragen auseinander. Der Text beginnt mit den Sätzen:

Jede Kunst und jede Lehre, ebenso jede Handlung und jeder Entschluß scheint irgendein Gut zu erstreben. Darum hat man mit Recht das Gute als dasjenige bezeichnet, wonach alles strebt (NE 1094a 1-3).[1]

Aristoteles beginnt also mit einer ganz einfachen Beobachtung. Nach dem Guten strebe alles, meint er. Was aber heißt gut? Gut für mich? Gut für alle? Oder für bestimmte Leute? Was ist z.B. das Gute daran, wenn ich Geld verdiene? Das Geld selbst? Oder das, was ich mir damit kaufen kann? Wie ist es, anders herum gefragt, mit der Tätigkeit, mit der ich Geld verdiene? Erstrebt diese selbst etwas Gutes? Stelle ich ein Produkt her, welches etwas Gutes ist? Oder ist es gut für den, der es dann kauft? Oder aber verbinde ich mit meiner Tätigkeit oder ganz allgemein mit Handlungen jeweils ein bestimmtes Ziel?

Es scheint immerhin ganz allgemein behauptet werden zu können, dass entweder die Tätigkeit ein Ziel ist oder aber das Ziel etwas außerhalb dieser unmittelbaren Tätigkeit ist, also ein Ergebnis, ein Werk. Wenn ich z.B. Holz hacke, tue ich das normalerweise nicht um des Holzhackens selbst willen, sondern um einzuschüren, damit ich es dann, wenn das Holz verbrennt, warm habe. Der Grund meiner Handlungen: Holz hacken, Feuer machen usf. liegt in den kalten Außentemperaturen, das Ziel aber besteht darin, den Wohnraum zu heizen. Aristoteles meint, wenn es solche außerhalb der Handlung liegende Ziele gibt, dann werden wir diese Ziele als die besseren und wichtigeren ansehen dürfen. Möglicherweise dient das Ergeb-

---

[1] Aristoteles wird zitiert nach der Übersetzung von Gigon: Aristoteles, Die Nikomachische Ethik, übersetzt und mit einer Einführung und Erläuterungen versehen von Olof Gigon, München 2002. Im Folgenden in Zitaten abgekürzt mit NE.

nis aber wiederum einem Ziel, ist also kein Endergebnis, sondern nur ein Zwischenergebnis. So steht die Tätigkeit, die zu diesem Zwischenergebnis führt, letztlich im Dienste des übergeordneten Zieles. Von diesem scheinen wir uns immer mehr zu versprechen als von dem Zwischenziel. So dient die Sattlerei – um ein Beispiel von Aristoteles aufzugreifen – der Reitkunst, diese der Strategie und Kriegführung und diese wiederum dem Staat. Es scheint fast so, als ob jede Tätigkeit letztlich irgendein Endziel fordert, bis zum Ziel all unseres Strebens; unter der Voraussetzung, dass dieses unser Streben nicht völlig sinnlos sei und die Reihe immer so weiter bis ins Unendliche gehe.

Das aber muss dann das gesuchte Ziel sein, das um seiner selbst willen erstrebt wird (und nicht wiederum für etwas anderes). Und wenn wir also bestimmen könnten, worin dieses Ziel besteht, was also den Endzweck all unseres Handelns ausmacht, dann hätten wir auch das Gute, nachdem alle Menschen streben.

Die wichtigste Wissenschaft in diesen Fragen, das worum also alles geht, ist für Aristoteles – der heutige Leser möge nicht erschrecken! – die Politik. Freilich bei Aristoteles noch als Wissenschaft betrieben mit der leitenden Frage danach, was das Beste sei für den Staat und die Menschen, die in ihm leben. Dabei hat die Politik für Aristoteles z.B. auch die Aufgabe, zu bestimmen, was die Menschen wissen und lernen sollten. Wenn man dieses Beispiel bedenkt, nähert man sich vielleicht sogar der modernen Auffassung von den Aufgaben des Staates und der Politik, denn auch bei uns steht diese Frage ja ständig in der politischen Debatte.

Auch muss man bedenken, dass »Staat«, also die *Polis*, für die damaligen Griechen etwas anderes bedeutete als für uns heute. Wir sind geneigt, einen Staat als ein geographisches Gebilde anzusehen, in dem es befestigte Plätze gibt, Städte, Dörfer, verschiedene Landschaften, Gebirge, Flüsse, und in dem neben Tieren und Pflanzen auch Menschen leben. Für den Griechen bezeichnet die Polis dagegen etwas ganz anderes. Mit dem Staat meint der Grieche in allererster Linie die Menschen, die in ihm leben, also die Bürgerschaft, die den Staat erst bildet. So haben die Griechen den ganzen Mittelmeerraum kolonisiert, indem sie sog. Pflanzstädte gegründet haben. Aus verschiedenen Gründen (Streitigkeiten, Handel) hat ein Teil der Bürger den angestammten Wohnplatz verlassen, um sich anderswo anzusiedeln. Auf diese Weise ist ein Teil der *Polis* ausgezogen.

Wenden wir uns wieder der Argumentation bei Aristoteles zu: Es war danach gefragt worden, was das »oberste aller praktischen Güter« (NE 1095a 17) sei? Aristoteles gibt die Antwort, dies sei die *Eudaimonia*, die Glückseligkeit; darin stimmten auch alle seine Vorgänger überein, die sich darüber Gedanken gemacht hatten. Und auch sonst stimmen dem alle Menschen zu.

Manche meinten darüber hinaus noch, die *Eudaimonia* bestünde im *eu zen*, also im »gut Leben«, und im *eu prattein*, d.h. im »gut Handeln«. Nach Meinung des Aristoteles kann ich nicht wirklich und vollkommen glücklich werden, wenn ich z.B. mein Brot mit jemandem teile (ein zweifellos gutes Handeln), dabei selbst aber hungern muss, weil es für zwei nicht reicht; ich kann aber ebenso wenig wirklich glücklich werden, auch wenn meine äußeren Lebensbedingungen noch so komfortabel sind, sollte ich ein schlechter Mensch sein.

Hören wir den Begriff Glückseligkeit, so verstehen wir darunter heutzutage einen emotionalen Zustand, man könnte wohl sagen: ein Gefühl. Das Glück ist ein altes philosophisches Thema und seit der Antike bis heute setzen sich Philosophen damit auseinander. Die Bestimmung, durch welche Aristoteles seinen Begriff von der *Eudaimonia* näher erläutert, das gute Leben und das gute Handeln, belegen aber sehr schnell, dass damit kein Gefühl bezeichnet ist. Das gute Leben verweist in erster Linie auf die äußeren Lebensbedingungen, meint aber freilich neben materiellen Dingen auch die Tätigkeiten, denen man nachgeht und die Beziehungen zu seinen Mitmenschen (Familie, Freunde), die Staatsform, in der man lebt, ob Frieden herrscht etc. Es bezeichnet somit die *Wohlgeordnetheit der gesamten Lebensbezüge*. Diese Ordnung kann sich freilich wiederum in einem Gefühl ausdrücken und von einem Menschen, der innerhalb einer solchen Ordnung lebt, die seinen Bedürfnissen entspricht, würden wir sagen, dass er Grund hat, sich glücklich zu *fühlen*. Die Zufriedenheit mit der Ordnung aber ist etwas anderes als die Ordnung selbst. Das gute Handeln dagegen würden wir gar nicht als Gefühl verstehen; und doch wird sich für Aristoteles in der weiteren Diskussion zeigen, dass das gute Handeln einer charakterlichen und dispositiven Verankerung im Denken des einzelnen Menschen bedarf. Das *gute* Handeln hat also ein inneres, ein geistiges Pendant, nämlich den *guten* Menschen.

Was die Glückseligkeit nun aber genau sei, so führt Aristoteles aus, worin sie also tatsächlich bestehe, darüber stritten sich alle. Dieser Streit setzt sich auch noch lange nach Aristoteles fort. Das oberste Gut wird noch lange in der Glückseligkeit gesucht; diese aber besteht für die einen in der Lust, also im Erleben des Angenehmen, für die anderen im so genannten tugendhaften Leben, wieder für andere im Wissen oder in der Gottesgemeinschaft usf. Eines gemeinsam aber haben diese unterschiedlichen Bestimmungen: Sie stellen das gesuchte Gut als ein *Strebensziel* des Menschen in einen übermenschlichen, meist sogar in einen kosmologischen oder transzendenten Zusammenhang. Der Mensch, seine Fähigkeit zu erkennen und seine Triebe und Wünsche sind objektiv auf ein höheres Ziel hin orientiert.

Dies hat sich mit der Neuzeit und ihrer Orientierung am Subjekt grundlegend geändert. Das »höhere Ziel« gilt als gar nicht mehr erkennbar. Das

Gute spielt dabei nur noch in Relation zum Subjekt eine Rolle. Man orientiert sich an den Fragen: Entspricht dieser Gegenstand, Sachverhalt, Umstand, Mensch, diese und jene Handlung meinem Willen, meinen Bedürfnissen, meinen Trieben, oder bereitet es mir Freude, ist es mir angenehm oder nützlich, erfüllt es einen mir genehmen Zweck oder sehe ich es einfach als gut an? Das Gute wird dann nur als relativ zur Person, zum Ort und zur Zeit bestimmt.[2] Seine Funktion richtet sich an mich (wie im Egoismus) oder an eine Gruppe oder die Menschen insgesamt (so im Universalismus bzw. Utilitarismus). Man hat auch versucht, durch den Hinweis auf Strukturen, die in diesen Beurteilungen liegen, die Relativität aufzuheben, sei es wie bei Hume oder Butler durch den Verweis auf ein allgemein menschliches Gefühl für moralisches Verhalten, sei es über ein unmittelbares Wahrnehmen und Fühlen von Werten (in Bezug auf den Menschen) bei Shaftesbury oder Hutcheson (*moral sense*), in Bezug auf reale Werte bei Scheler oder Hartmann, oder aber – wie es Kant vorführt – durch ein in der Vernunft liegendes Moralgesetz und die uneingeschränkte Achtung vor diesem, das in etwa besagt: »Wenn du vernünftig handeln willst, darf der Grund deines Handelns keineswegs in einem empirisch Wahrgenommenen liegen!«

Doch wieder zu Aristoteles: Wenn alles nach einem Guten strebt, der Mensch aber primär offenbar die *Eudaimonia* erreichen will, scheinen das Gute und die Glückseligkeit etwas Bestimmtes gemeinsam zu haben. Was gibt es nun, so fragt Aristoteles weiter, für verschiedene Meinungen über diese Verbindung? Schon zu Zeiten von Aristoteles halten viele, wenn nicht die meisten, das Gute für die Lust, also das Erstreben des Angenehmen. Am besten lebten demnach diejenigen, die ein Leben des Genusses führten. Schnell, wie Aristoteles dagegen einwendet, kann man aber auch zum Sklaven seiner immer neuen Wünsche werden. Ein solches Leben, wenn man es recht bedenkt, verdient wohl nicht das Prädikat »glücklich«.

Aber es gibt noch andere Lebensweisen: Manchen nämlich scheint es wichtiger zu sein, in der Öffentlichkeit zu stehen und von allen bewundert (bei Aristoteles heißt das »geehrt«) zu werden. Auch hier gibt es Unterschiede: Einige wollen einfach nur bewundert werden, ohne viel dafür tun zu müssen,[3] andere aber wollen wegen einer bestimmten Leistung (bei

---

[2] So z.B. Thomas Hobbes, Vom Menschen Kap. 11, 4, in: Thomas Hobbes, Vom Menschen – Vom Bürger, eing. u. hg. v. Günter Gawlick. Hamburg, 1959, 22.

[3] Vor nicht allzu langer Zeit hat man auf der ganzen Welt angefangen, junge Menschen (und solche die sich dafür hielten) in ein nach außen hin abgeschirmtes Haus zu sperren, um sie dort über Monate hinweg bei ihrem tristen Treiben mit Kameras zu beobachten und dieses öffentlich auszustrahlen. Mir scheinen diese Leute, außer dass sie eine gewisse Unverfrorenheit an den Tag legen, nichts Besonderes geleistet zu haben. Ihre einzige Motivation bestand also dar-

1.1 Die Praktische Philosophie und das Glück bei Aristoteles

Aristoteles Tüchtigkeit, im Griechischen *areté*) anerkannt werden (so z.B. Sportler, Politiker, Wissenschaftler und vielleicht auch Philosophen). Die Letzteren, so meint Aristoteles, seien die intelligenteren. Doch welcher Art, fragt er, ist deren Leistung, wenn sie vollbracht ist, wenn sie also hinter einem liegt? Gibt es eine solche Art Tüchtigkeit, die bestehen bleibt, auch wenn man den ganzen Tag schläft? Zudem besteht die Möglichkeit, dass man eine sehr große Leistung vollbracht hat und am Ende doch ins Unglück stürzt. Und gerade, wenn man den Lebenssinn im »Bewundertwerden« sieht, trifft es einen besonders hart, wenn sich das Blatt durch die Umstände ändert. Auch diese Lebensweise kann demnach nicht als generell glücklich bezeichnet werden.

Dem einen oder anderen wird es möglicherweise scheinen, dass die Reichen glücklich sein müssen; und so könnte unter Umständen das Geldverdienen (vor allem das Verdienen von viel Geld) glücklich machen. Doch sagt Aristoteles – wohl zu Recht –, dass nicht der Reichtum selbst glücklich machen kann, sondern höchstens seine Folgen; z.B. die Dinge, die man sich davon leisten kann, oder das Gefühl der Sicherheit, nicht verhungern zu müssen u. dgl. mehr. Offenbar führen diese Dinge zum Glücklichsein, nicht aber der Reichtum selbst. Außerdem, so Aristoteles, »habe die kaufmännische Lebensweise etwas Gewaltsames an sich« (NE 1096a 5f.).

Vielleicht kommt man über eine Analyse des Begriffs der Glückseligkeit etwas weiter in der Suche nach einer Bestimmung des Glücks. Dieses, die *Eudaimonia* also, wird bestimmt als das letzte Ziel aller Handlungen. Und in diesem Ziel suchten schon die verschiedenen Lebensweisen das Gute. Ein solches Ziel wiederum muss etwas Vollkommenes sein, denn sonst wüssten wir ja wieder etwas Höheres, in dem wir das Gute und unser Glück suchten. Dieses Vollkommene also muss ausschließlich für sich erstrebt werden und nicht um irgendetwas anderes willen. Die Glückseligkeit aber ist so ein Vollkommenes. Die Frage nämlich, warum wir glücklich sein wollen, macht gar keinen Sinn.

Ganz ähnlich scheint es mit der Selbstgenügsamkeit zu sein. Das Gute muss ja auch sich selbst genügen. Unter Selbstgenügsamkeit versteht Aristoteles aber nicht »nur für sich sein« und »keines Menschen zu bedürfen«, sondern er meint das unter dem Einbezug der Familie, der Freunde und Mitbürger, schließlich ist der Mensch ein Wesen, das auf eine Gemeinschaft angewiesen ist.[4] Aristoteles schreibt:

---

in, berühmt zu werden, ohne etwas zu leisten. Sollte uns aber nun erschrecken, dass es diese Art Leute schon in der Antike gegeben hat oder aber, dass es sie immer noch gibt?

4 So bestimmt Aristoteles den Menschen an einer anderen Stelle als ein *zôon politikón*, als ein Lebewesen also, das für sich allein gar nicht bestehen kann und das den anderen braucht; dem Menschen obliegt also die Aufgabe, Mittel und Wege zu finden, die Probleme angesichts der

Als selbstgenügsam gilt uns dasjenige, was für sich allein das Leben begehrenswert macht und vollständig bedürfnislos. ... So scheint also die Glückseligkeit das vollkommene und selbstgenügsame Gut zu sein und das Ende des Handelns (NE 1097b 14-21).

Das Ergebnis dieser Diskussion ist vielleicht etwas dürftig: Wir alle wollen glücklich werden. Das wussten wir eigentlich schon zu Beginn. Fragen wir aber einmal von einer anderen Seite her unmittelbar in Bezug auf den Menschen – und in diesem Sinne fragt Aristoteles: Gibt es eine spezifische Leistung des Menschen, eine bestimmte Fähigkeit, ein *ergon*, wie der Grieche sagt?

Die Frage erscheint uns ungewohnt. Aristoteles meint das aber ganz schlicht: Ein Bildhauer oder sonst ein Künstler oder ein Handwerker wird zu dem, wie man ihn nennt, indem er die ihn bestimmende Leistung ausführt, indem er z.B. eine Plastik aus seinem Material formt. Das Ziel, auf das all sein Handeln geht, ist das spezifische Werk, das ihn, wird es vollendet, zu dem macht, was er ist, eben zu einem Bildhauer. Gleiches gilt für alle »Dinge« und Handlungen, die irgendeine Funktion haben, auch die Hand, den Fuß, den Staat, einen Tisch usw. Eine Hand, die nicht gebraucht wird, ist in diesem Sinne gar keine Hand mehr; sie wird demnach erst zur Hand, wenn sie etwas »hand«habt. Freilich können wir Hände aus Holz auch als Hände bezeichnen, wir verstehen dann darunter aber etwas anderes, als wenn wir von Händen einer Person sprechen, die ihre Hände auch als solche gebrauchen.

Diesem Gedanken liegt ein universales Prinzip zu Grunde; man spricht im philosophischen Sinn dabei von *Entelechie* (vom griechischen *telos* – das Ziel) und insgesamt von teleologischem Denken. Danach haben »Seelenwesen« (Pflanzen, Tiere und Menschen) ihr zu vollendendes Ziel bereits der Möglichkeit nach in sich: Aufgrund dieses Prinzips wird aus einem Baumsamen unter bestimmten äußeren und günstigen Bedingungen ein Baum. Das Ziel des Samens ist es, ein Baum zu werden. Die äußeren Bedingungen stellen dabei zwar die Möglichkeiten bereit, zur vollendeten Wirklichkeit kann das Seelenwesen (der Baum, der Mensch usf.) aber erst aufgrund seiner inhärenten *Entelchie* kommen.

Gesucht wird von Aristoteles die Leistung, die den Menschen eigentlich (oder eigentümlich im Sinne von wesentlich) zum Menschen macht. Möglicherweise, so Aristoteles, liegt ja hierin sein Glück. Welche Eigenschaft hat also der Mensch als spezifische Eigenart, die ihn von allem anderen unterscheidet? Es könnte das Leben sein. Das haben wir aber auch gemeinsam mit den Tieren und Pflanzen, ebenso wie die dazu gehörenden Dinge der

---

Einschränkungen des Lebens, die damit verbunden sind, der anderen zu bedürfen, einer sinnvollen Regelung zuzuführen.

1.1 Die Praktische Philosophie und das Glück bei Aristoteles 25

Ernährung und des Wachstums. Oder es ist die Wahrnehmung? Doch haben wir diese gemeinsam mit den Tieren. So bleibt für Aristoteles nur die Betätigung des so genannten vernunftbegabten Teiles der Seele übrig. Wir haben einen Verstand, eine Vernunft, ein Denkvermögen. Das hat nur der Mensch. Dieser ist, wie Aristoteles schreibt, ein *zôon logon echôn*, ein Lebewesen, das – um es weitgehend neutral zu halten – Vernunft hat.[5] Einerseits gehorcht dieser Seelenteil der Vernunft, andererseits zeigt er sich auch als vernunftbesitzend und vernunftausübend (nämlich über die anderen Seelenteile). Zum einen ist dabei mit Vernunft ein Allgemeines bezeichnet, an dem alle vernunftbesitzenden Wesen Anteil haben und das sie gebrauchen und an dem sie sich orientieren können. Zum anderen ist die Vernunft auch ein Prinzip in der Seele, das die Bedürfnisse sowie die Triebe und Wünsche des Einzelwesens lenkt und beherrscht.

Man muss aber, wie Aristoteles betont, dabei ausdrücklich an das wirkliche tätige Leben denken. Darauf muss die Frage nach dem Glück bezogen sein. Es scheint für uns also festzustehen, dass wir etwas tun müssen, um glücklich zu werden, und dass das Glück nicht einfach auf uns zukommt. In erster Linie, so schließt Aristoteles, liegt das *ergon* des Menschen im Einsatz seines Denkvermögens. In dieser Leistung, natürlich bestmöglich ausgeführt – auch der bessere Bildhauer ist noch mehr Bildhauer als der schlechtere –, ist also die dem Menschen eigene Tätigkeit und Lebensweise zu sehen. Hier ist freilich auch das Gute für den Menschen zu suchen, nämlich in der Ausübung und Betätigung dieses Vernunftvermögens nach der vollkommensten und besten Weise, dazu ein ganzes Leben hindurch. Eine Schwalbe nämlich, so Aristoteles, macht noch keinen Frühling.

Eigentlich wären die wichtigsten Fragen damit schon gelöst. Doch muss man das Ganze durch die allgemeine Anschauung auch prüfen können. Das Ergebnis muss letztlich mit den Tatsachen übereinstimmen. Das ist ja gerade die Intention des Aristoteles und sollte die jedes Nachdenkenden sein. Inwiefern stimmt also das Ergebnis mit den Tatsachen überein?

Erstens: Für Aristoteles gibt es drei verschiedene Arten von Gütern: äußere, körperliche und seelische. Die letzteren galten schon immer als die wichtigsten und hervorragendsten Güter. Zum Zweiten muss man festhalten, dass bei der Bestimmung der Leistung des Menschen das letzte Ziel

---

5 *Logos* heißt im Griechischen sehr viel mehr als Vernunft. Zunächst übersetzt man den Begriff zumeist mit »Wort«, was er aber – wie gelehrte Menschen sagen – niemals bedeutet. »Wort« meint allenfalls die letzte semantische Erstarrung des Bedeutungsbereichs von »Sprache«. *Logos* bedeutet also Sprache, dann bezeichnet es aber auch die Möglichkeit oder Fähigkeit zur Sprache. Im weiteren Sinne meint *Logos* auch noch »Sinn« in der Bedeutung eines »Sinnganzen«. Der *Logos* ist also insbesondere auch noch die Fähigkeit Sinneinheiten zu bilden. Das ist auch die eigentliche Leistung der Sprache nach Ansicht der Griechen.

durch ein bestimmtes Handeln und Tätigsein erreicht werden soll. Das Ziel gehört damit zu den seelischen Gütern und nicht zu den äußeren. Schließlich sind die meisten Leute der Meinung, dass der Glückliche gut lebt und gut handelt. Nichts anderes sagt auch Aristoteles.

Es ergeben sich weitere Übereinstimmungen zwischen der allgemeinen Ansicht der Menschen vom Glücklichsein und dem, worin Aristoteles das Glück aufsucht, nämlich im Vollzug der dem Menschen spezifischen Fähigkeit.

Manche Menschen bestimmen die Glückseligkeit als Tugend, andere als Einsicht, wieder andere als Weisheit. Wieder andere meinen, nur dies alles zusammen oder alternativ eines davon, verbunden mit einem angenehmen Gefühl, sei die Glückseligkeit. Mit dem ersten, der Bestimmung der Glückseligkeit als Tugend, stimmt Aristoteles vollkommen überein. Er bestimmt die Tugend, die selbst in einem Möglichst-gut des ausgeführten Tuns liegt, als eine tugendgemäße *Tätigkeit*. Dies versteht er nicht als Besitz, sondern als eine Art der Ausübung. Man hat die Tugend also nicht einfach, sondern tugendhaft ist, wer tugendhaft, also möglichst gut, *handelt*, so wie jemand nur Bildhauer ist, wenn er eine Plastik erstellt, nicht mehr aber, wenn er diese Tätigkeit seit langem eingestellt hat.

»Tugend« ist freilich heute ein eigenartiges Wort. Man spricht noch von Sekundärtugenden wie Fleiß, Beharrlichkeit, »Sozialkompetenz«, die im Berufsleben eine Rolle spielen sollen. Im Griechischen steht für Tugend das Wort *aretê*. Das bedeutet im erweiterten Sinn »Tüchtigkeit« oder »Leistung«. In unserem Zusammenhang ist es bezogen auf das *Ergon* des Menschen, also auf seine Denkfähigkeit. Tugendhaft in diesem allgemeinen Sinne ist, wer seine spezifisch menschlichen Fähigkeiten einsetzt, d.h. in erster Linie: wer beim Handeln seine Vernunft gebraucht. Welche »Tugenden« dies im Einzelnen sein können, klärt Aristoteles ab der Mitte des dritten Buches der *Nikomachischen Ethik*.

Wie steht es aber um das äußere Wohlergehen des Tugendhaften? Dies ist eine Frage, die Aristoteles bis ans Ende der *Nikomachischen Ethik* beschäftigt, vor allem im zehnten, im letzten Buch. Er entscheidet sich dafür, dass das richtige Handeln auch Freude bereitet; zumindest demjenigen, der ein tugendhafter Mensch ist, dem bösen offenbar nicht, mindestens nicht in der gleichen Weise. Aristoteles kommt also zu dem Schluss, dass tugendgemäße Handlungen auch genussreich sind. Daneben sind solche Handlungen auch gut und schön. Die Glückseligkeit erscheint so als das Beste (das, was wir für das Vollkommenste halten), das Schönste (das, was uns am meisten gefällt) und das Erfreulichste (das, was uns am angenehmsten ist). Diese Bestimmungen kann man, so meint zumindest Aristoteles, auch gar nicht voneinander trennen.

Zur Glückseligkeit bedarf es allerdings auch der äußeren Güter: Ohne diese kann man einen Menschen nicht glücklich nennen. Zu solchen äußeren Gütern zählt Aristoteles Freunde, Reichtum, eine gute Herkunft, eine wohlgeratene Nachkommenschaft, politische Macht und dergleichen mehr. Da zur vollkommenen Glückseligkeit so vielfältige Faktoren hinzugehören, erklärt es sich auch, dass die Glückseligkeit bisher auf so viele Arten und Weisen definiert werden konnte.

Es bleibt die Frage, wie diese Art Glückseligkeit erreichbar ist. Ist sie erreichbar durch Lernen, Gewöhnung, Übung, oder göttliche Zuteilung? Oder kann man sie auch durch Belehrung und Fürsorge erhalten? Aristoteles meint, man kann. Das erinnert an das deutsche Sprichwort: Jeder ist seines Glückes Schmied. Der Philosoph meint hier aber, dass man nicht alles dem Zufall überlassen dürfe. Man habe also schon alles zu tun, was in der eigenen Macht stehe. Doch sieht Aristoteles auch, dass der Zufall allem Bemühen einen Strich durch die Rechnung machen kann. Zur vollkommenen Tugend gehört für Aristoteles also auch ein vollkommenes Leben.

Kann man demnach über einen Menschen sagen, er sei glücklich, so lange er noch lebt? Oder muss man erst auf sein Ende sehen um beurteilen zu können, ob er glücklich gewesen war? Ob er es denn einmal sein wird, lässt sich, während das Leben noch währt, also gar nicht sicher sagen. Eine solche Bestimmung des Glücks ist Aristoteles viel zu schwankend. Er schreibt:

Denn nicht in ihm [im Glück,[6] GF] liegt das Gut und Schlecht, sondern, wie wir gesagt haben, das menschliche Leben bedarf zwar seiner, doch entscheidend für die Glückseligkeit sind die tugendgemäßen Tätigkeiten, und für das Gegenteil die umgekehrten (NE 1100b 7-11).

Zwar scheint der Glücklichste derjenige zu sein, »der gemäß der vollkommenen Tugend tätig und mit äußeren Gütern hinlänglich versehen ist, nicht eine beliebige Zeit hindurch, sondern durch ein ganzes Leben« (NE 1101a 14-17), aber wir haben schon gesehen, dass das Schicksal oder der Zufall einem arg zusetzen kann. Doch wendet Aristoteles dagegen ein, dass derjenige, der von der Richtigkeit und Tugendgemäßheit seiner Handlungen überzeugt ist, auch vieles ertragen kann. Der in dieser Hinsicht Glückselige, also eigentlich der Tugendhafte, wird nach Meinung des Aristoteles nicht vollkommen selig werden, aber auch niemals ganz unselig werden können.

Aristoteles schließt daraus insgesamt, dass die Glückseligkeit zum Ehrwürdigen und Vollkommenen gehört. Nicht zuletzt deshalb, weil sie auch ein Ursprung, eine Motivation, zu sein scheint. »Denn um ihretwillen ma-

---

6 Und hier steht im Griechischen *tychê*, also Glück im Sinne von – wie wir sagen würden – Zufall, Schicksal, Fügung.

chen wir alle alles übrige; und den Ursprung und die Ursache der Güter nennen wir etwas Ehrwürdiges und Göttliches« (NE 1102a 1-4).

Aristoteles bestimmte die Glückseligkeit also als eine Tätigkeit der Seele gemäß der vollkommenen Tugend. Die Frage bleibt, was hier mit Tugend gemeint ist. Eine Frage, die Aristoteles ebenso bis zum Ende der *Nikomachischen Ethik* beschäftigt. Er erhofft sich aus der Beantwortung dieser Frage auch in Bezug auf die Glückseligkeit klarer sehen zu können. Insbesondere interessiert er sich für die menschliche Tugend. Sie muss etwas sein, das in der Seele stattfindet.

Wir müssen dabei beachten, dass der antike Seelenbegriff ein außerordentlich weiter ist. Aristoteles unterscheidet für gewöhnlich – wie man in einer ersten Näherung sagen kann – drei verschiedene Seelenbegriffe: Der erste Begriff betrifft den vernunftlosen Teil der Seele. Dieser ist für die Ernährung und für das Wachstum zuständig. Dies ist nichts besonders Menschliches. Wie Aristoteles meint, ist das eine Art der Tugend, die vorwiegend im Schlafe tätig zu sein scheint. Nun ist aber im Schlaf der schlechte vom guten Menschen nicht zu unterscheiden. Der zweite Begriff bezieht sich auf einen Teil der Seele, der zwar nicht unmittelbar vernünftig ist, aber schon einen bestimmten Anteil an der Vernünftigkeit zu haben scheint. Aristoteles meint hier das so genannte Begehrende oder Strebende innerhalb der Seele. Dieser Teil der Seele scheint wiederum beim Unbeherrschten zu dominieren, beim Beherrschten dagegen hat die Vernunft – der dritte Seelenteil – die Führung.[7]

Die Vernunft erscheint uns hier als etwas Doppeltes: Zum einen ist mit ihr das gemeint, was wir unter ihr selbst verstehen, d.h. Verstand, Weisheit, Auffassungsgabe und Klugheit – Aristoteles nennt die dazugehörigen Tugenden auch die verstandesmäßigen (dianoetischen) Tugenden; zum anderen haben wir gesehen, dass man mit ihr auch das meint, was wir den Charakter nennen, was alles betrifft, was uns zum Guten hin im Zaume hält, also z.B. Großzügigkeit und Besonnenheit. Die letztere Art der Tugend nennt Aristoteles auch die ethische.

Noch ein kurzes Wort zum Charakter (Haltung, Sitte, Gewohnheit, Brauch). Der heißt auf Griechisch: *êthos*, Die Ethik eigentlich *êthiké*. Diese ist also, wenn man so will, die Wissenschaft vom rechten Charakter. Man muss das immer mit bedenken.

Wenn wir eine Einteilung der Tugenden vornehmen, welche Aristoteles im Folgenden vorstellt und diskutiert, so gehören zu den ethischen Tugenden: Freiwilligkeit, Frömmigkeit, Verantwortlichkeit, Tapferkeit, Beson-

---

[7] Jede einzelne Seele ist bei Aristoteles aber immer ein Ganzes und nur in sich nicht auf die eben beschriebene Weise geteilt.

nenheit, Großzügigkeit, Hochsinnigkeit, Gerechtigkeit, Mäßigkeit, Großartigkeit, Sanftmut und Billigkeit; zu den dianoetischen: Verstand, Klugheit, Einsicht, Wissenschaft, Kunst (griechisch *technê* im Sinne von Kunstfertigkeit und Können), Weisheit, Wohlberatenheit, Verständigkeit und Gewandtheit.

1.2 Dianoetische und ethische Tugenden

Die Unterscheidung von verstandesmäßigen und ethischen Tugenden bedarf einer zusätzlichen Präzisierung. Die verstandesmäßigen oder dianoetischen Tugenden gewinnt man durch Belehrung, d.h. bei Aristoteles näherhin: durch Erfahrung und Zeit; die ethischen dagegen ergeben sich aus der Gewohnheit, griechisch *ethos* – der etymologische Stamm ist der gleiche wie bei *êthos*, darauf weist sogar Aristoteles selbst hin. Was heißt das nun für die ethischen Tugenden? Diese kommen uns offenbar nicht von Natur aus zu. Denn, so argumentiert Aristoteles, bei dem, was uns von Natur aus zukommt, kann es nicht geschehen, dass es eine Gewohnheit annimmt. So sei es einem Stein natürlich, dass er nach unten falle. Man könne ihn noch so oft nach oben werfen, er werde sich an das Steigen nicht gewöhnen. Allerdings dürfen die Tugenden auch nicht gegen die Natur gerichtet sein, denn sonst könnten sie nichts bewirken. Wir müssen also insofern schon eine gewisse Anlage zu ihnen haben, damit wir sie aufnehmen können, aber vollendet werden sie durch die Gewöhnung.

Ein zweites Merkmal derjenigen Dinge, die uns von Natur aus zukommen, ist, dass wir zuerst die entsprechenden Fähigkeiten haben, danach aber erst die Tätigkeiten ausüben. Dies verdeutlicht uns Aristoteles an Hand der Sinneswahrnehmung: Wir müssen zunächst die Fähigkeit zur Wahrnehmung besitzen und eignen uns diese nicht erst dadurch an, dass wir viel sehen und hören. Die Tugenden dagegen, wie Aristoteles betont, erwerben wir, indem wir sie ausüben. Dies sei bei allen Künsten so, bei Fähigkeiten also, die wir erlernen können; so wird ein Bäcker zum Bäcker, indem er backt; ein Metzger zum Metzger, indem er schlachtet und Fleisch zerlegt und so fort: »Ebenso werden wir gerecht, indem wir gerecht handeln, besonnen durch besonnenes, tapfer durch tapferes Handeln« (NE 1103b 1-3).

Darüber hinaus meint Aristoteles, dass Entstehen und Vergehen jeder Tugend aus denselben Gründen geschieht. Durch Gitarre-Spielen entstehen die guten wie die schlechten Gitarristen, ebenso bei den Architekten, durch gutes Bauen entstehen die guten, durch schlechtes Bauen die schlechten. So sei es auch bei den Tugenden. Indem wir uns den Menschen gegenüber gerecht verhalten, werden wir gerecht, verhalten wir uns ungerecht, werden wir ungerecht genannt und sind es dann wohl auch.

Insgesamt also entstehen die Eigenschaften aus den entsprechenden Tätigkeiten. Um bestimmte Eigenschaften zugesprochen zu bekommen, müssen wir uns auf eine bestimmte Weise verhalten. Hierbei ist es nach Aristoteles außerordentlich wichtig, dass man schon von Jugend auf an ein richtiges Verhalten gewöhnt wird.

Für Eigenschaften steht im Griechischen das Wort *hexis*; d.h. soviel wie Haltung. Nach Aristoteles muss man durch die Gewöhnung an das tugendhafte Verhalten eine bestimmte Haltung ausprägen. Es wird in der Ethik bis heute darüber gestritten, ob es für ein moralisches Verhalten und Handeln wirklich notwendig ist eine solche Haltung auszubilden. Genügt es nicht einzusehen, was zu tun das Richtige ist? Oder handeln wir ohnehin so, wie wir von unseren Genen geprägt und durch unsere Erziehung getrimmt handeln müssen? Ist deswegen eine solche Haltung überflüssig? Und gibt es nicht auch Beispiele dafür, dass Menschen, auch wenn sie zuvor für das Rechte nichts übrig hatten, plötzlich das Richtige zu tun in der Lage sind?

Wie Aristoteles betont, hängt alles hauptsächlich von den Handlungen ab, weil diese die entsprechenden Eigenschaften der Tugend hervorbringen (vgl. NE 1103b 30f.). Denn wir sind tugendhaft, wenn wir uns tugendhaft verhalten. Nach rechter Einsicht zu handeln, ist in jedem Fall vernünftig; das kann Aristoteles voraussetzen. Was das genauer heißt, darauf kommt er noch zu sprechen.

Wichtig ist allerdings auch – und Aristoteles betont das mehrfach –, dass eine ethische Untersuchung niemals den Grad der Genauigkeit erreichen kann, wie das bei theoretischen Fragen möglich ist. Es kommt beim richtigen Verhalten ja immer sehr auf die Umstände an, die es im jeweiligen Einzelfall zu berücksichtigen gilt. Einen einzigen Grundsatz für alle Fälle wird man also vergeblich suchen (vgl. NE 1095a 31ff., 1098a 21ff. u. 1104a 1ff.).

Dennoch sieht sich Aristoteles in der Lage, einige Merkmale der Tugend zu beschreiben. So scheinen diese durch einen Mangel oder ein Übermaß Schaden zu nehmen. Zuviel oder zuwenig Sport schadet der Gesundheit ebenso, wie zuviel oder zuwenig zu essen und zu trinken. Auch bei der Besonnenheit, bei der Tapferkeit und bei den übrigen Tugenden gilt es, das der jeweiligen Situation Angemessene zu beachten. Wer vor allem davon läuft, der wird ängstlich; wer aber auf alles losgeht, wird übermütig; wer jedem Verlangen nachgibt, wird zügellos, wer sich dagegen jeden Wunsch versagt, wird stumpf. Aristoteles schreibt:

> So gehen also Besonnenheit und Tapferkeit durch Übermaß und Mangel zugrunde, werden aber durch das Mittelmaß bewahrt (NE 1104 a 24-26).

1.2 Dianoetische und ethische Tugenden

Auch hier spielt wieder alles ineinander. Kräftig wird man, indem man viele Strapazen und Mühen aushält. Große und viele Strapazen auszuhalten, das kann aber wiederum nur der Kräftige. Gleiches gilt für die Tapferkeit, die Besonnenheit und auch für die anderen Tugenden. Wir können diese Eigenschaften auch an der Freude oder dem Schmerz, die damit jeweils verbunden sind, ablesen: Jemand ist nämlich besonnen, wenn er sich daran freut, dass er nicht jedem seiner Wünsche nachgibt, wenn er sich aber darüber ärgert, ist er wohl eher zügellos. Insofern ist das Angenehme und Unangenehme nicht nur in Bezug auf die Glückseligkeit relevant, sondern auch in Bezug auf die Tugend.

Die Menschen werden schlecht durch Lust und Schmerz, indem sie das eine erjagen, das andere meiden, und zwar entweder was man nicht soll oder wann man nicht soll oder wie man nicht soll und wie sonst noch diese Dinge durch die Überlegung unterschieden werden. ... Also müssen wir gleich von Jugend an dazu erzogen werden, wie Platon sagt, dass wir Freude und Schmerzen empfinden, wo wir sollen (NE 1104b 20-23; 1104b 10-13).

Der Maßstab hierfür ist also das richtige Sollen. Worin dieses aber im Einzelnen besteht, darüber sagt der Philosoph hier leider nichts. Es wird den alten Griechen übrigens abgesprochen, einen sinnvollen Begriff für Sollen überhaupt zu kennen.

Aristoteles unterscheidet drei Ziele des Erstrebens und des Meidens. Diese sind das Schöne, das Nützliche und das Angenehme und diesen gegenüber: das Hässliche, das Schädliche und das Schmerzhafte. Der Tugendhafte trifft hier immer das Richtige, der Schlechte dagegen verfehlt es. Das Angenehme betrifft in diesem Falle auch das Schöne und das Nützliche, denn auch diese erscheinen angenehm. So fasst Aristoteles zusammen:

Dass nun also die Tugend sich auf Schmerz und Lust bezieht und dass sie durch dasselbe wächst und zugrunde geht, durch das sie auch entstanden ist, wenn es nicht mehr in derselben Weise vorhanden ist, und dass sie in demselben auch tätig ist, aus dem sie entstanden ist, das sei damit festgestellt (NE 1105a 14-18).

Man kann sich fragen, ob jemand gerecht wird, wenn er gerecht handelt. Er müsste ja eigentlich schon gerecht sein, so wie wenn man ein Musiker ist, auch wenn man gerade keine Musik macht. Auf der anderen Seite kann es auch sein, dass man nur durch Zufall etwas richtig und korrekt ausführt. Dies, so meint Aristoteles, sei aber nur bei den Künsten so, weil diese ihr Ziel eigentlich außerhalb der Handlungen hätten, auch wenn das, was durch die Künste gestaltet würde, seine Qualität in sich selbst habe. Die tugendhaften Handlungen dagegen hätten ihre Qualität nicht in sich selbst. Es kommt demzufolge also nicht auf den äußeren Anschein einer Handlung an. Der tugendhaft Handelnde müsse in einer entsprechenden Verfassung handeln, man könnte auch sagen, aus einer gewissen Intention heraus. Er müsse wissentlich handeln, weiter aber auf Grundlage einer Entscheidung (*prohairesis*, d.h. Entscheidung aufgrund einer vorgängigen Wahl), die allein auf der Sache selbst beruhe, und schließlich sicher und ohne Wanken. Das ist der nähere Sinn des aristotelischen Satzes, dass das Gerechte und das Besonnene aus dem gerechten und besonnenen Tun entsteht. Es nützt also nichts, darüber zu reden, sondern man muss das Ganze beachten, bedenken und ausführen. Tue man das nicht, verhalte man sich wie die Kranken, die zwar dem Arzt lange und aufmerksam zuhören, seine Ratschläge, Anweisungen und Vorschriften aber nicht befolgen.

Drei Momente müssen wir nach Aristoteles in der Seele unterscheiden: Leidenschaften, Fähigkeiten und Eigenschaften. Die Tugenden sind für ihn Eigenschaften, aber keine Leidenschaften – das leuchtet für sich unmittelbar ein. Aber sie sind auch keine Fähigkeiten. Das scheint uns *prima facie* nicht gleichermaßen klar zu sein. Unter Leidenschaften versteht Aristoteles so etwas wie Begierde, Zorn, Angst, Mut, Neid, Freude, Liebe, Hass, Sehnsucht, Missgunst oder Mitleid. Fähigkeiten dagegen sind die Dispositionen in uns, durch die wir fähig sind, Leidenschaften wie Zorn oder Mitleid zu empfinden. Dagegen scheinen die Eigenschaften (wir erinnern uns, dass das auch das griechische Wort für Haltung (*hexis*) ist) das zu sein, durch das wir uns zu den Leidenschaften richtig oder falsch verhalten. Aristoteles schreibt: »Wenn wir zum Zorn rasch und hemmungslos geneigt sind, so verhalten wir uns schlecht, wenn aber mäßig, dann richtig, und so auch bei dem anderen« (NE 1105 b 26-28).

Auch spielen bei den Leidenschaften Willensentscheidungen keine große Rolle. Die Tugenden dagegen sind, wie wir schon gehört haben, im Wesentlichen Entscheidungen. So sprechen wir z.B. auch davon, dass wir durch Leidenschaften in Bewegung gesetzt werden. Die Tugenden setzen uns aber nicht in Bewegung, wir meinen mit ihnen eher eine bestimmte Verfassung bzw. eine Haltung, insgesamt also wieder Eigenschaften.

Eine Fähigkeit war laut Definition eine Disposition, durch die wir zu etwas Bestimmtem in der Lage sind. Aber wir sind nicht etwa tugendhaft, wenn wir dazu in der Lage sind, tugendhaft zu handeln, sondern wenn wir tatsächlich tugendhaft handeln. Tugenden sind, so lässt sich sagen, also Eigenschaften.

1.3 *Mêden agan* – Das rechte Maß

Die Bestimmung der Tugend als eine Art Tüchtigkeit oder Leistung wirft die Frage auf, wovon sie Tüchtigkeit ist. Das ist etwas griechisch gefragt.

Denn im Griechischen heißt »tüchtig für« auch so viel wie »geeignet für« oder »gut für«. Wenn der Grieche also davon spricht, dass ein Auge tüchtig ist, dann meint er, dass man mit diesem Auge gut sehen kann. Im gleichen Sinne ist beispielsweise ein Pferd tüchtig, wenn es gut läuft bzw. wenn der Reiter gut darauf sitzen kann. Die Tugend als Tüchtigkeit scheint also etwas zu sein, durch die jemand ein tüchtiger Mensch wird. Anders formuliert, bringt jede Tüchtigkeit das, wovon sie Tüchtigkeit ist, zu guter Verfassung. Natürlich kennen wir im Deutschen auch den Ausdruck, dass etwas mehr oder weniger gut für etwas sein kann.

Im Folgenden soll die Natur der Tugend näher bestimmt werden. Sie liegt, wie Aristoteles in einer ersten Näherung definiert, im Mittleren. Wir können darunter aber freilich ganz Verschiedenes verstehen. Aristoteles versucht es zunächst mit der quantitativ-mathematischen Mitte: Z.B. ist »sechs« die Mitte zwischen »zwei« und »zehn«. So kann es aber bei der Tugend nicht gemeint sein. Zwar gibt es in Bezug auf die Tugend nach Aristoteles auch ein Mehr, ein Weniger und ein Gleiches, doch scheint das wieder jeweils vom Einzelnen und von der Situation abzuhängen. Für einen Leistungssportler kann eine bestimmte Menge an Nahrung zu wenig sein, obwohl sie für einen normalen Menschen ausreicht oder gar zuviel ist.

»Das Gleiche«, schreibt Aristoteles, »ist eine Art Mitte zwischen Übermaß und Mangel« (NE 1106 a 28f.). Die Tugend zielt insofern auf die Mitte, allerdings immer in Bezug auf uns und unsere momentane Situation, nicht aber auf die Mitte der Sache oder dem Absoluten nach. Diese Rede von der Mitte kennen wir auch heute in verschiedenen Zusammenhängen. So darf man, wenn etwas passt, nichts hinzutun oder etwas wegnehmen. Das gilt vor allem für die ethische Tugend:

Denn sie [die ethische Tugend; GF] befaßt sich mit den Leidenschaften und Handlungen, und an diesen befinden sich Übermaß, Mangel und Mitte. So kann man mehr oder weniger Angst empfinden oder Mut, Begierde, Zorn, Mitleid ohne überhaupt Freude und Schmerz, und beides auf eine unrichtige Art; dagegen es zu tun, wann man soll und wobei man es soll und wem gegenüber und wozu und wie, das ist die Mitte und das Beste, und dies kennzeichnet die Tugend. Ebenso gibt es auch bei den Handlungen Übermaß, Mangel und Mitte. Die Tugend wiederum betrifft die Leidenschaften und Handlungen, bei welchen das Übermaß ein Fehler ist und der Mangel tadelnswert, die Mitte aber das Richtige trifft und gelobt wird. Und diese beiden Dinge kennzeichnen die Tugend. So ist also die Tugend ein Mittelmaß, sofern sie auf die Mitte zielt (NE 1106b 16-28).

Nach Aristoteles passt hierzu auch, dass man auf viele verschiedene Weisen etwas falsch machen kann, dagegen meist nur auf eine einzige Art etwas richtig. »Leicht ist es, das Ziel zu verfehlen, schwierig aber, es zu treffen«, schreibt er. Immer also scheint zum Schlechten das Übermaß und der Mangel zu gehören, zur Tugend aber die Mitte.

Wenn das Zuviel und das Zuwenig nicht das Gute sind, dann sind sie offenbar etwas Schlechtes. Die Tugend, so definiert Aristoteles, ist eine Eigenschaft und in der Anwendung, also im tugendgemäßen Handeln, ist sie ein Verhalten der Entscheidung für die Mitte und das rechte Maß. Dieses Maß wird durch die Vernunft erkannt und kann nur durch diese bestimmt werden. Unsere Wünsche und Leidenschaften bringen uns oft vom Gesollten ab, die Tugend aber besteht darin, die rechte Mitte zu treffen, um uns daran zu orientieren.

Man könnte meinen, dies gelte nur, wenn das Sollen und damit die Tugend eine Mitte sind. Dem widerspricht möglicherweise die Aussage von Aristoteles, die Tugend sei etwas Vollkommenes. Etwas Vollkommenes erscheint uns nicht als eine Mitte, sondern als etwas Äußeres, als ein Extrem. Doch muss man hier unterscheiden: Die Tugend ist nur eine Mitte zu den Extremen eines Übermaßes bzw. eines Mangels. Für sich betrachtet ist sie natürlich etwas Vollkommenes und, wie Aristoteles meint, das Höchste. Das zeigt sich auch, wenn man bedenkt, dass nicht alle Handlungen oder alle Leidenschaften eine Mitte haben. Feigheit, Mord, Raub, Diebstahl, genauso wie Schadenfreude oder Neid haben nichts Mittleres. Bei ihnen stellt sich die Frage nicht, wann, wo, wie und gegen wen ich mich so verhalten darf. Sie sind immer schon etwas Schlechtes und wer sie begeht oder hat, verfehlt von vorn herein sich und sein Leben. Dieses Gelingen des Lebens verweist wieder auf die Glückseligkeit und auf deren Bestimmung des guten Lebens und des guten Handelns.

Es stellt sich darüber hinaus für uns heutzutage wohl auch die Frage, woher man wissen könne, dass die eben aufgezählten Schandtaten alle etwas Schlechtes seien. Aristoteles würde sich freilich auf das Ethos berufen, auf die hergebrachte, von den Vorfahren überlieferte Sitte und den Brauch. Er würde sagen, dass das die Alten schon gewusst hätten; und an einer Stelle schreibt er sogar, wer so fragt, der verdient Prügel (wörtlich »Zurechtweisung«) und keine Argumente. Der Grieche hatte noch keinen Begriff vom Sollen in unserem heutigen Sinne, so also, wie Kant später dann den Begriff verstanden wissen will. Er begründet die Moral, das gute Handeln, durch eine innere Haltung, die das Rechte schon weiß, oder die, wenn sie es begreift, das Rechte einsehen kann: So unterschied Aristoteles auch zwischen den ethischen Tugenden, also der Haltung, und den dianoetischen Tugenden, also den Verstandeskräften und ihrem richtigen, das heißt der Sachlage angemessenen Einsatz. Uns Heutigen scheint inzwischen aber offenbar beides – Haltung und Sollen – abhanden gekommen zu sein.

Überlegen wir uns einige Beispiele, um uns zu verdeutlichen, wie Aristoteles seine Bestimmung versteht, die Tugend sei die Mitte zwischen zwei Extremen. Die tabellarische Übersicht auf der nächsten Seite stellt eine

Reihe von Eigenschaften zusammen und ordnet sie der Mitte, dem Mangel und dem Übermaß entsprechend zu. Aristoteles betont selbst, dass man oftmals gar keine Begriffe hat, um den entsprechenden Sachverhalt zu bezeichnen oder aber dass die Begriffe so vieldeutig sind, dass man sie nicht eindeutig zuweisen kann. Es muss aber daran erinnert werden, dass die Tugend als Mitte von der jeweiligen Situation abhängig ist und insofern kommt es darauf an, dass man sich bemüht, die Umstände zu erkennen, um sich dann gemäß der Lehre von der Mitte nach ihnen zu richten.

1. Alles in einer Zeile Stehende scheint einander entgegengesetzt zu sein, am meisten der Mangelcharakter und die Haltung des Übermaßes.
2. In Bezug auf Worte und Taten hat man häufig keine Namen. Aristoteles ist sich der Künstlichkeit seiner Wortwahl zumeist bewusst, schreckt der Systematik wegen aber nicht zurück, die Dinge doch zu benennen.
3. Gewollten Mangel an Lust (in der zweiten Zeile) gibt es selten, so hat man keinen Namen: Aristoteles wählt als Begriff den Stumpfsinn bzw. die Stumpfheit.
4. Ehrgeiz wird manchmal auch positiv gebraucht und ist dann eine Mitte.
5. Manches Extrem ist sachlich dem Mittleren nicht so weit entgegengesetzt wie sein unmittelbares Gegenteil (z.B. Tapferkeit und Tollkühnheit). Anderem neigen wir persönlich näher zu und würden es eher als der Mitte nahestehend interpretieren (z.B. die Lust).

Aristoteles: Die Tugend als Mitte

Thema	*Mangel*	*Mitte*	*Übermaß*
Furcht/Mut	Feigheit, Unvorsichtigkeit	Tapferkeit	Tollkühnheit Ängstlichkeit
Lust/Schmerz	(Stumpfheit)	Besonnenheit	Zügellosigkeit
Geben / Nehmen	Geiz / Kleinlichkeit	Großzügigkeit	Verschwendung
Geben / Nehmen bei Geld	Knausrigkeit	Großartigkeit	Geschmacklosigkeit / Spießigkeit

Ehre / Ehrlosigkeit	Kleinmütigkeit / Ehrgeizlosigkeit	Großgesinntheit	Eitelkeit (Ehrgeiz)
Zorn	Schwächlichkeit/ Zaghaftigkeit	Milde	Jähzorn
Wahrheit	Ironie	Wahrhaftigkeit	Unverschämtheit
Gefälligkeit z.B. beim Spiel oder im Leben	Tölpelhaftigkeit (Streitsucht, Grobheit)	Gewandtheit (Liebenswürdigkeit)	Ungezogenheit (Schmeichelei)
Scham	Schüchternheit	Schamhaftigkeit	Schamlosigkeit
Schmerz / Freude bei Anderen	Schadenfreude	Entrüstung	Neid

Bevor Aristoteles zur unmittelbaren Diskussion um die ethischen und später um die dianoetischen Tugenden übergeht, fasst er noch einmal die wichtigsten Momente der bisherigen Erörterung zusammen:

1. Die ethische Tugend ist eine Mitte zwischen zwei Schlechtigkeiten, dem Mangel und dem Übermaß.
2. Die Tugend besteht in der Kunst, die rechte Mitte zu treffen, was freilich oft nicht einfach ist.
3. Es gehört ein gewisses Beurteilungsvermögen dazu, diese Mitte zu erkennen.
4. Die Mitte berücksichtigt immer auch die Situation: das Wem, das Wieviel, das Wann, das Wozu und das Wie.
5. Wer die Mitte anzielen will, muss sich von den Extremen fernhalten.
6. Genau die Mitte zu treffen ist meist unmöglich, so muss man (als zweitbeste Fahrt) das Geringste der Übel wählen (vgl. NE 1109a 34f.).
7. Da wir von Natur aus zu bestimmten Haltungen neigen (besonders bei allem, was angenehm ist), müssen wir versuchen, uns vom Verfehlen

fernzuhalten, dann werden wir, so Aristoteles, zumindest in die Nähe der Mitte gelangen.
8. Vor allem das Angenehme beurteilen wir nicht unbefangen. Wenn uns etwas angenehm erscheint, neigen wir häufig dazu zu handeln, ohne Acht zu geben. Wenn wir hier aufpassen, meint Aristoteles, werden wir am ehesten die Mitte treffen.
9. Häufig wird man sich aber auch nicht einig werden können: Ist jemand träge oder ist er nur milde bzw. nachsichtig, ist er temperamentvoll oder jähzornig? Gerade von außen besehen ist das häufig gerade nicht zu erkennen. Wer häufig in die Nähe der Mitte handelt, der ist nach Aristoteles schon lobenswert, wer aber immer weit davon entfernt ist, der ist tadelnswert. Doch ist auch das wohl schwer zu beurteilen.
10. Die mittlere Haltung also scheint am besten. Zuweilen muss man aber offenbar auch ein wenig davon abbiegen. Denn häufig erscheint gerade etwas abseits das Mittlere und Richtige zu liegen.

1.4 Die Tugenden

1.4.1 Die ethischen Tugenden am Beispiel der Gerechtigkeit

Die ersten beiden Bücher der *Nikomachischen Ethik* diskutierten die Tugend und was sie ist. Nach einer Erörterung über die allgemeinen Bedingungen des sittlichen Handelns, über die Erkenntnis seiner Gegenstände, über die Freiwilligkeit, über die Entscheidung, die Überlegung und über die Verantwortlichkeit wendet sich Aristoteles ab der Mitte des dritten Buches der Betrachtung der Einzeltugenden zu und zwar zunächst der ethischen. Nach der Tapferkeit, der Besonnenheit, der Freigebigkeit, der Sanftmut kommt er im fünften Buch auf die Gerechtigkeit zu sprechen.

Bei Platon stand die Gerechtigkeit als Thema noch im Mittelpunkt seiner zehn Bücher über die *Politeia*, die den Untertitel »Über das Gerechte« heißt; bei Aristoteles steht diese Tugend immerhin noch exakt in der Mitte seines ethischen Hauptwerks und am Ende der Diskussion um die ethischen Tugenden.

Aristoteles beginnt sein fünftes Buch wieder mit einer Art Definition. Er schreibt:

Wir sehen nun, dass alle jenes Verhalten Gerechtigkeit nennen, auf Grund dessen die Menschen fähig sind, gerecht zu handeln, und dies auch tun und wollen. Dasselbe gilt von der Ungerechtigkeit, auf Grund deren man das Ungerechte tut und es auch will (NE 1129 a 6-10).

Was ist das also für ein Verhalten, von dem die Menschen sagen, es sei gerecht? Gibt es darüber nicht immer Streit? Meint nicht der eine, dies sei gerecht, und der andere jenes? Auch wenn wir davon absehen, dass jeder das Seine gerecht findet bzw. das bei anderen, was am meisten auf die eigene Situation übertragen werden kann, so werden wir immer noch nicht sehen, worin das liegt, was man zu Recht gerecht nennt.

Die genannten Fragen sind auch für die heutige Diskussion nicht unerheblich. John Rawls hat in den 70er Jahren ein viel beachtetes Buch geschrieben, das den Titel trägt: *Eine Theorie der Gerechtigkeit* (engl.: *A Theory of Justice*). Darin interpretiert er Gerechtigkeit als Fairness, also als eine Art Anerkennung der Rechte, Bedürfnisse und der Wünsche der anderen. Relevant scheint ihm dieser Begriff innerhalb einer sog. freiheitlichen Gesellschaftsordnung zu sein. Aristoteles wiederum ist der Meinung, dass man von gerecht durchaus in verschiedenem Sinne reden könne. Das Gerechte ist also vieldeutig. Ebenso wird folglich das Ungerechte mehrere Bedeutungen annehmen können. Aristoteles kehrt die Frage nach dem Gerechten um und fragt nach dem Ungerechten, um in einer zweiten Rückfrage wieder etwas über die Gerechtigkeit erfahren zu können.

So kann das Ungerechte das Gesetzwidrige sein, wie Aristoteles schreibt, das Unersättliche oder das Ungleiche. Gerecht aber wird derjenige sein, der das Gegenteil erstrebt, der also die Gesetze achtet und der sich an die Gleichheit hält.

Auch der Ungerechte strebt freilich nach Gütern, die an sich gut sind, nicht unbedingt aber immer und für jeden Einzelnen.[8] Dabei bevorzugt er jene Güter, die ihm Glück und Wohlstand versprechen; das aber sind oft auch Dinge, die einem unter anderen Umständen zum Nachteil gereichen können. Zu allen Zeiten seien die Menschen diesen Gütern nachgejagt, dabei sollten sie sich eher um die Dinge bemühen, die gut für sie sind. Der Ungerechte dagegen will eigentlich immer mehr haben, auch wenn er sich bei den Dingen, die er nicht als nützlich ansieht, mit weniger begnügt. Aber dieses Weniger ist letztlich doch ein Mehr, wie Aristoteles meint, weil er sich ja, wenn er muss, das kleinere Übel nimmt, das im Verhältnis zum größeren Übel immer noch einen Wert darstellt. Allgemein könne man sagen, der Ungerechte tritt für das Ungleiche ein, indem er dem, dem weniger zusteht, mehr einräumt, und meistens ist er selbst derjenige, dem er diesen Vorteil verschaffen will.

Die Dinge, welcher ein Gerechter will und der Ungerechte nicht, sind selbst meist auch gerecht. So ist es zumindest bei dem Gesetzlichen. Was das Gesetz bestimmt, ist somit das Gerechte. Dieses Gesetzliche – und

---

8 So ist es problematisch, z.B. einem Verrückten seine Waffe zurückzugeben oder einem Säufer oder Spieler das anvertraute Geld.

1.4 Die Tugenden

Aristoteles kennt in diesem Zusammenhang sehr wohl gute, richtige und falsche Gesetze – hat freilich eine gesellschaftliche Dimension (eigentlich wie alles innerhalb der aristotelischen Ethik), es regelt letztlich auch den Umgang mit den anderen. Das Gerechte aber, meint Aristoteles, ist gerecht, wenn es »... in der staatlichen Gemeinschaft die Glückseligkeit und deren Teile hervorbringt und bewahrt« (NE 1129b 17f.). So schreibe das Gesetz vor, dass man seine Arbeit ordentlich zu tun habe, sich angemessen betrage, keine Gewalttaten begehe und sich nicht prügle. Dies sind alles Tätigkeiten, als deren Grundlage Aristoteles zuvor schon die ethischen Tugenden bestimmt hatte. Die Gesetzlichkeit – und damit die Gerechtigkeit – erscheint insofern als eine Art oberster ethischer Tugend.

Den jeweils anderen hat die Gerechtigkeit besonders im Blick und so ist sie keine schlechthinnige Tugend – das heißt eine, welche universal zu berücksichtigen ist –, sondern es ist eine, die sich als Anwendung der ethischen Tugendhaftigkeit auf die Mitmenschen bezieht. Derjenige, der sie besitzt, ist nicht nur für sich und bezogen auf seine eigenen Angelegenheiten tugendhaft, sondern er ist auch in der Lage, sich anderen gegenüber entsprechend zu verhalten. Der Gerechte hat also das im Sinn, was einem anderen zuträglich ist, er handelt zu dessen Vorteil.

Bei der Aufzählung dessen, was das Gesetz fordere und worin es Ausdruck der anderen ethischen Tugenden sei, waren natürlich auch Momente enthalten, die sich auf den anderen beziehen. Wenn ich meine Pflichten erfülle und nicht gewalttätig bin, so nützt das freilich auch nicht nur mir und hebt mich in meinem sittlichen Wert, sondern es ist auch für andere von Vorteil. So kommt es, dass Aristoteles die Gerechtigkeit nicht als Teil der Tugend, sondern als ganze Tugend qualifiziert. Das Ungerechte ist dagegen das entsprechende Gegenteil, also die ganze Schlechtigkeit. Tugend und Gerechtigkeit seien somit eigentlich dasselbe, wenn auch nicht begrifflich. Gerechtigkeit betätigt sich gegenüber anderen, das Verhalten, das sich dabei zeigt, nennt man dann Tugend.

In welcher Hinsicht gilt aber das zuletzt Gesagte? In welcher Hinsicht ist die Gerechtigkeit ein besonderer Teil der Tugend, so dass sie diese schier ganz umfasst?

Aristoteles führt drei Argumente dafür an, dass die Gerechtigkeit ein besonderer Teil der Tugend ist: Erstens: Nehmen wir einmal an, jemand verhält sich in einer bestimmten Situation unethisch: Er hat z.B. keine Lust zu arbeiten und lässt lieber die anderen alles erledigen. Oder er schimpft, weil er gerade in Zorn geraten ist usw. Diese Verhaltensweisen würde Aristoteles nicht schon als ungerecht bezeichnen, sondern eher wohl als faul oder als jähzornig. Der Ungerechte aber – und Aristoteles bestimmte diesen ja als unersättlich – richtet sein gesamtes Handeln darauf aus, überall und mit allen Mitteln möglichst viel Gewinn herauszuziehen. Er handelt also nicht in einem bestimmten Sinne unmoralisch, sondern aus seiner ganzen Schlechtigkeit heraus.

Ganz ähnlich auch das nächste Beispiel: Jemand will etwas Bestimmtes haben, er hat aber kein Geld dafür, also stiehlt er es. Ein anderer stiehlt das Gleiche oder etwas Ähnliches, nicht aber, weil er es für sich haben möchte, sondern weil er es verkaufen möchte. Sein Motiv ist also der Gewinn. In dieser Hinsicht erweist sich der Letztere wieder als unersättlich, was Zeichen für den Ungerechten war. Der Erste, ohne ihn freilich entschuldigen zu können, gibt sich mit dem angeeigneten Gut zufrieden – zumindest, was seinen Wunsch angeht, den er mit seiner Handlung, dem Diebstahl, zu befriedigen trachtete.

Zum Dritten lassen sich alle anderen Untugenden bzw. Ungerechtigkeiten (den Namen haben sie also, da sie alle Ungerechtigkeiten sind, doch gemeinsam, auch wenn wir sie jeweils in einem etwas anderen Sinne verwenden), auf irgendein Laster zurückführen: der Diebstahl auf einen Wunsch etwas zu besitzen, das Niederlegen der Arbeit auf Pflichtlosigkeit, das Prügeln und Schimpfen auf den Zorn usw. Die eigentliche Ungerechtigkeit dagegen richtet ihre Handlung allein auf den Gewinn, sei es in Form von Ehre, Geld oder Selbsterhaltung.

Aristoteles unterscheidet also einen Gesamt-Begriff der Gerechtigkeit und einzelne Teilbegriffe. Diese Teilbegriffe differenzieren sich v.a. bezüglich des Gesetzlichen bzw. seines Gegenteils, des Ungesetzlichen. Die Stelle ist ein klassischer Verweis auf die öffentlich-staatliche Relevanz der aristotelischen Tugendethik. Wir sahen, dass der Tugendhafte nur glücklich werden kann, wenn es die äußeren Umstände innerhalb der staatlichen Gemeinschaft erlauben. Ihm ist also unter einer *Tyrannis* bzw. einer anderen korrumpierten Gesellschaftsform sein vollkommenes Glück verbaut. Dieser Sachverhalt wirkt bei Aristoteles auch zurück auf die sachliche Diskussion um die Gerechtigkeit. So unterscheidet er die Zuteilung von Gütern wie Ehre, Geld u. dgl., wovon durchaus jeder unterschiedlich viel zur Verfügung haben kann, und den gesellschaftlichen Umgang. Dieser teilt sich in solchen freiwilliger Art – Dinge wie Kauf, Verkauf, Darlehen, Miete usw. – und solchen unfreiwilliger. Bei diesem unfreiwilligen Umgang wiederum unterscheidet Aristoteles einen verborgenen Umgang, z.B. Diebstahl, Meuchelmord, falsches Zeugnis, und einen gewaltsamen, also Totschlag, Raub, Beleidigung, Freiheitsberaubung. Es ist schon häufig festgestellt worden, dass Aristoteles hiermit einen Katalog von strafwürdigen Vergehen aufstellt, welche eine hohe interkulturelle Verbindlichkeit aufweisen.

Das Ganze ist ein für Aristoteles typisches Verfahren, nämlich die Einzelmomente unter eine systematische Begriffsklasse zu bringen. Demnach ist Raub z.B. eine sich durch gewaltsamen und unfreiwilligen Umgang mit seinen Mitmenschen auszeichnende Gesetzwidrigkeit.

Die Tugend war als Mitte bestimmt worden. Nun gibt es generell verschiedenes Mittleres. Nachdem das Gleiche die Mitte ist, sind die Extreme das Ungleiche. Was den Bereich der Verteilung, Zuteilung bzw. Austeilung angeht, so heißen diese das Mehr oder Weniger. Dieses ist bezogen auf bestimmte Menschen, die, was die materiellen Güter angeht, nicht unbedingt restlos gleichgestellt sind. Es gilt hier als Maß die Proportionalität der entsprechenden Menschen und der in Frage stehenden Güter. Wie Aristoteles schreibt, ist Proportionalität keine arithmetische Gleichheit, sondern eine Gleichheit der Verhältnisse (vgl. NE 1131a 32).

Das klingt ziemlich langweilig, womöglich noch radikal kapitalistisch. Es gibt scheinbar danach bessere Menschen, die viel bekommen und schlechtere, die weniger haben. Man muss aber bedenken, dass hier nicht eine Ungleichheit der Bürger festgeschrieben, sondern nur ein Faktum beschrieben wird: nämlich, dass Bürger verschiedene Aufgaben, Arbeiten und Berufe haben und dafür unterschiedlich hoch entlohnt werden. Aristoteles behauptet aber, dass dies in einem proportionalen Verhältnis stehen muss, anderenfalls ist es ungerecht. Wenn man an gewisse heutige Wirtschaftsbosse, Sportprofis oder Filmschauspieler denkt, ist äußerst fraglich, ob man hier noch von proportionaler Verteilung sprechen kann...

So definiert Aristoteles die Gerechtigkeit folgendermaßen und zum zweiten Mal:

Die Gerechtigkeit ist also jene Tugend, durch die der Gerechte sich für das Gerechte entscheidet und danach handelt und sich im Verhältnis zu anderen oder anderen im Verhältnis zueinander nicht so zuteilt, dass er sich selbst vom Wünschbaren mehr, dem andern weniger gibt, und vom Schädlichen umgekehrt, sondern dass er nach der proportionalen Gleichheit verfährt, und dies auch bei anderen untereinander (NE 1133a 1-6).

1.4.2 Die dianoetischen Tugenden am Beispiel der Klugheit

Wir gehen weiter ins sechste Buch der *Nikomachischen Ethik* und untersuchen die dianoetischen Tugenden am Beispiel der Klugheit.

Aristoteles bestimmte die Tugend als Mitte zwischen dem Übermaß und dem Mangel. Da aber die Mitte nur durch die rechte Einsicht bestimmbar ist, ist es für ihn selbstverständlich, dass diese zu den Tugenden gehört. Derjenige, der nach Aristoteles die rechte Einsicht hat, der sog. Vernunftbegabte, blickt als Ziel auf die Mitte hin und umgrenzt gemäß der rechten Einsicht das, was möglichst nahe an diesem Ideal der Mitte liegt. Das Maß der Mitte gilt natürlich auch für die Einsicht selbst. So dürfe man nach Aristoteles auch diese nicht zu weit treiben; oft liege die eigentliche und ethisch zu rechtfertigende Mitte etwas neben der aus Einsicht zu bestimmenden. Auf der anderen Seite dürfe man aber auch nicht zu lässig sein. Das hilft uns noch nicht weiter. Man muss zuerst auch über bestimmte Dinge Bescheid wissen, oft sogar ein Fachwissen besitzen, um richtig und der Sachlage entsprechend entscheiden zu können. Nur dann kann man genau wissen, was der rechten Einsicht eigentlich gemäß ist. Diese Untersuchung soll somit den Tugenden des Verstandes bzw. den dianoetischen Tugenden gewidmet sein.

Aristoteles unterschied zuvor – nämlich noch im ersten Buch – einen vernunftlosen und einen vernünftigen Teil der Seele. Jetzt unterscheidet er auch noch zwei vernünftige Seelenteile, nämlich einen forschenden Teil – dieser beschäftigt sich mit den Dingen, wie sie uns vorliegen und wie sie gar nicht anders sein können – und einen berechnenden Teil – der sich mit dem auseinandersetzt, das so oder auch anders sein könne. Die forschende ist nun die theoretische Vernunft und sie erforscht die Wahrheit, wie sie in Urteilen für den Menschen zugänglich ist. Anders die berechnende: Diese geht ja auf die Zukunft. Auch sie muss, wenn sie vernünftig sein will, Wahrheitserkenntnis anstreben. Diese kann sie allerdings nicht direkt anzielen, sondern nur einer entsprechenden Haltung des Strebens nach, welche am Ende jeweils zu Willensentscheidungen führt.

Ethisches Verhalten beruht auf solchen Willensentscheidungen. Diesem müssen also entsprechende Strebenshaltungen zugrunde liegen. Aristoteles fordert eine Art hervorbringende Vernunft, die im richtigen Streben liegt. Streben in diesem Sinne aber fassen wir als »Streben nach«, nämlich nach bestimmten Zwecken. Das dahinterstehende Prinzip ist freilich der Mensch.

Was sagt uns das? Aristoteles baut die Ethik in dieser Hinsicht auf einer Haltung auf, die sich Zwecke setzt, die ihr entsprechen (das drückt er mit dem so genannten Streben aus). Diese ist dann vernünftig und einsichtig, wenn es sich um ein rechtes Streben und ebenso um ein rechtes Meiden, nämlich des Unschicklichen und Ungehörigen, handelt. Man spricht hierbei von finaler Ethik. Das heißt, der ethisch Handelnde setzt seine Willensregungen unter bestimmte Zwecke, die er erreichen will. Das nun, was er erreichen will, steht dann unter der Prüfung der Vernunft und der Einsicht, ob es sich dabei im weitesten Sinne um etwas Rechtes handelt.

Unser modernes Handeln ist dagegen sehr stark durch eine Diskussion und ganz allgemein durch Willensentscheide nur über die zu ergreifenden Mittel und den Erwerb dieser Mittel schlechthin gekennzeichnet. Machen wir uns alle wirklich Gedanken darüber, was wir mit dem, was wir tun, erreichen wollen? Oder streben nicht die meisten von uns in der Wahl ihrer Mittel wieder nur auf Mittel für etwas, z.B. Geld? Im Erleben der eigenen Arbeit als bloßen Job, um Geld zu verdienen oder auch um die Zeit herumzubringen, distanziert man sich von sich selbst als Person und Mensch,

1.4 Die Tugenden

indem man nicht voll hinter dem steht, was man tut (es ist ja nur ein Mittel, sich etwas »leisten« zu können). Nichts anderes meint Aristoteles. Er plädiert also dafür, dass wir uns Gedanken darüber machen, was wir letztlich mit unserem Tun erreichen wollen. Wir sollen, so können wir mit Aristoteles sagen, über unsere wirklichen Ziele nachdenken.

Das Richtige für einen selbst zu treffen, ist freilich gar nicht so einfach. Aristoteles unterscheidet fünf Mittel, es anzuzielen: Kunst (*technê*), Wissenschaft (*epistemê*), Klugheit (*phronesis*), Weisheit (*sophia*) und Geist (*nous*).

Die Wissenschaft geht dabei unmittelbar auf die Wahrheit dessen, was man weiß. Man muss die Sachen nur immer genau nehmen und sich nicht durch irgendwelche Ähnlichkeiten von der durch sie vermittelten Wahrheit abbringen lassen. Was man in dieser Hinsicht wirklich weiß, gilt immer, es gilt mit Notwendigkeit, sonst wäre es kein echtes Wissen. Weil diese Sachverhalte so fest stehen, ist dieser Bereich auch lehr- und lernbar. Aristoteles definiert die Wissenschaft als »beweisendes Verhalten«.

Das nun etwas nicht so fest steht wie die Dinge der Wissenschaft, »ist teils Gegenstand des Hervorbringens, teils Gegenstand des Handelns«. Dasjenige, was etwas hervorbringt, nennt Aristoteles, wenn es so sein sollte, wie es gedacht war, eine Kunst. Z.B. ist es keine Baukunst, wenn das Haus, das einer baut, zusammenfällt. Nur das Haus, das stehen bleibt und seinen intendierten Zweck erfüllt, ist ein kunstmäßig gebautes. Nur das nach den Regeln der entsprechenden Kunst hervorgebrachte Werk ist ein vernunftgemäßes. Die Kunst ist demnach »ein mit richtiger Vernunft verbundenes hervorbringendes Verhalten«.

Neben der Klugheit, der wir uns jetzt zuwenden wollen, untersucht Aristoteles in seiner *Nikomachischen Ethik* noch Weisheit, Verständigkeit, Erkenntnis, das Forschen und Überlegen, die Geistesgegenwart, den Takt und den Geist selbst. Der Klugheit nähert sich Aristoteles nach seiner häufig angewandten Methode, nämlich indem er fragt, wen wir denn klug nennen. Er schreibt: »Der Kluge scheint das für ihn Gute und Zuträgliche recht überlegen zu können, nicht das Gute im einzelnen, etwa was für die Gesundheit oder Kraft gut ist, sondern was das gute Leben im ganzen angeht« (NE 1140a 25-27). Der Kluge ist also allgemein der gut Überlegende. Das, was hier überlegt wird, kann unmöglich etwas Notwendiges sein – wie im Falle der Wissenschaft –, noch auch bringt der Kluge im eigentlichen Sinne etwas hervor wie der »Künstler«. Klugheit ist also das noch übrige »mit richtiger Vernunft verbundene handelnde Verhalten in Bezug auf das, was für den Menschen gut und schlecht ist« (NE 1140b 4-6). Hier gibt es auch keinen Zweck außerhalb der Handlung wie bei der Kunst (nämlich das Werk), sondern der Sinn der entsprechenden Handlung ist in der Handlung selbst zu suchen, weil sie unmittelbar das betrifft, was uns letztlich gut leben lässt.

Wenn es hierbei um die Prinzipien des Handelns geht, ist uns das, was uns angenehm erscheint, bzw. das was uns Schmerz zu verursachen droht, ein schlechter Ratgeber, meint Aristoteles. Leicht nämlich werden aus dem Wunsch nach dem Ersten und dem Meiden des Letzteren die Prinzipien verdeckt, so dass wir nicht mehr sehen, was wirklich gut für uns ist.

Bevor Aristoteles das sechste Buch der *Nikomachischen Ethik* abschließt, fasst er noch einmal die wichtigsten Ergebnisse seiner Diskussion um die dianoetischen Tugenden zusammen: Die Klugheit betrachtet die Dinge, durch die wir glücklich werden sollen, indem sie überlegt, was für uns das Angemessene ist (für den Menschen Bezug nehmend auf das Gerechte, Schöne und Gute). Wie aber wird das hervorgebracht?

Letztlich kommt nach Meinung des Aristoteles die Glückseligkeit aus einer Kombination der ethischen Tugenden, die uns die Haltung vermitteln, die Ziele richtig zu bestimmen, und der Klugheit, die uns versichert, welchen Weg wir dafür zu nehmen haben.

So ist aber derjenige noch nicht gerecht, der nur gerecht handelt, z.B. aus Furcht vor Strafe, sondern erst derjenige, der aus »einer Willensentscheidung und um der Tat selbst willen« handelt. Diese Willensentscheidung kann aber nur durch die Tugend richtig werden. Es ist auf diese Weise etwas mit der Klugheit verbunden, das Aristoteles »Gewandtheit« nennt. Diese ist die menschliche Fähigkeit, erreichen zu können, was zum vorgenommenen Ziel führt. Ist das Ziel gut, ist die Handlung lobenswert, ist es schlecht, ist die Handlung gerissen. Die Gerissenheit ist in dieser Hinsicht das Pendant zur Klugheit, indem ihr schlechte Ziele zugrunde liegen. Klug kann demnach nicht sein, wer nicht tugendhaft ist.

Das Verhalten kann also erst dann zur eigentlichen Tugend werden, wenn es sich durch den menschlichen Geist innerhalb »vernünftiger Bahnen« bewegt, nicht aber von Natur aus, auch wenn man natürlich Anlagen dazu haben kann, und ebenso nicht durch Notwendigkeit, auch wenn man einmal gezwungen sein kann, das Richtige zu tun.

Es ergibt sich zuletzt, »dass man nicht in einem wesentlichen Sinne gut sein kann ohne die Klugheit, noch klug ohne die ethische Tugend«.

Die Ethik, so können wir mit Aristoteles sagen, ist das bewusste und überlegte, d.h. aus der Einsicht resultierende Verhalten. Tugendhaft aber ist derjenige, der sein Handeln rechtfertigen kann gemäß der Gerechtigkeit und der Einsicht.

1.4 Die Tugenden

Das lässt sich in ein paar Punkten zusammenfassen:
1. Das Gute, nach dem alles strebt, ist das Glück, die *Eudaimonia*.
2. Dieses bestimmt Aristoteles als »gut Leben und gut Handeln«.
3. Zum »gut Handeln« gehört nach Aristoteles die Tugend.
4. Daraus folgt: Tugendhaft sein, heißt tugendhaft handeln. Die Tugend zeigt sich also erst in der Anwendung.
5. Zur Tugend gehört danach ebenso eine Haltung in der Seele.
6. Die Tugend trifft man am besten, wenn man die Mitte zwischen den Extremen des Übermaßes und des Mangels anzielt.
7. Neben der Haltung, welche die ethischen Tugenden vermittelt (z.B. die Gerechtigkeit, die Tapferkeit, Besonnenheit usf.) braucht es zum guten und tugendhaften Handeln noch die Einsicht. Diese, wendet man sie an, ist selbst eine Tugend; aus ihr ergeben sich die dianoetischen Tugenden, also die sog. Verstandestugenden (die Klugheit, die Wissenschaft und die Kunst, Geist und Weisheit).
8. Das Verhältnis der beiden Tugendarten zueinander ist ein ergänzendes. Die ethischen Tugenden sind die Haltungen, die mich überlegen lassen, was das Beste und das Vollkommene in der momentanen Situation ist; das aber – meint zumindest Aristoteles – ist zumeist die Mitte zwischen den Extremen, dem Übermaß und dem Mangel.
9. Die Haltung und die Einsicht sind innere Momente, die mich selbst betreffen. Darüber hinaus diskutiert Aristoteles immer wieder das Verhältnis zum anderen und zu den äußeren Umständen, z.B. das Verhältnis zu Staat und Gesellschaft.

Aristoteles fordert uns insgesamt dazu auf, über unsere Ziele nachzudenken. Man solle sich ihm zufolge überlegen, was das Beste und das Richtige jeweils für einen selbst sei. Den Weg dazu finden wir mit Hilfe der ethischen und der dianoetischen Tugenden: Niemand aber trifft das Gerechte ohne die Klugheit, und ebenso kann niemand wirklich klug sein, wenn er nicht gerecht ist.[9]

---

[9] Die *Nikomachische Ethik* ist an dieser Stelle noch nicht zu Ende. Aristoteles diskutiert im Weiteren noch die Unbeherrschtheit, die Lust und das glückselige Leben (siebentes und zehntes Buch) sowie die Freundschaft (achtes und neuntes Buch).

2 Cicero und das *Officium*

2.1 Cicero und die Grundlagen des stoischen Denkens

Markus Tullius Cicero (106-43 v. Chr.) gilt als Vertreter der so genannten mittleren Stoa. Nach der Gründungsphase um Zenon, Kleanthes und Chrysipp (300-200 v. Chr.) sowie der Tradierung und Weiterführung in der mittleren Epoche durch Panaitios und Poseidonios von Rhodos (von denen jeweils keine ganze Schrift erhalten ist, das meiste aber noch von Chrysipp – die Phase umfasst die Zeit zwischen 200-100 v. Chr.) und der Überführung in das römische Denken v.a. durch Cicero, mündet sie in die spätere Phase, zu der man neben Seneca (4 v. - 65 n. Chr.) und Epiktet (etwa 50-138 n. Chr.) auch den Kaiser Marc Aurel (121-180 n. Chr.) zählt.

Die Stoa verstand sich von Anfang an nicht als ein starres Lehr- und Schulsystem, sondern legte größten Wert auf die Entfaltung und Konkretisierung ihrer Lehre im Leben. Max Pohlenz bezeichnete sie deswegen als eine »geistige Bewegung« und als »Lebenskunst«, die vor allem innerhalb des philosophisch häufig gering geachteten Hellenismus wirkte.[1] Die Stoa bediente sich von Anfang an der aristotelischen Dreiteilung der Philosophie in Logik, Physik und Ethik, auch wenn im Übrigen peripatetisches Gedankgut erst bei Panaitios explizit rezipiert wird.

Die Logik umfasst dabei im wesentlichen Rhetorik, Erkenntnistheorie und Dialektik (also Disputierkunst). Der stoische Erkenntnistheoretiker unterscheidet die Erkenntnisse nach dem Erkenntnissubjekt – nur der Mensch hat danach Vernunft –, nach dem Erkenntnisursprung – aus den Sinnesorganen, durch Vernunft gebildet oder von Natur aus vorhanden (Descartes unterschied hier später entsprechend: erworbene, gemachte, angeborene Vorstellungen) – und nach dem Erkenntniswert. Letzteres ist ein Gedanke, den wir sehr viel später im 18. Jhd. bei Friedrich Jacobi wiederfinden: Danach haben wir grundsätzlich die Möglichkeit, zwischen trügerischen und tatsächlichen Erkenntnissen zu unterscheiden. Die echte »kataleptische« (erfassende) Vorstellung nämlich rührt immer von einem tatsächlich Bestehenden her. Die Stoiker suchten also nach einem Wahrheits- bzw. Erkenntniskriterium, das uns die Dinge, wie sie sind, er-

---

1 Vgl. auch für das Folgende Max Pohlenz, *Die Stoa. Geschichte einer geistigen Bewegung*, Göttingen ³1964.

2.1 Cicero und die Grundlagen des stoischen Denkens

fassen lassen. Neben diesem Erfassen unterscheiden einige Vertreter der Schule noch Sinneswahrnehmung, Vernunft, Streben und Wissen und differenzieren zwischen dem Wissen und dem Wahrnehmungsurteil. Man bemühte sich also Wissen und Erkenntnis methodisch abzusichern. Daneben entwickelte man auch eine Theorie sprachlicher Zeichen. Auf den Laut (*phonê*) baut sich der artikulierte Laut (*lexis*) auf, aus ihm bilden wir *logoi*, also »Reden«: Wir unterscheiden demnach Anrede (z.B. Mensch), Name (Sokrates), Verb (gehen), Konjunktion und Artikel. Nach der stoischen Lehre bilden zusammengesetzte Laute die natürliche Qualität der Dinge ab (Aristoteles hielt die Wörter noch für bloße Konventionen). Reden besitzen immer eine Bedeutung dessen, was sie bezeichnen (*lekton*). Die *lekta* existieren für den Stoiker aber ausschließlich im menschlichen Verstand, sie entsprechen keinen übernatürlichen Ideen. Zu einer Aussage kommt es, wenn der sprachliche Ausdruck vollständig ist. Wahr ist er, wenn der darin ausgedrückte Sachverhalt besteht, wenn nicht, ist er falsch. Fragen, Wünsche, Befehle und andere Sprechakte sind in demselben Sinne nicht wahrheitsfähig. Fragen verlangen aber nach einer Antwort, Befehle nach Erfüllung usf. Daneben unterschied man einfache und komplexe Aussagen. Diese sind zusammengesetzt als Implikationen, Subimplikationen, Konjunktionen oder Disjunktionen. Darauf bauen die Stoiker eine relativ überschaubare Syllogistik auf. Im Gegensatz zur aristotelischen Logik, die den Wahrheitswert einer Konklusion am Umfang der Terme (diese sind folglich die Variablen) bemisst, hängt dieser in der stoischen Logik von der Bedeutung der Junktoren und der Wahrheitswerte der verbundenen Aussagen ab.[2]

Der zweite große Bereich der stoischen Lehre ist die Naturphilosophie. Wir müssen hierbei zwischen drei Bereichen unterscheiden: Der erste ist die leblose Materie, welche das leidende Prinzip im Kosmos darstellt, der zweite ist die *physis*, welche den Kosmos, der in der Stoa als Organismus gedeutet wird, von innen her durchdringt und aus sich heraus entwickelt. Die Physis ist also – getreu der aristotelischen Metaphysik – sowohl Ursprung als auch inneres Prinzip von Einzelwesen wie vom Gesamtorganismus. Das zweite aktive Prinzip ist dabei der *logos*, der den Gehalt der Entwicklung betont. Nach den Stoikern durchdringt der *logos*, den sie teilweise als Feuer, teilweise als Geist oder Hauch bezeichneten, den gesamten Kosmos, allerdings nicht gleichermaßen und überall mit der gleichen Wirksamkeit. So sind Steine oder Holz nur sehr wenig vom Logos durchdrungen, wenn der Mensch aber etwas mit ihnen anfängt, stehen sie unter der Füh-

---

[2] Rekonstruktion aus Diogenes Laertios (Diogenes Laertius, *Leben und Meinungen berühmter Philosophen*, aus dem Griechischen von Otto Apelt unter Mitarbeit v. Hans Günter Zekl, neu hg. sowie mit Vorw., Einl. und neuen Anm. zu Text und Übers. vers. von Klaus Reich, Hamburg ³1990), VII, Abschnitte 41-79.

rung des Logos. Man hat verschiedentlich angenommen, die Stoiker seien Materialisten. Sie traten zwar für die Vorstellung ein, dass die Wirkungsweise der Vernunft an Körpern hänge, sie betonten auf der anderen Seite aber immer die Eigenständigkeit der Vernunft, welche das Gute zum Ziel ihrer Betätigung mache. Darüber hinaus lehnten die Stoiker den Materialismus der epikureischen Schule grundsätzlich ab.

Neben der Ausarbeitung einer Kategorienlehre, die aber allerlei Widersprüchliches enthält – zumindest scheint sie nicht schlüssig rekonstruierbar – entwickelte die Schule auch eine Theologie, indem sie den Logos mit Gott identifizierte (vgl. Cicero, *De natura deorum*). Konsequenterweise gehört diese Theologie zur Naturphilosophie. Durch viererlei Ursachen kommen wir ganz allgemein zur Vorstellung von Gott: durch die Erfahrung von Vorahnungen, durch die Anpassung der Erde an die Bedürfnisse des Menschen, durch die Schrecken über Naturkatastrophen und als wichtigstes durch die Erkenntnis von der Ordnung und Schönheit des Kosmos. Die Unterschiedlichkeit der Religionen ist dabei eher ein Beleg für, als ein Indiz gegen die Existenz eines solchen höchsten Wesens, das sich den Menschen gegenüber v.a. in der Form der Fürsorge zeigt. Daraus entstehen auch Vorstellungen von der Vorsehung und vom Schicksal (als durch den Logos nachzuvollziehende kausale Determination).[3]

Die Ethik ruhe nicht zuletzt, wie Cicero in *De finibus bonum et malorum* ausführt, auf der Erkenntnis der Welt und ihres Planes, insofern also auf der Natur. Die Ernährung bei den Pflanzen, die Wahrnehmung bei den Tieren und die Vernunft beim Menschen sind demnach die leitenden Prinzipien des Wirkens und Handelns. Nach der Natur zu leben, heißt für den Menschen, sich an der Vernunft zu orientieren. Die Vernunft ist dabei die göttliche Vernunft, die sich im Kosmos zeigt. Offenbar trägt der Mensch also nicht die gesamte Vernunft in sich, seine Vernunft ist vielmehr begrenzt. Er hat sich aber nach der umfassenden Vernunft der Natur zu richten. Friedo Ricken bezeichnete die stoische Ethik entsprechend auch als »theologische Vernunftethik«.[4]

Nach Cicero und Diogenes Laertios, der ebenfalls eine wichtige Quelle für stoisches Gedankengut darstellt, ist das Grundverhältnis jedes Lebewesens das zu sich selbst und das zu seiner Erhaltung. Es sei definitiv nicht das Streben nach Lust, wie die Epikureer meinten. Diese stelle sich erst später ein, wenn ein Wesen, das in der Lage ist zu empfinden, das seiner Erhaltung Dienliche bereits einmal empfangen habe. Während die Pflanzen ihre Erhaltung nur im Wachsen verwirklichen können, gesellt sich bei den

---

[3] Rekonstruktion aus Diogenes Laertios, Leben und Meinungen berühmter Philosophen, VII, 134-156.
[4] Vgl. Friedo Ricken, *Philosophie der Antike*, Stuttgart, Berlin, Köln ³2000, 212.

2.1 Cicero und die Grundlagen des stoischen Denkens

Tieren mit ihren erweiterten Möglichkeiten durch die Sinnesorgane der Trieb hinzu; der Mensch ist darüber hinaus noch durch vernünftige Überlegung in der Lage, seine Selbsterhaltung besser zu lenken und seine Triebe zu korrigieren. Sittlich wird sein Verhalten aber erst, wenn die Grundlage seines Handelns, also sein Motiv darin besteht, das, was die Allnatur als vernünftig vorgibt, zu erkennen und dann auch zu tun. Der Mensch unterliegt also verschiedenen Trieben und Strebungen und es ist seine Aufgabe zu erkennen, was davon der Natur gemäß ist, um danach zu handeln.

Die stoische Wertelehre unterscheidet zwischen vorgesetzten und nachgesetzten Dingen und entsprechenden Werten. Vorgezogen sind Dinge wie Fähigkeiten, Leben, Schönheit, Reichtum, Ehre; nachgesetzt sind Dinge wie Tod, Krankheit, Armut. Ein echter und sittlicher Wert besteht aber nur, wenn die zu seiner Realisierung gehörige Handlung naturgemäß ist, d.h. wenn sie zu einem Leben in Übereinstimmung mit der Allnatur beiträgt. Die vorgezogenen Dinge werden dann aber auch zu Recht vorgezogen. Fähigkeiten, Geld usf. stellen demnach Werte dar, die aber, da sie zu unvernünftigen Zwecken eingesetzt werden können, nicht generell sittlich sind. So kommt es auch zu der Vorstellung, dass diese Arten der außersittlichen Werte »gleichgültige Dinge« (*adiaphora*) sind. Die vorgezogenen Dinge sind also nicht schlechthin gut. Das Glück, das wir zu erreichen suchen, ist nach stoischer Lehre von der Erfüllung der Triebe, die sich auf die Güter richten, ohnehin völlig unabhängig, da es ausschließlich mit dem sittlichen Ziel gleichzusetzen ist. Gut ist demnach wiederum nur, was sittlich ist, und glücklich zu leben heißt nichts anderes, als sittlich zu leben (vgl. Cicero, *De finibus* ... III, 29). Da das sittlich Gute nichts mit den übrigen Gütern zu tun habe, hätten die nicht sittlichen Güter zwar eine Beziehung zum Ziel des sittlichen Lebens – wir müssten sie ja diesem Ziel gemäß gebrauchen –, man könne aber das eine unabhängig vom anderen erreichen oder verfehlen.

Das Gleiche gilt für die Handlungen: Es gebe gute Handlungen (*perfectum officium*) und sog. »zukommende« (*commune officium*). Was dem natürlichen Leben entspricht, ist immer nur eine diesem Leben zukommende Handlung. Es ist die Aufgabe eines Lebewesens, solche zu erfüllen, und Cicero spricht hierbei von Pflicht (*officium*[5]). Zuunterst finden wir uns in unserer unmittelbaren Verhaltensorientierung auf der reinen Triebebene. Kommt eine vernünftige Wahl hinzu, d.h. eine, die mit der Allnatur übereinstimmt, spricht der Stoiker von einer pflichtgemäßen Handlung. Sittlich

---

5 Die Übersetzung mit »Pflicht« hat sich eingebürgert, sie ist aber möglicherweise etwas irreführend. Man könnte den Begriff allerdings aus dem Begriff der »Aufgabe« ableiten, was soviel bedeuten würde wie: mir ist etwas von meiner Natur als Mensch, Bürger, Freund, Familienvater u. dgl. aufgegeben. In diesem Sinne spricht Cicero beispielsweise auch vom »Zukommenden«.

wird eine Handlung aber erst, wenn sie aus einer bestimmten Haltung heraus geschieht, die umfassend um die Konsequenzen und die Tugendhaftigkeit der Handlung weiß. So sind die Handlungen, seine Gesundheit zu erhalten, die Eltern zu ehren, dem Vaterland zu dienen und den Freunden zu helfen nur pflichtgemäß. Wer das alles aber wegen der Gerechtigkeit, in voller Kenntnis der Umstände seines Tuns und um des sittlich Guten willen erfüllt, der handelt auch vollkommen gut. Dazu gehört nach Cicero ebenso die Wahl des rechten Zeitpunkts, das rechte Motiv und eine Haltung, die frei ist von verwerflichen Emotionen und die in unbeirrbarer charakterlicher Festigkeit vollzogen wird (vgl. Cicero, *De finibus* ... III 20, 32, 46 u. 59). Nach der stoischen Theorie ist nur der Weise zur vollkommenen Pflichterfüllung fähig, da nur er über die vollkommene praktische Urteilskraft und die entsprechende charakterliche Einstellung verfügt. Dieser allein könne auch vollkommen glücklich werden. Die stoische Glückskonzeption bringt die Spannung, die in dem Begriff steckt, zu vollem Austrag: Einerseits hat das Glück hier nicht das Geringste mit einer Lust zu tun (es ist also gewiss kein epikureisches, aber auch kein aristotelisches Glück), dennoch ist es schon ein Gefühl, das in der Seelenruhe und der Gewissheit besteht, recht gehandelt zu haben.

Ein Problem der gesamten stoischen Ethik ist die Frage nach der Freiheit. Wenn alles in einem determinierten Kausalnexus bzw. innerhalb einer wie auch immer gearteten Schicksalhaftigkeit steht, dürfte hierfür kein Platz mehr sein. Chrysipp hat versucht, die charakterliche Disposition aus dem Kausalnexus herauszunehmen. Zwar würden wir von außen angestoßen, ob wir diesen Impulsen aber auch innerlich zustimmten, liege allein an uns. Das ist konsequent stoisch gedacht und beschreibt erneut das Verhältnis zwischen *physis* und *logos*. Chrysipp gibt aber auf der anderen Seite den Charakter nur wieder als ein weiteres kausales Moment von Handlungen an, ohne so etwas wie Freiheit wirklich zu begründen.

Ein letztes Thema vor allem der späten Stoa bei Seneca und Marc Aurel ist der Tod. Mit der Berufung auf Sokrates bestreitet der Stoiker, dass es sich beim Tod um etwas Übles handelt. Bei demjenigen, der den Tod als etwas Schreckliches darstellt, gewinnen Gefühle und Affekte die Oberhand über die Vernunft. In erster Linie ist der Tod nach stoischer Lehre eine Befreiung von den Übeln des Lebens. Es ist eine wesentliche Aufgabe des Menschen, das Sterben zu lernen und es anzunehmen, wenn es ihm bevorsteht. Des Weiteren ist der Tod etwas Natürliches. Etwas, das aus der Natur kommt, kann schließlich nichts Schlechtes sein. So schreibt Seneca an seinen Freund Lucilius:

Dem Tod wohnt eine gerechte und unerbittlich strenge Notwendigkeit bei. Wer kann sich darüber beklagen, in einer Lage zu sein, die keinem erspart bleibt? Die oberste

Anforderung aber an die Gerechtigkeit ist die Gleichheit. Doch es erübrigt sich noch weiter für die Sache der Natur einzutreten, die ihr Gesetz auch zu dem unseren gemacht sehen wollte: was sie verband, löst sie wieder auf, und was sie auflöste, verbindet sie wieder.[6]

Immanuel Kant hat sich ausgiebig mit der stoischen Lehre beschäftigt. Wir werden noch sehen, wie bei ihm v.a. in Bezug auf die Ethik die stoischen Begriffe von der Pflicht, dem Höchsten Gut, der Vollkommenheit, der Autonomie der Moral, von der sozialen und weltbürgerlichen Natur des Menschen, dem Primat der Vernunft, von der Rolle des Wollens in der Moral usw. fortwirken.

2.2 De officiis

Bei Ciceros Schrift *De officiis*[7] handelt es sich um einen Brief Ciceros an seinen Sohn Marcus. Dieser hielt sich damals in Athen auf und studierte dort Philosophie. Offenbar ist der Vater nicht recht zufrieden mit den Studien seines Sohnes – so etwas gab es wohl auch schon in der Antike –, und der Brief soll diesen ermahnen, sich etwas mehr zu befleißigen, gleichermaßen aber auch die eigene Position, die Cicero, bezüglich der Fragen der Moral hegt, darstellen. Der Brief stammt aus dem Jahr 44 v. Chr. und er bezieht sich teilweise auf eine kurz zuvor erschienene moralphilosophische Schrift (*De finibus bonorum et malorum*), in der sich Cicero ausgiebig auch mit der epikureischen Ethik auseinandersetzt. *De officiis* ist also ein durchaus reifes und durchdachtes Werk. Auch wenn es ihm, wie die Forschung teilweise meint, an der letzten Überarbeitung fehlen sollte, so hatte es auf die ihm nachfolgenden Betrachtungen zur Ethik einen enormen Einfluss.

Nach der Ermahnung an den Sohn, sich intensiv um seine Studien zu bemühen (nicht ohne auf die eigenen pädagogischen Verdienste bei der Vermittlung des griechischen Denkens in Rom hinzuweisen, die eigenen Schriften dem Sohn wärmstens ans Herz zu legen und seine eigene Ausdruckskraft in fesselnden Reden wie in hochgeistigen und feinsinnigen Erörterungen ins rechte Licht zu rücken), wendet sich Cicero gleich seinem Thema zu. Er bekennt sich dabei freimütig zur peripatetischen, d.h. zur aristotelischen Schule, insofern freilich, als sie platonischen Ursprungs ist.

---

6 Lucius Annaeus Seneca, Briefe an Lucilius (Epistulae morales), übersetzt, mit Einleitungen und Anmerkungen versehen von Otto Apelt (Sammlung Philosophischer Schriften, Bd. 3), Hamburg,1993, Brief 30, § 11, 113.

7 Ciceros *De officiis* wird hier weitgehend zitiert nach der Ausgabe Cicero, De officiis / Vom pflichtgemäßen Handeln, lateinisch-deutsch, übersetzt, kommentiert und herausgegeben von Heinz Gunermann, Stuttgart 1999 (im Folgenden abgekürzt mit DO).

Im Gegensatz zu Aristoteles hält Cicero aber dafür, dass man sich gerade auch im jugendlichen Alter, in dem sein Sohn sich befindet, für Fragen über das »rechte Handeln« (*de officiis*) interessieren sollte. Denn das scheint ihm ausgemacht, dass dieses alle Bereiche des Lebens betrifft, sei es im Öffentlichen oder im Privaten, sei es also, wenn man es mit sich selbst zu tun hat oder mit anderen. Ebenso scheint der Kern allen philosophischen Fragens darin zu liegen, sich um eine Theorie des rechten Handelns zu bemühen.

Das Ziel des Handelns ist nach Cicero in der sittlichen Vollkommenheit (im *honestum*, also »im Ehrenhaften«) zu sehen, die nur durch ein tugendhaftes Handeln zu erreichen sei, nicht aber durch ein Handeln, das sich immer nur am eigenen Vorteil (Nutzen) orientiert und am Streben nach der Lust und dem Vermeiden des Schmerzes, wie es die Epikureer lehrten. Ein solches Verhalten nämlich macht aller Freundschaft, Gerechtigkeit, Großzügigkeit, der Tapferkeit und der Selbstbeherrschung ein Ende (vgl. Cicero, *De finibus* ...). Das pflichtgemäße Handeln dagegen steht von vorn herein nicht im Dienst des Wohlbefindens, sondern immer nur für sich selbst. Dieser Ansicht sind neben den Akademikern und den Peripatetikern auch die Stoiker gewesen, denen Cicero sich in der folgenden Erörterung anschließen will; allerdings nicht so, dass er auf Einschränkungen und eigene Ergänzungen verzichtet, wenn es ihm notwendig scheint. Dies betrifft vor allem den Begriff des pflichtgemäßen Handelns, den zu erörtern auch Panaitios, der Vertreter der mittleren Stoa, unterlassen habe. Cicero möchte also erstens die Frage nach dem höchsten Gut stellen, zweitens will er klären, nach welchen Regeln man sich im Praktischen richten kann, um diesem gemäß zu handeln.

2.3 Die Fundamente der Moral

Wir haben schon gesehen, dass die stoische Schule eine vollkommene Pflichterfüllung (*katorthoma*), die weiß, was pflichtmäßig zu tun ist, und das rechte Handeln umschreibt, unterschied von einer mittleren Pflichterfüllung (*kathêkon*), die eine allgemeine vernunftmäßige Begründung zulässt, was in der Stoa heißt: eine Begründung, die mit der Allnatur übereinstimmt und bei der der Handelnde wissentlich gemäß dieser handelt. Nach Panaitios, wie uns Cicero referiert, gibt es dreierlei Überlegungen dieser Art: Ich kann mir erstens überlegen, was an den möglichen Handlungen gut oder schlecht ist. Meistens werde ich keine eindeutige Antwort auf diese Fragen erhalten, so dass ich zweitens nach der Nützlichkeit der Handlungen frage. Sollte es sich ergeben, dass mir eine nützliche Handlung auf der anderen Seite schlecht, also im Widerspruch zum als sittlich gut Erkannten er-

2.3 Die Fundamente der Moral

scheint, werde ich mich drittens hin und her gerissen fühlen. Nach Cicero greift diese Dreiteilung allerdings zu kurz. So ergänzt er sie um zwei weitere Optionen:

Viertens nämlich ergeben sich aus der Überlegung zumeist verschiedene optional aus der Warte des Guten zu rechtfertigende Handlungen; ich führe schließlich bei der Betrachtung der Sachverhalte, Umstände und Handlungsmöglichkeiten eine Bewertung durch und bringe diese Handlungsoptionen in eine Rangordnung. Mir erscheint dann also eine bestimmte Handlung besser als die andere, ohne dass ich diese vollständig als schlecht verwerfen würde. Fünftens verfahre ich ebenso bei der Frage nach der Nützlichkeit. Mir erscheinen also auch bestimmte Handlungsmöglichkeiten nützlicher als andere. Erst auf Grund dieser fünffachen Überlegungen und ihrer jeweiligen Gegenüberstellung kann man nach Cicero zu einer gerechtfertigten Entscheidung kommen.

Zu diesen Überlegungen tritt eine weitere genuin stoische Lehre hinzu, die wir noch nicht erörterten: die Lehre von der *oikeiosis*. Danach haben alle Lebewesen von Natur aus bestimmte Anlagen (und Triebe) zur Selbsterhaltung, zur Fortpflanzung und zur Aufzucht des Nachwuchses. Der Mensch unterscheidet sich aber in einem grundlegenden Punkt von den Tieren. Zwar besitzt das Tier neben diesen Trieben auch Sinneswahrnehmungen und ein gewisses Gespür für Vergangenes und Zukünftiges; v.a. dieses ist aber nicht besonders ausgeprägt. Der Mensch kann dagegen mit Hilfe der Vernunft (*ratio*) die Konsequenzen und weiteren Entwicklungen abschätzen, die Ursachen und Voraussetzungen der Dinge und Ereignisse wahrnehmen und Ähnliches in Bezug auf Künftiges und Gegenwärtiges verbinden. Darauf baut sich beim Menschen das Sozialverhalten auf, das Cicero als eine Gemeinschaft der Sprache und des Lebens bezeichnet.

Diese soziale Bestimmung des Menschen lässt grundsätzlich auch die Sorge um den Nachwuchs, den unmittelbaren politischen Zusammenschluss, also das Verlangen nach Versammlung, Beratung und Austausch, auch das Streben nach einer »gesitteten Lebensweise« für sich und alle in der eigenen Umgebung verständlich werden.

Noch ein weiteres Merkmal ist dem Menschen aber offensichtlich wesentlich: Er strebt danach, »die Wahrheit zu erkunden und zu erforschen«. Dies steht nicht nur im instrumentellen Zusammenhang, d.h. dass uns diese Suche nach Wissen über die Welt zu irgend etwas nützlich ist; sondern gerade, wenn wir frei von drängenden Aufgaben sind, erfüllt uns dieses Streben als ein Selbstzweck. Wir sehen diese Suche nach der Wahrheit dann sogar als unabdingbar für ein erfülltes Leben an. Mit dieser zweckfreien Beschäftigung verbindet Cicero eine Vormachtstellung des Menschen gegenüber der Natur. Wenn der Mensch, so kann sein Argument verstanden werden, in der Lage ist, etwas außerhalb von Zwecksetzungen zu betrachten, so erhebt er sich auch über die Natur und ist insofern auch von dieser unabhängig: »Daraus ergibt sich Seelengröße, d.h. Geringachtung der menschlichen Werte« (DO I, 13), und das meint: des menschlichen Geschicks. Die Vernunft, die sich auch im menschlichen Sinn für Ordnung, für Schicklichkeit und im Maß zeigt, erhebt den Menschen also über seine bloß natürliche Ausstattung. Vor allem zeigt sich diese Art des Zusammenspiels im Handeln. Und wenn im Handeln alles auf das Schönste zusammenstimmt, dann ist das nach Cicero das gesuchte sittlich Gute.

Was sich uns hierbei also als sittlich gut zeigt, kommt durch insgesamt vier verschiedene Teilbereiche zustande:

Denn entweder besteht es nämlich in der wahrhaften und gründlichen Erkenntnis oder im Beschützen der Gemeinschaft der Menschen, darin, einem jeden das Seine zuzuteilen, und in Verlässlichkeit bei Verträgen oder in Größe und Kraft eines hervorragenden und unbezwingbaren Geistes oder in Ordnung und Maß aller Handlungen und Äußerungen, worin maßvolle Beschränkung und Ausgeglichenheit beruht (DO I, 15).[8]

Unschwer sind in dieser Zusammenstellung die vier klassischen Kardinaltugenden zu erkennen. Im Streben nach Erkenntnis zeigt sich die Klugheit bzw. die Weisheit und, wie Cicero schreibt, gilt derjenige als der Weiseste, der den Kern einer Sache und ihre Zusammenhänge am scharfsinnigsten und am schnellsten durchschaut. Der Schutz der Gemeinschaft aber kann nur durch die Gerechtigkeit gewährleistet und durch die Tapferkeit erhalten werden, v.a. wenn es darum geht, die Macht und den Einfluss des Gemeinwesens zu vergrößern, wobei der Einzelne diese Dinge als gering zu achten hat. Mehr noch als auf Überlegung bezieht sich die Mäßigung unmittelbar auf das Handeln. Wenn wir besonnen handeln, meint Cicero, bewahren wir Anstand und Sittlichkeit. Die folgende Diskussion versucht am Faden dieser Tugenden das pflichtgemäße Handeln zu erläutern und zu begründen. Die Nähe zur aristotelischen Tugendethik scheint dabei unübersehbar; allerdings wird man auch sehen, dass sich Cicero weniger um eine systematische Geschlossenheit bemüht als vielmehr darum, das, was innerhalb der römischen Gesellschaft als das »Ehrenhafte« (den *mos maiorum*) gilt, an Beispielen durchsichtig und verständlich zu machen.

---

8 Gunermann leitet den Satz folgendermaßen ein: »Denn entweder ist es zu Hause im Durchschauen und Verstehen der Wahrheit ...« (»Aut enim in perspicientia veri sollertiaque versatur ...«).

2.4 Die Kardinaltugenden

Die weitere Diskussion im ersten Buch von *De officiis* macht sich die klassische Tugendlehre zu Eigen und versucht von dort aus, das *honestum* des sittlichen Verhaltens zu bestimmen. Wir nehmen uns dem ciceronischen Text folgend als erstes die Weisheit vor.

2.4.1 Die Weisheit

Die so genannte Erkenntnis der Wahrheit sieht Cicero in engstem Zusammenhang mit der menschlichen Natur. Alle Menschen verlangten nach Wahrheit, Weisheit und Erkenntnis und versuchten sich darin auszuzeichnen. Ein begangener Irrtum beschämt dagegen. Cicero empfiehlt in diesem Zusammenhang, uns mit der Betrachtung der Dinge Zeit zu nehmen, um dabei die größte Sorgfalt walten zu lassen; denn der größte Fehler scheint zu sein, zu schnell zu einem Urteil zu kommen. Wir sollten also nicht Unbekanntes für Bekanntes halten und leichtfertig allem zustimmen. Den zweiten Fehler sieht Cicero in einem Übereifer, sich mit allen möglichen Dingen zu befassen, die schwierig und dunkel, zum Handeln aber keineswegs notwendig sind (wie es gemeinhin Philosophen tun). Sittliches Handeln zeigt sich, so Cicero, v.a. in der praktischen Betätigung, nicht aber im Grübeln, auch wenn wir uns freilich gründlich überlegen sollten, was wir tun und zu tun haben. Wenn wir aber das Notwendige getan hätten, bliebe wohl noch Zeit, sich weiteren Überlegungen hinzugeben. Diese betreffen dann das Wissen und die Erkenntnis oder aber die Fragen nach dem sittlichen Verhalten und nach dem guten und glücklichen Leben.

2.4.2 Die Gerechtigkeit

Wenden wir uns als zweiter Tugend der Gerechtigkeit zu. Die Diskussion darum nimmt bei Cicero einen gehörigen Raum ein. Wir dürfen nicht vergessen, dass Cicero neben seinen philosophischen Schriften in erster Linie rhetorische Abhandlungen geschrieben hat. Das Gebiet der Auseinandersetzung ist hier freilich das Recht, und so serviert uns Cicero eine Fülle von Beispielen und juristischen Unterscheidungen. Er diskutiert Fragen, wie es zu Eigentum kommt und was als solches zu gelten habe, er fragt nach den Gründen von Unrecht (bei Tat und Unterlassung), nach dem Vorsatz und dem freien Willen, nach den Formen der Gewaltanwendung, der Verleumdung, der Strafe, dem Krieg und seinem Recht sowie dem Rechten im Krieg (Fetialrecht); er diskutiert den Betrug und die Stellung der Sklaven. Dann wendet er sich bestimmten mit der Gerechtigkeit verbundenen Tugenden zu, wie der Freigebigkeit, der Güte, der Angemessenheit, dem Wohlwollen und der Zuverlässigkeit, dem Wohltun, der Gesinnung und dem Urteilsvermögen.

Die eigentliche Diskussion um die Gerechtigkeit beginnt mit Abschnitt 50, wenn Cicero auf die Grundlagen der menschlichen Gemeinschaft zu sprechen kommt. Eine Gemeinschaft bildet sich danach auf Grund von Gemeinsamkeiten. Zwar haben wir mit denjenigen, die zu unserer unmittelbaren Umgebung gehören, das Meiste gemeinsam, mit allen anderen Menschen verbinden uns aber gleichermaßen Vernunft und Sprache. So gelten, wie Cicero meint, für jede Form der Gemeinschaft bestimmte Regeln der Gerechtigkeit bzw. Billigkeit. Alles was die Natur dem Menschen zum gemeinsamen Gebrauch gegeben hat, soll entsprechend auch mit jedem Menschen geteilt werden: wie z.B. das Wasser und das Feuer; ebenso soll man keinen Ratsuchenden abweisen, denn mit diesem hat man die Vernunft gemeinsam. Insgesamt soll man für jeden Menschen alles tun, wovon man selbst keinen Schaden hat, der andere aber einen großen Nutzen. Das gibt gleichzeitig das Maß an, damit wir uns nicht verausgaben.

Die letzte allgemeine Bestimmung schränkt den Geltungsbereich der Regeln deutlich ein. Die Verpflichtung, die wir den anderen gegenüber haben, richtet sich, so Cicero, nach dem jeweiligen Verhältnis zu ihm. Es lässt sich hier eine Stufenfolge aufbauen von der Kosmopolis, in der sozusagen die Pflichten gegen alle Menschen gelten, über die Polis, und damit die Pflichten, welche man gegenüber dem eigenen Staat hat, bis hin zu den Verwandten und der unmittelbaren Familie. Dieser gegenüber haben wir demnach die meisten und wichtigsten Pflichten. Aber die Abstufung bedeutet auch, dass es sich um Pflichten jeweils ganz anderer Art handelt. Hat man mit der Volks- und Sprachgemeinschaft eine gemeinsame Herkunft bzw. ein gemeinsames Recht und eine gleiche Sprache, so verbinden einen innerhalb der gleichen Bürgerschaft – wir könnten auch sagen innerhalb der eigenen Stadt – die gemeinsamen Straßen, Gesetze, Tempel, Abstimmungen sowie private und freundschaftliche, öffentliche oder geschäftliche Beziehungen (und sogar das Wetter). Bei der Verwandtschaft gehören darüber hinaus die Vorfahren zur gleichen Familie, mit der Familie teilt man das Haus und die meiste Zeit des Lebens.

Die Familie baut den Staat auf, sie ist seine Keimzelle, wie Cicero schreibt. Wird die Familie immer größer und werden die verwandtschaftlichen Beziehungen immer weiter, so entsteht daraus der Staat. Auf der Ebene des Staates aber wiederum, so das Idealbild Ciceros, sollten die besten Männer in Freundschaft verbunden sein und den Staat leiten. (In Rom galt die Sozietät als Gesellschaftsform und nicht als Nepotismus.) Die Tugenden der Gerechtigkeit und der Freigebigkeit sowie erwiesene und empfangene Wohltaten befestigen einen solchen Zusammenschluss.

Darüber hinaus besteht aber ebenso eine unmittelbare Beziehung jedes Einzelnen unmittelbar zum Staat. So sind wir besonders verpflichtet, ihm zu dienen und ihn zu mehren. Umso schändlicher erscheint Cicero derjenige, welcher sich gegen den Staat vergeht und seine Grundlagen verrät, wie es seiner Ansicht zufolge neben anderen wohl auch Caesar getan habe. Am meisten sind wir also dem Vaterland und den Eltern schuldig, dann den Kindern, dem Haus und den Freunden und dann den Verwandten. Cicero plädiert für eine Art Verpflichtungskalkül, nach dem wir mit einiger Übung und nach allerlei praktischen Erfahrungen genau berechnen können, wie viel wir wem jeweils schulden. Die Gerechtigkeit bezieht das pflichtgemäße Handeln, so schließt Cicero hier, v.a. auf die Ansprüche der anderen innerhalb der sozialen Gemeinschaften.

2.4.3 Die Tapferkeit

Bei Cicero hat sich nicht nur die Bedeutung des Begriffs Gerechtigkeit gegenüber Aristoteles und Platon gehörig erweitert, sondern auch der Begriff der Tapferkeit. Zudem liegt es Cicero weniger an systematischen Begriffsbestimmungen, welche die wesentlichen Elemente des Handelns aufeinander beziehen, sondern an der Entfaltung einer tradierten Moral, des *mos maiorum* (das ist eben die Weise, wie die Vorfahren gelebt haben), und ihrer Plausibilität im Konkreten.

Was man unter »tapfer«, »kräftig«, »zupackend« versteht, das kann Cicero als bekannt voraussetzen. Für ihn wird es aber zur Frage, wann die Tapferkeit auch wirklich eine Tugend ist. Sie muss, so meint er, eingebunden sein in die Gerechtigkeit und den Kampf für die Interessen des Gemeinwohls, nicht aber für die eigenen Bedürfnisse und das eigene Streben, sei es nach Macht, Ehre oder Geld. Tapfer sind nur diejenigen, welche für das Rechte kämpfen, wenn sie »gutgesinnt und aufrichtig sind, Freunde der Wahrheit und dem Trug abhold« (DO I, 63); ein Tapferer muss also gleichermaßen auch ein Gerechter sein. Denn die Tapferkeit führt dazu, dass man immer mehr erreichen will und auf diese Weise nach einer Vorherrschaft über die anderen strebt. Dies widerspreche aber gerade dem Gleichheitsgrundsatz, der ein Merkmal der Gerechtigkeit sei. Bei der Tapferkeit gilt aber auch, was allgemein für die Tugend gelte: Es ist wichtiger, sich in Taten tatsächlich zu bewähren, als nur tapfer zu erscheinen.

Die Erfahrung lehrt, dass diejenigen, die viele Mühen auf sich nehmen, dafür auch belohnt werden wollen. Dagegen hilft in den Augen Ciceros nur ein Mittel: die stoische Verachtung aller äußeren Güter. Für den wahrhaft Tapferen und Hochgesinnten zählt nämlich nur das sittlich Schöne und er wird immer danach streben, von keinem Menschen, von keiner Leidenschaft und von keinem Schicksal beherrscht zu werden. Daneben scheut er keine Anstrengungen und Gefahren.

Der Tapfere zeichnet sich darüber auch noch durch eine besonders besonnene Haltung aus. Dies äußert sich in seiner Unabhängigkeit von menschlichen Leidenschaften und Begierden. Insgesamt ist der Tapfere v.a. an seiner Freiheit interessiert und so hält er sich von allem fern, was ihn irgendwie beeinträchtigen könnte, von der Gier nach Geld, Ruhm und Macht und Ämtern, von innerem Aufruhr, allgemein von Gier, Angst, übermäßiger Lust und vom Jähzorn. Viel wichtiger sind ihm Seelenruhe und Gelassenheit.

Das Ganze sei aber immer am Einzelfall zu prüfen. Es gibt Menschen, so Cicero, die verachten die Ämter, weil sie lieber ihre Ruhe haben wollen, Philosophen und Schriftsteller zumeist; andere dagegen fürchten die damit verbundenen Mühen und ängstigen sich vor Anfeindungen und Rückschlägen. Dagegen sei es lobenswert nach Ämtern zu streben, wenn man sich denn für geeignet hält das Amt auszufüllen. Man solle dies aber nicht aus persönlichen Gründen tun, sondern aus Pflicht und um dem Staat zu dienen. Bei all seinen Handlungen aber muss man die Rechtmäßigkeit des Vorgehens, wie die Fähigkeit zur Durchsetzung genau und gründlich bedenken.

Nach einer Abwägung verschiedener Leistungen (nicht zuletzt auch der eigenen), nach einer Diskussion der wechselseitigen Bedeutung von Vernunft und Tapferkeit in Krieg und Frieden[9] sowie in Gefahren wendet sich Cicero ab dem Abschnitt 85 den Aufgaben und Pflichten des Politikers zu:

Dieser hat sich in erster Linie um die Belange des Bürgers und des gesamten Gemeinwesens zu kümmern. Er muss also die eigenen Interessen und bestimmte Gruppeninteressen, von denen andere Bevölkerungsteile keinen Nutzen haben, zurückstellen. Anderenfalls wird es zu Uneinigkeiten und Konflikten zwischen den Bürgern kommen, wie sie in Rom zwischen den Parteigängern der Popularen und der Optimaten so häufig waren. Ein ordentlicher Politiker dagegen wird »... sich ganz dem Gemeinwesen zur Verfügung stellen, nicht aber nach Reichtum und Macht jagen, sondern es als Ganzes beschützen, so daß er für alle sorgt« (DO I, 86).

---

9 Für Cicero besteht ein unbedingter Primat des Friedens. Das ist nicht selbstverständlich für einen Römer des ersten Jh. v. Chr., passt aber zur römischen Selbstrechtfertigung, auf der ganzen Welt Frieden erst einmal herzustellen. Für Cicero besteht allerdings überall ein Zusammenhang zum Maß des sittlich Guten. Dies erscheint ihm in erster Linie als etwas, das durch geistige Kräfte und die damit verbundenen Bemühungen verwirklicht wird (vgl. DO I, 79f.).

Auch der Politiker ist freilich den Grundsätzen der anderen Tugenden verpflichtet: Er erhebt keine falschen Anschuldigungen und verhält sich so gerecht; er strebt nicht gierig nach Ehrenämtern, sondern zeigt sich milde und versöhnlich und ist auf diese Weise mäßig. Doch ist er auf der anderen Seite, da er ja nicht seine eigenen Interessen verfolgt, sondern die der Bürger, auch darauf verpflichtet, in der Sache streng zu sein. Auch jede verhängte Strafe muss sich zuletzt am Interesse des Staates orientieren; sie muss angemessen sein (d.h. nicht schwerer als die Schuld), frei von Zorn und sie muss jeden, wenn er sich gegen das Gesetz vergeht, in gleichem Maße treffen.

Zur Mäßigkeit gehört aber ebenso, sich nicht stolz, überheblich oder anmaßend zu verhalten. Ausgeglichenheit und Ruhe sind dagegen überall und immer angemessen. Auch im Glück soll man auf den Rat der Freunde hören, von niemandem aber darf man sich schmeicheln lassen. Besonders der Staatsmann hat ein solches Verhalten an den Tag zu legen, da sich seine Tätigkeit auf ein weites Feld erstreckt und er deswegen, hat er diese Haltung, auch zu Recht besonders gepriesen wird.

Die gleichen Maßstäbe überträgt Cicero auch auf den Besitz. Dieser solle anständig erworben, für möglichst viele von Nutzen und mit Bedacht und Einsicht, Umsicht, Vernunft und Sparsamkeit vermehrt werden. Man solle aber von ihm abgeben, wenn man Freunden oder dem Staat damit helfen kann.»Wenn man sich an diese Vorschriften hält, dann hat man das Recht großartig, würdevoll und selbstbewusst, aber auch aufrichtig, pflichtbewusst und als wahrer Menschenfreund aufzutreten« (DO I, 92).

2.4.4 Die Besonnenheit/Mäßigkeit

Die letzte der zu diskutierenden Tugenden ist die Mäßigung. Zwar ist sie in der bisherigen Erörterung schon mehrfach angeklungen (der Gerechte ist mäßig, genauso wie der Tapfere), doch widmet ihr Cicero auch noch eigenen breiten Raum. Als Mäßigung bezeichnet er die Zurückhaltung und eine »gewisse Verfeinerung des Lebens«, die Selbstbeherrschung, Besänftigung des inneren Aufruhrs und den maßvollen Umgang mit den Dingen. Die Griechen nannten diesen Bereich das *prepon*, Cicero nennt es das *decorum*, das sich Geziemende bzw. das Schickliche. Dieses begrifflich scharf vom sittlich Guten zu unterscheiden, hält Cicero gar nicht für möglich. »[W]as sich schickt, das tritt dann zutage, wenn Ehrenhaftigkeit voraufgegangen ist« (DO I, 94). Das *decorum* findet sich dementsprechend auch schon im Gefolge der anderen Tugenden. Denn es geziemt sich, vernünftig zu denken, klug zu reden, zu überlegen, was man tut, auf die Wahrheit zu sehen sowie gerecht und tapfer zu handeln. Das Gegenteil davon gilt als schändlich und verwerflich.

Das Geziemende bezieht sich also auf die gesamte Sittlichkeit und es zeigt sich jeweils bei den einzelnen Tugenden. Insofern ist es nur gedanklich davon zu trennen. Auf diese Weise können wir das allgemein Geziemende, wie es sich beim sittlich Guten zeigt, unterscheiden und das, was die einzelnen Bereiche des sittlich Guten betrifft. Ersteres definiert Cicero folgendermaßen: »Schicklich sei das, was in Übereinstimmung zur erhabenen Stelle des Menschen stehe, und zwar darin, wodurch seine Natur sich von den übrigen Lebewesen unterscheidet« (DO I, 96). Das zweite sei das, »... was so mit der Natur übereinstimmend ist, daß in ihm Mäßigung und Selbstbeherrschung sich zeigen in Verbindung mit der eines freien Mannes würdigen Erscheinung« (ebd.). Das Geziemende betrifft also die menschliche Natur, durch die wir die übrige Natur und die anderen Lebewesen überragen, nämlich durch »Charakterfestigkeit, Mäßigung, Beherrschtheit und der Zurückhaltung, ... Ordnung, Beständigkeit und Einhaltung des Maßes in allen Äußerungen und Taten« (DO I, 98); und es zeigt sich bezüglich der gesamten Sittlichkeit wie bei ihren Teilen, in denen die Tugend in Erscheinung tritt. Das Geziemende ist aber ebenso die Art und Weise des sittlich Guten, wie es sich beim Einzelnen zeigt.

2.5 Das pflichtgemäße Handeln

Das, was Cicero *officium* nennt, also Pflicht, handelt er in erster Linie unter dem Kapitel der Mäßigung ab. Zunächst versteht Cicero die Pflicht nicht in unserem heutigen, d.h. kantischen Sinne, nachdem wir uns mehr oder weniger widerwillig in etwas fügen müssen – das ist freilich verkürzt ausgedrückt. Zwar müssen wir uns auch beim *officium* fügen, allerdings wissen wir dann, dass dieses Sich-Fügen eine Zustimmung zum natürlichen Ablauf der Dinge ist. Und es ist freiwillig, so dass wir diese Einwilligung in die Bestimmung der Natur als das Einzige ansehen, was uns glückselig machen kann. Cicero schreibt: »Das pflichtgemäße Handeln aber, das sich davon ableitet, weist zunächst den Weg, der zur Übereinstimmung mit der Natur und ihrer Berücksichtigung führt« (DO I, 100). Die Erkenntnis richtet sich nach dem Lauf der Natur, die Pflicht ist es, sich darin zu fügen. Da z.B. die Gemeinschaft dem Menschen etwas Natürliches ist, ist der Vernunft wie dem Lauf der Natur angemessen, was dieser Gemeinschaft dient.

Wir haben heutzutage große Probleme mit dem Gedanken, Freiheit bestünde darin, sich »freiwillig« in etwas einzufügen, was ohnehin dem Lauf der Natur entspricht bzw. auch völlig durch vernünftige Überlegung ge-

2.5 Das pflichtgemäße Handeln

deckt ist; dass das sogar noch – *horribile dictu* – der Vernunft entsprechen soll, was nach dem Gang der Natur ohnehin so und nicht anders geschehen wird. Der Stoiker passt diese Vorstellung aber in sein Weltbild von der Beseelung des Kosmos ein, wonach *logos* und *physis* nur zwei verschiedene Betrachtungsweisen ein und desselben Vorganges bzw. zwei zusammen wirkende und harmonierende Prinzipien eines einzigen Geschehens sind.

Cicero betont, dass es sich dabei auch um eine geistige Leistung (Cicero schreibt eigentlich seelische Bewegung, *animi motus*) handelt, die jeder körperlichen Leistung noch vorzuziehen ist. Innerseelisch unterscheidet Cicero das Streben (Wunsch, Trieb, Begierde, Drang) und die Vernunft. Diese lehrt und verdeutlicht, was man zu tun und zu lassen hat, jenes zieht einen in unterschiedliche Richtungen. In den rechten Bahnen verläuft eine Entscheidung, wenn die Vernunft herrscht und das Streben gehorcht. Man muss dabei für alles, was man tut, einen vernünftigen Grund haben. Nichts anderes heißt Pflicht und pflichtgemäßes Handeln.

Cicero beschreibt es dann auch als naturgemäßen Vorgang, dass die Gefühle, Stimmungen und Leidenschaften der Vernunft unterliegen. Sie sollten sogar mit ihr zusammenstimmen. Cicero sagt zwar nur, diese sollten weder hinterher hinken noch vorauseilen; man kann sich das aber faktisch kaum anders vorstellen als in der Weise, dass wir uns schlecht fühlen, wenn wir etwas Schlechtes tun oder bei anderen wahrnehmen, und *vice versa*, dass wir uns erhaben und tatkräftig fühlen, wenn wir tapfer sein müssen usf. Am meisten aber empfiehlt Cicero doch die ausgeglichene Wesensart und Verhaltensweise – also offenbar den Verzicht auf starke Stimmungen und Leidenschaften; dies sei für das vernünftige Wesen am meisten passend.

Diese geistige Dimension des Menschen erhebt ihn auch über die Tiere. Das Vieh nämlich orientiert sich nur an der Lust und wird von ihr in diese und jene Richtung getrieben. (Cicero grenzt sich damit von den Epikureern ab.) Beim vernünftigen Menschen aber kommt es auf das Lernen und das Denken an, stets geht der Mensch irgendeiner geistigen Tätigkeit nach, ihn erfreut schon das Sehen und das Hören, nicht aber aus Lust, sondern weil er dadurch lernt – und Scheler wird später sagen, dass der Mensch zwar nach Gütern, niemals aber nach Lust strebt. Ein Leben nach der Lust muss also in die Irre führen und selbst bei den Dingen, die uns Lust und ein angenehmes Gefühl bereiten, wie möglicherweise das Essen oder der Sport, müssen wir uns zurückhalten und das vernünftige Maß jeweils in der Zuträglichkeit für den Körper ansetzen:

... [W]enn wir bedenken wollen, eine wie überlegene Stellung und Würde in unserem Wesen liegt, dann werden wir einsehen, wie schändlich es ist, in Genußsucht sich treiben zu lassen und verzärtelt und weichlich, und wie ehrenhaft andererseits, sparsam, enthaltsam, streng und nüchtern zu leben (DO I, 106).

Beim Menschen sollte die Vernunft sowohl in seinem Dasein als Teil der Menschheit (und damit als Vernunftwesen), als auch in seinem Dasein als Einzelner in allen Tätigkeiten die entscheidende Rolle spielen – hiervon hängt das sittlich Gute und das Geziemende ab –; in welchen Bereichen sich der Einzelne (als Vernunftwesen) aber schließlich betätigt, ist im Wesentlichen von seinen individuellen Fähigkeiten abhängig. Wie es hier große Unterschiede im Körperlichen gibt – der eine läuft schneller als der andere, dieser aber wiederum längere Strecken –, so gibt es noch größere im Geistigen und Seelischen.

Neben der Orientierung an der allgemeinen Natur und der in ihr wohnenden Vernunft ist für das Geziemende also ebenso die eigene, individuelle Naturanlage zu berücksichtigen. Auch diese ist freilich von der Natur vorgegeben und wir haben uns in sie zu fügen. Dies sei am besten erreichbar durch eine »Gleichmäßigkeit der Lebensführung« und indem man nicht versucht, die Verhaltensweisen anderer nachzuahmen. Jeder solle demnach seinen persönlichen Charakter erkunden und sich bei seinen guten wie schlechten Seiten als strenger Richter erweisen, um sich dann seiner Eigenart entsprechend zu verhalten.

Als drittes Moment – neben der allgemeinen und der jeweils besonderen Natur jedes Einzelnen – spielt auch der Zufall in unserem Leben und damit in unserem Verhalten eine gewisse Rolle. Zum Vierten hängt darüber hinaus noch einiges von unserem Willen ab. Wir müssen uns entscheiden, »... welche und wie geartete Leute und in welcher Art Lebensgestaltung wir sein wollen ...«(DO I, 117). Cicero verweist auf die Schwierigkeiten, die damit verbunden sind, indem er betont, dass wir uns in der Jugend bereits für eine Lebensart entscheiden müssen, im Alter aber offensichtlich erst erkennen können, was das für uns Geziemende ist. So richten sich die meisten nach dem Beispiel ihrer Eltern, andere nach dem Urteil der Menge, wieder andere unabhängig davon durch eine glückliche Fügung nach ihrer tatsächlichen Natur.

Die Natur, das Schicksal und die Entscheidung sind also bei der Wahl der eigenen Lebensführung die entscheidenden Momente. Besonders gut trifft man es, wenn diese Momente zusammenstimmen. Cicero schreibt hierzu (und vielleicht auch etwas naiv): »Wer also auf die Eigenart seiner unverdorbenen Natur den ganzen Lebensplan ausrichtet, der möge seine innere Stetigkeit bewahren – denn das ist am meisten schicklich ...« (DO I, 120). Mit irgendwelchen Änderungen der eigenen Lebensart soll man dagegen grundsätzlich vorsichtig sein; wenn man aber erkannt hat, dass man sich nicht auf dem rechten Weg befindet, muss man die Lebensweise umstellen, niemals aber gegen die Natur und nicht dadurch, wenn man sich durch Vorbilder leiten lässt, dass man deren Fehler nachahmt. Freilich seien aber die Tugenden der Gerechtigkeit, Zuverlässigkeit, Freigebigkeit, Bescheidenheit und Selbstbeherrschung für die Orientierung bei jedem gleichermaßen wichtig.

Cicero unterscheidet im Folgenden verschiedene Pflichten der Älteren und der Jüngeren sowie Pflichten bestimmter Personen oder Personengruppen. Er interpretiert das Geziemende dabei immer auch als eine geistige Grundhaltung, die sich in allem, was der Einzelne tut, spricht und denkt, zu erkennen gibt: wie man sich kleidet und bewegt, dass man sich wäscht, in der Gangart und in den Dingen, mit denen man sich beschäftigt, den Formulierungen, die man in Reden und im Gespräch wählt, im Tonfall der Stimme, im Abwechseln der Gesprächsthemen, in der Distanz zu den eigenen Urteilen und Meinungen, im Gesichtsausdruck und im Mienenspiel, das auf den inneren Zustand schließen lässt, am Zustand und der Größe der Wohnung usf. Überall sei es am besten, Maß zu halten und den Mittelweg einzuschlagen: »Dieses Mittelmaß ist im allgemeinen auch auf die Erfordernisse und die Kultur des Lebens zu übertragen« (DO I, 140).

Beim Verhalten hat man insgesamt drei Grundregeln einzuhalten: Das Verlangen soll erstens der Vernunft gehorchen; zweitens soll das Ausmaß dessen, was man erreichen will, in vollem Umfang erkannt sein und drittens solle man das rechte Maß behalten bei allem, was Würde und Großzügigkeit angeht. Eben das ist das Geziemende. Über all das hinaus sind der rechte Augenblick, das Ergreifen von Gelegenheiten und die Harmonie der Lebensführung von Bedeutung. Wichtig ist auch, den Charakter seiner Mitmenschen zu erforschen. Dazu muss man wissen, was einer denkt und v.a., warum er so denkt. In allen Zweifelsfällen und wenn man sich mit sich selbst nicht einig wird, soll man andere und Erfahrenere fragen. Ein weiterer Leitfaden ist auch in der Tradition und der allgemeinen Sitte zu sehen. Cicero gibt noch Ratschläge und Regeln für das Erstreben von Ämtern und Kommandostellen, für das Verhalten, wenn man in der politischen Verantwortung steht, was das anständige Verhalten beim Gelderwerb angeht usf.

Den Abschluss des ersten Buches von *De officiis* bildet die von Panaitios vernachlässigte Diskussion um die Wertunterschiede der vier Bereiche des Guten. Cicero legt den Primat eindeutig auf den Wert der Gemeinschaft und damit auf die Gerechtigkeit. Die soziale Lebensweise liegt weit über den bloß biologischen Zusammenhang hinaus unmittelbar in der Natur des Menschen und deswegen soll der Einzelne sich besonders um diesen Bereich bemühen. So wichtig auch die Tugenden des Wissens und Forschens (*cognitio*) sowie, für den Umgang untereinander (*communitas*), die der Hochgesinntheit (*magnanimitas*) und der Mäßigkeit (*moderatio*) sind, so dienen sie alle zuletzt auch wiederum der Gemeinschaft und der Verbindung der Menschen untereinander.

Im zweiten Buch von *De officiis* behandelt Cicero die Frage nach dem Nutzen und danach, welche Tugenden diesen befördern, im dritten versucht er Zweifelsfälle, die zwischen der Beachtung des Ehrenhaften und der des Nützlichen entstehen, aufzuklären. Für die von Panaitios vernachlässigte Frage (vgl. DO III, 7ff.) nach dem Widerstreit zwischen Gutem und Nützlichem gibt Cicero die Antwort, dass diese beiden Bereiche sich nicht wirklich widersprechen könnten (vgl. DO III, 21ff., 34ff., 49 unten, 72, 83 unten, 101, 110, 116ff.): Man dürfe sich zwar einen Vorteil sichern und sich dadurch am Nützlichen orientieren (vgl. DO III, 42), man dürfe aber niemanden um eines persönlichen Vorteils willen verletzen (vgl. DO III, 29), denn dies sei wider die Natur, ebenso wie Armut, Schmerz und Tod. Wahrhaft nützlich (vor allem für die Gemeinschaft) ist nur, was gleichzeitig auch ehrenhaft ist.

Wir fassen noch einmal die Position Ciceros zusammen:
1. Das Ziel des Handelns ist die sittliche Vollkommenheit (das Ehrenhafte – *honestum*), die sich nicht im Streben nach Lust und dem Meiden von Schmerz (und insgesamt nach dem eigenen Vorteil) zeigt, sondern allein im tugendhaften Handeln zu erreichen ist.
2. Cicero versucht die Fragen zu beantworten: Was ist das höchste Gut? und: Nach welchen Regeln kann man sich beim Handeln richten? Das Handeln muss nämlich immer auch das Nützliche bedenken. Häufig stehen sich allerdings Nützliches und Gutes gegenüber, weswegen man genau überlegen muss, welche Handlung einem gerechtfertigt erscheint.
3. Das sittlich Gute zeigt sich im Zusammenspiel der vier Grundtugenden: Weisheit, Gerechtigkeit, Tapferkeit und Maßhalten.
    a) Der Mensch strebt schon als Selbstzweck nach Weisheit und Wahrheit. Dies erhebt ihn grundsätzlich auch über die Natur. Cicero empfiehlt, sich beim Nachdenken über das Handeln Zeit zu nehmen, sich aber auf das Wesentliche zu konzentrieren.
    b) Die Gerechtigkeit ist die Grundlage des gesamten öffentlichen Lebens. Sie liegt darin, anderen Menschen das zukommen zu lassen, was sie zum Leben brauchen, ihnen mit Rat zur Seite zu stehen und für andere alles zu tun, wovon sie großen Nutzen haben und man selbst keinen Schaden hat. Unserer näheren Umgebung gegenüber haben wir eine größere Verpflichtung als denen gegenüber, mit denen uns weniger verbindet. Allerdings sind die jeweiligen Verpflichtungen auch von ganz anderer Art.
    c) Die Tapferkeit ist eine soziale Tugend. Der Tapfere setzt sich für die anderen und für den Staat ein. Er setzt das Gerechte um. Das mit der Tapferkeit verbundene Streben nach Vorherrschaft ist allerdings nur mit der stoischen Haltung der Verachtung gegenüber allen äußeren Gütern einzudämmen. Der Tapfere scheut keine Gefahren und Mühen,

er ist unabhängig von Leidenschaften und Begierden, besonnen und seelenruhig.
d) Die Mäßigkeit besteht in der Zurückhaltung, in der Selbstbeherrschung und im maßvollen Umgang mit den Dingen. Sie ergänzt das *honestum* durch das *decorum* (das Schickliche und Geziemende) und ist damit die Vervollkommnung des sittlich Guten.
4. Beim pflichtgemäßen Handeln (*officium*) fügen wir uns wissentlich und freiwillig in den Lauf der Natur. Die Vernunft erkennt, was den Dingen von Natur aus zukommt und wonach sich der Mensch zu richten hat, unabhängig von den Leidenschaften, den Trieben, den Stimmungen und den Wünschen, die er hat. Besser ist es noch, wenn diese Gefühle mit der Vernunft und dem Handeln übereinstimmen. Cicero empfiehlt auch hier die gleichmäßige Lebensführung.
5. Der Mensch hat die allgemeine wie seine besondere Natur zu erkunden und sich danach im Rahmen der Tugenden zu richten. Allerdings sind seine Lebensführung auch vom Schicksal und von seinem Willen abhängig. In Bezug auf diesen muss man besonders vorsichtig sein: Plötzliche und unbedachte Änderungen der Lebensweise oder das Nachahmen von anderen führt schnell in die Irre. Wichtig sind dagegen Gerechtigkeit, Zuverlässigkeit, Freigebigkeit, Bescheidenheit und Selbstbeherrschung.
6. Das Geziemende (*decorum*) ist eine geistige Grundhaltung, welche sich auf das Äußere und auf alles, was man tut, überträgt und darin kundtut. Immer ist es am besten, Maß zu halten und den Mittelweg einzuschlagen.

2.6 Cicero und die Stoa

Cicero[10] nimmt eine Art Schlüsselstellung innerhalb der Philosophiegeschichte ein. Da aber sein eigener philosophischer Beitrag nicht unumstritten ist, hat man Schwierigkeiten, seinen Rang zu bestimmen. Zweifellos ist Folgendes: Durch seine umfangreichen Schilderungen der hellenistischen Philosophie, v.a. der stoischen und der epikureischen Schulen sowie der skeptischen Akademie, werden uns diese Richtungen überhaupt erst erschlossen; Originalliteratur gibt es aus dieser Zeit nicht im Überfluss. Daneben übertrug Cicero das griechische Denken in die lateinische Sprache und damit auch in das römische und das lateinische Denken; viele Begriffe, welche das philosophische lateinische Mittelalter und die Renaissance benutzen, gehen auf Cicero zurück. Cicero hat also etwas tradiert und er lebt auch heute noch durch seine Wortschöpfungen weiter; wie z.B. durch *phan-*

---

10 Vgl. hierfür Woldemar Görler, »Cicero« in: *Philosophen der Antike II*, hg. v. Friedo Ricken, Stuttgart, Berlin, Köln 1996, 83-109.

tasia – visum; *epochê – retentio*; *synkathesis – adsenio*; *katalêpsis – comprehensio* bzw. *perceptio*; *enargeia* bzw. *evidentia – perspicuitas*.

Auch wenn Cicero die übernommene philosophische Leistung nicht immer eigenständig weiterführt – das ist allerdings auch bestritten worden –, so bezieht er zu den Theorien deutlich Stellung. Hervorzuheben ist, dass sich Cicero nicht auf nur eine Schule festlegte: Wenn ihm auch die Epikureer zeitlebens suspekt blieben, so wird er häufig der skeptischen Akademie zugerechnet – er bekennt sich auch selbst des Öfteren dazu. Diese Schule bezweifelt für alle Bereiche der Philosophie, dass es irgendeine gesicherte Erkenntnis gibt. Cicero nahm auch in vollem Bewusstsein peripatetisches Gedankengut an. Kein Zweifel besteht darüber, dass auch stoische Elemente in seinem Denken vielfältig enthalten sind.

Cicero hat sich von Jugend an mit Philosophie beschäftigt. Einige Athener Philosophen waren damals wegen Unruhen in ihrer Heimatstadt nach Rom gekommen und unterrichteten dort. Cicero hörte sie hier also schon in den 80er Jahren des ersten vorchristlichen Jahrhunderts. In Zeiten politischer Unruhe in Rom ging er dann später nach Athen, Rhodos und Kleinasien, um sich dort philosophisch weiterzubilden.

Wenn man von Ciceros philosophischen Schriften spricht, muss man das Genre recht weit fassen. Auch in den eigentlich nicht philosophischen Schriften über Politik und Rhetorik finden sich nämlich immer wieder philosophisch relevante Erörterungen. Für Cicero haben sich die Bereiche gegenseitig zu durchdringen. Es sind als Schriften zu nennen: *De oratore* (aus dem Jahr 55 v. Chr.), *De re publica* (54-51 teilweise), *De legibus* (~ 51 (Buch I!) teilweise), *Hortensius* (46/5 Fragmente; diese Schrift und alle folgenden Titel sind bis auf *De fato* und *De officiis* alles Dialoge), *Academici libri* (45 teilweise), der *Lucullus* (45), De *finibus bonorum et malorum* (45), *Tusculanae disputationes* (45), *De natura deorum* (45), *De divinatore*, *De fato* (unvollständig), *Cato maior de senectute*, *Laelius de amicitia*, *De officiis* (alle 44).

In *De finibus* ... (I, 6) erläutert Cicero seinen Arbeitsstil dahingehend, dass er seine vielfältigen Vorlagen nicht einfach nur übersetzt, sondern dass er sich, nachdem er deren Gedanken getreu rezipiert hat, sein eigenes Urteil bildet. Dabei führt er alles nach seinem eigenen literarischen Geschmack aus. Die oft trockenen theoretischen Abhandlungen der Schulphilosophen werden bei Cicero im Gespräch (Dialog nach Platons Vorbild) und in längeren Vorträgen von Gesprächsteilnehmern (Abhandlung nach dem Vorbild des Aristoteles) lebendig. Gewiss ist diese Lebendigkeit ein Grund dafür, dass gerade Cicero so viel und eingehend rezipiert wurde und dadurch auch seine große Wirkung entfaltete.

Es ist zu fragen, welche Lehren Cicero von welcher Schule übernahm: Was seine skeptisch-kritische Haltung angeht, so schließt er sich im Wesentlichen der jüngeren Akademie an. Nachdem die ersten Schulleiter nach Platon (Speusipp, Xenokrates, Polemon und Krates) versuchten, die Lehren des Meisters weiterzuführen und gegen Einwände zu verteidigen, reagierte deren Nachfolger Arkesilaos offenbar auf die dogmatischen Lehren der Stoiker mit einer Verschärfung des schon bei Platon und freilich auch bei Sokrates angelegten »methodischen« Zweifels. Ihm (und von da ab allen Akademikern) schien zunehmend nichts mehr, weder die Sinneswahrnehmung noch die Begriffsbildung, weder deren sinnvolle Verknüpfung zu Urteilen und schon gar nicht irgend eine Theorie oder Spekulation als wissensmäßig begründbar.

Die Kritiker dieser Ansicht verwiesen auf die Ethik. Der Mensch müsse handeln, ohne begründete und begründbare Entscheidung sei aber alles sinnvolle Handeln unmöglich; zudem müsse man die Vorstellungen, die mit den Wahlmöglichkeiten und den darauf aufbauenden Entscheidungen verbunden sind, auch irgendwie anerkennen. Die Akademiker sprachen dann vom »Wahrscheinlichen«; Arkesilaos vom *eulogon* (dem Gut-Begründeten), Karneades vom *pithanon* (dem Überzeugenden) oder Philon von Larissa von der *evidentia* (dem Eingesehenen). Die Vorbehalte gegen alles Letzt-Begründete blieben aber; das Wahre schien ihnen allen unerreichbar.

Gewiss hat sich Cicero daran auch orientiert. Er spricht ständig davon, dass das, was er vortrage, zwar im Wesentlichen seine Überzeugung sei: Es ist das, was er annimmt und glaubt. Er betont aber immer, dass er sich auf eine begründete Gegenrede hin gern auch von etwas anderem überzeugen lassen würde. Doch nimmt Cicero entgegen den akademischen Skeptikern den Begriff der Wahrscheinlichkeit als »Annäherung an die Wahrheit« durchweg ernster; sein Vorgehen ist nicht destruktiv, sondern überwiegend konstruktiv angelegt. Woldemar Görler hält diese erkenntnistheoretische Haltung für ambivalent. Er schreibt:

Er [Cicero] bekannte sich einerseits zur skeptischen Grundhaltung der Akademie ... und sprach dem Menschen die Fähigkeit ab, zu sicherer Erkenntnis zu gelangen. Andererseits blieb ihm die Erkenntnis der Wahrheit das eigentliche Ziel. Er mochte sich nicht damit abfinden, dass Wahrheit ganz und gar unzugänglich sei, daß der Mensch verurteilt sei zu dumpfer skeptischer Resignation.[11]

Die Methode, die Cicero wählte, um dieses Dilemma zu überwinden, bestand in der *disputatio in utramque partem*, also in der jeweils den anderen Standpunkt möglichst klar mit vollziehenden Rede und Gegenrede. Dadurch schien sich ihm am ehesten ein begründeter Standpunkt herauszukristallisieren, ohne dass dieser auf eine endgültige Festlegung hinausliefe.

---

11 Görler, a.a.O., 100.

Auf der anderen Seite vertrat Cicero dennoch gewisse Grundhaltungen, die an stoische Lehren mindestens erinnern: So war er davon überzeugt, dass der Kosmos planvoll durchwaltet ist (*De legibus* I, 21[12]), dass es Götter gibt (*De natura deorum* III, 7) und für den Menschen einen Sinn seines Daseins. Weiter glaubte er, dass das Leben, wenn denn Gerechtigkeit im Kosmos herrscht, nach dem Tode weitergeht, denn ethisches Handeln müsse belohnt werden. Außerdem müssen wir frei sein und unser Handeln verantworten. Die Philosophie weist den Weg zu sittlichem Verhalten, sie zeigt die Unabhängigkeit der Tugend und dass der Tugendhafte glücklich ist (*Tusculanae* V, 1). Doch lässt sich von alledem nichts vollständig beweisen. Im *Lucullus* (66) rühmt sich Cicero sogar dessen, bestimmte Dinge einfach nur als Meinung anzunehmen; dass er sich dabei irren kann, ist ihm wohl bewusst (*Lucullus* 134). V.a. die Wirklichkeit und das Los der Menschen (einschließlich seines eigenen) lässt uns immer wieder an den Glaubenssätzen zweifeln. Doch dürfen wir uns nicht gar zu sehr von den Sinneseindrücken bestimmen lassen. Wie Cicero häufig betont, zeichnet den Weisen v.a. die Unabhängigkeit von den sinnlichen Wahrnehmungen aus (*Tusculanae* I, 38; *De natura deorum* II, 45; *Lucullus* 68 u. 108).

---

12 An dieser Stelle spricht Cicero von Postulaten; ähnlich wie DO III, 33.

3. Kant und der kategorische Imperativ

3.1 Die Kritik an Aristoteles

Aristoteles hatte die Tugend als Mitte zwischen zwei Extremen bestimmt und auch Cicero neigte – freilich unter eigenen Voraussetzungen – dieser Auffassung zu. Schlagen wir das gut 2000 Jahre nach der *Nikomachischen Ethik* erschienene Werk *Metaphysik der Sitten* von Immanuel Kant auf, so können wir dort lesen:

> Der Unterschied der Tugend vom Laster kann nie in Graden der Befolgung gewisser Maximen, sondern muss allein in der spezifischen *Qualität* derselben (dem Verhältnis zum Gesetz) gesucht werden; mit anderen Worten, der belobte Grundsatz (des Aristoteles), die Tugend in dem *Mittleren* zwischen zwei Lastern zu setzen, ist falsch (Kant, MS A 43f.).[1]

Das liegt daran, wie Kant zur Begründung ausführt, dass jedem der beiden Laster ein anderes Prinzip zugrunde liegt und nicht, wie Aristoteles meint, dass vom einen ein bisschen mehr, vom anderen ein bisschen weniger genügt, um in die Mitte und damit in die Tugendhaftigkeit zu kommen. Kant nennt ein Beispiel: Der Geiz (der Mangel) unterscheidet sich nicht dadurch von der Sparsamkeit (der Mitte und Tugend), dass er diese zu weit treibt, sondern dass er »... den Zweck der Haushaltung nicht im *Genuß* seines Vermögens, sondern, mit *Entsagung* auf denselben, bloß im Besitz desselben« (Kant, MS Fußn. A 44) setzt; ebenso in Bezug auf die Verschwendung, welche ihren Zweck nicht im übermäßigen Genuss des Vermögens, sondern im ausschließlichen Gebrauch findet, ohne auf die Erhaltung des Vermögens zu achten. Kant unterscheidet hier noch den habsüchtigen Geiz, der die Mittel mit der Absicht auf Verschwendung, d. h. also wieder für den bloßen Genuss anschafft, und den kargen Geiz, der nur im Besitz seinen Zweck hat, ohne jemals an den Gebrauch seiner Güter zu denken (vgl. Kant, MS A 89f.). Was die Sparsamkeit also sowohl gegenüber dem Geiz als auch gegenüber der Verschwendung auszeichnet, ist der sinnvolle, d.h. der gleichermaßen auf Gebrauch und Erhaltung gerichtete Umgang mit den

---

[1] Die Schriften Kants (*Kritik der reinen Vernunft* – abgekürzt mit KrV; *Grundlegung zur Metaphysik der Sitten* – GMS; *Kritik der praktischen Vernunft* – KpV; *Metaphysik der Sitten* – MS) werden durchgängig nach der von Wilhelm Weischedel besorgten Ausgaben gemäß der Originalpaginierung zitiert; »A«, »B« geben die Auflagen an.

zur Verfügung stehenden Mitteln. Ein solcher Gebrauch findet seinen Grundsatz im Prinzip des maßvollen Umgangs und nicht im ausschließlichen Gebrauch, wie bei der Verschwendung, oder im Erhalt, wie beim Geiz. Schließlich sei es auch unsinnig anzunehmen, man könne vom einen Extrem, z.B. vom Geiz, einfach nur, indem man seine Ausgaben sukzessive erhöht, über die Tugend der Sparsamkeit in das andere Extrem, die Verschwendung, hinüber gelangen.

Für Kant kann jede Pflicht immer nur aus einem einzigen Verpflichtungsgrund gelten. D.h., dass z.B. für die Pflicht der Wahrhaftigkeit nur der Verpflichtungsgrund, unbedingt die Wahrheit zu sagen, relevant sein kann, nicht aber der Schaden, der den Mitmenschen durch eine Lüge entstehen würde. Denn daraus könnte man nur die Pflicht ableiten, seinen Mitmenschen gegenüber wohlwollend zu sein und deswegen Schädigungen ihnen gegenüber zu unterlassen, nicht aber die Pflicht zur Wahrhaftigkeit. Im anderen Falle würde das sonst bedeuten, wir dürften immer lügen, solange wir niemandem damit einen Schaden zufügten. Zudem muss, so Kant, der Unterschied zwischen Tugend und Laster jeweils in einer anderen Qualität gesucht werden und nicht im Mittleren. Die »gute Hauswirtschaft« erfolgt nicht durch eine Verminderung der Ausgaben, wenn man üblicherweise verschwendet, noch durch eine bloße Vermehrung der Ausgaben, gesetzt den Fall, man ist im Normalfall geizig; sondern sie fußt auf dem Prinzip, nach dem man mit den Mitteln, die man zur Verfügung hat, sorgsam und bedacht umgeht. Weiterhin kann man nach Kant bei einer tugendhaften und ethischen Handlung nur auf die Handlung selbst sehen, nicht aber auf die Folgen oder die »Anlagen« des Menschen. Unter dem sittlichen Gesichtspunkt könnte man nur danach fragen, wie man überhaupt handeln sollte, nicht aber danach, was am Ende dabei herauskommen könnte oder was man mit seiner Handlung erreichen möchte.[2]

Diese Ansicht begründet Kant ausführlich v.a. in seinen moralphilosophischen Hauptwerken, der *Grundlegung zur Metaphysik der Sitten* und *der Kritik der praktischen Vernunft*. Wir wollen nach einem kurzen Einblick in die theoretischen Grundlagen der kantischen Philosophie wesentliche Abschnitte der Grundlegung genauer ansehen, um seine Behauptungen besser verstehen zu können.

---

2 Auch Aristoteles hatte in VI,3 und V,2 der *Nikomachischen Ethik* schon den Geiz und die Verschwendung differenziert dargestellt. Insgesamt geht die Kritik Kants an der aristotelischen Position vorbei. Dennoch macht Kant auf den wichtigen Punkt aufmerksam, nach dem der Grund für die *Verpflichtung* zu einer Handlung etwas anderes ist als der Grund für eine *Neigung* zu ihr.

3.2 Die Grundlagen aus Kants theoretischer Philosophie

Immanuel Kant (1724-1804) lebte Zeit seines ruhigen Lebens in Königsberg (und der näheren Umgebung) in Ostpreußen. Seine philosophischen Schriften haben eine grundlegende Wendung innerhalb der Geistesgeschichte bewirkt. Sein Einfluss auf heutige Entwicklungen ist dahingehend kaum zu überschätzen. Wir müssen insgesamt zunächst in Ansätzen klären, von welchen theoretischen Vorbedingungen Kant ausgeht, wenn er über das Gute und die Ethik redet, so dass wir erfassen können, wie er zu seiner oben skizzierten Meinung über Tugend und Laster kommt.

Nach Kant hat der Mensch verschiedene Vermögen: Er hat zum Ersten seine, wie Kant das nennt, Sinnlichkeit; damit ist gemeint, er ist in der Lage, etwas sinnlich, d. h. empirisch-induktiv, wahrzunehmen. Zum Zweiten hat er einen Verstand. Dieser ist dazu da, das, was alles über unsere Sinnesorgane auf uns einströmt, sinnvoll zu ordnen. Kant ist der Meinung, dass wir uns, wenn wir die Wahrnehmungen, die auf uns einströmen, nicht irgendwie einteilten und ordneten, in einem vollkommenen Chaos befänden. Er ist also nicht der Ansicht, dass die Sinneseindrücke selbst schon irgendwie geordnet seien – außer durch den Raum als äußerem Anschauungssinn (der Sukzession des Nebeneinander) und die Zeit als innerem Anschauungssinn (der Sukzession des Nacheinander). Nun können wir mit unserem Verstand nicht alles Mögliche begreifen, sondern nur die Formen, die dem Verstand selbst schon zugrunde liegen. Nehmen wir z.B. einen Tisch. Er hat eine bestimmte Form, die zusammengesetzt ist aus Einzelteilen. Diesen wiederum muss irgend etwas zugrunde liegen, dem ganzen Tisch muss etwas zugrunde liegen. Zumindest nehmen wir das an. Dieses »Zugrunde-Liegende« nennt man mit seinem lateinischen Namen *Substanz*.[3] Daneben gilt offenbar: Die Teile des Tisches haben eine bestimmte *Relation* zueinander. Darüber hinaus gibt es noch mehrere solcher Tische. Ich kann Aussagen machen über alle Tische; aber hier steht nur einer oder ich habe nur einen im Blick (Mir ist also so etwas wie *Quantität*, die Vorstellung der Anzahl gegeben). Der Tisch ist mir als daseiend, genauer noch als *real* gegeben. Er ist also nicht nur *möglich*, sondern *wirklich*. Da ich ihn eindeutig als solchen sehe, kann er nicht im Moment nicht da sein usw. Diese Formen, die Substanz, die Relation, die Quantität, die Wirklichkeit und die Möglichkeit sind Beispiele für sog. *Kategorien*, die unserem Verstand in der Weise zugrunde liegen, dass wir diese auch auf unsere Anschauungen,

---

3 Das ist freilich sehr verkürzt ausgedrückt. Die Frage nach der »Substanz« ist ein weites und in der Geschichte der Philosophie heftig und kontrovers diskutiertes Thema. Man ist heutzutage geneigt, dafür nichts anderes als Materie anzunehmen, die man zuletzt in Kraft- und Ereignisstrukturen von Sinneseindrücken auflöst! Mit Kant kann man unter Substanz das verstehen, was in der Zeit bleibt, während alles andere wechselt (Kant, KrV B 183/A144).

die uns gegeben sind, übertragen und anwenden – und das heißt dann bei Kant: auch erkennen können.[4] Wir können auch sagen, dass wir diese Formen des Verstandes in unserer wahrgenommenen Umwelt als einer Wahrnehmungswelt auffinden.

Drittens nun – und das ist für Kant ganz besonders wichtig – hat der Mensch eine Vernunft. Diese Vernunft hat die Aufgabe, nach dem Grund für etwas zu fragen. Sie stößt, indem sie immer weiter nach dem Grund und wiederum nach dem Grund des Grundes fragt, auf die Bedingungen von dem, nach dessen Grund sie gefragt hat. Nun gibt es für die Vernunft kein Halten. Sie ist sich nicht zu kindisch – denn das ist gerade die Art der Kinder, immer weiter nach einem Warum für etwas zu fragen –, an einem Punkte stehen zu bleiben, an einem Grund, den sie entdeckt hat, sondern sie hinterfragt auch diesen entdeckten Grund wiederum nach seiner Bedingung usw. schier bis ins Unendliche. Bei Kant heißt dann die letzte Bedingung, die selbst keine Bedingung mehr haben kann, das Unbedingte. Die Vernunft fragt also nach dem Unbedingten von allem, nach dem also, was allem anderen als letzte Möglichkeit eines Grundes überhaupt vorhergehen kann.

Es gibt für Kant nur drei grundlegende Ursachen, nach denen die Vernunft in dieser Hinsicht in allerletzter Konsequenz fragen kann. Sie finden sich, wenn ich mir überlege, was denn überhaupt und elementar dazugehört, dass es für mich so etwas wie eine Welt gibt (mit allen Dingen, die sich in ihr finden). Das ist also die Basisfrage für alles andere. Welche Elemente finden sich aber in diesem Problem? Gewissermaßen auf der einen Seite das »Ich« und auf der anderen Seite die »Welt«. Ich frage mich also – durch die Vernunft gedrängt – was dieses Ich ist und das, was ihm gegenübersteht – die Welt.

Die Vernunft fragt nach dem Grund. Wenn sie bezogen auf diese Gegenstände aber eine Antwort sucht, stößt sie an ihre Grenze. Sie fordert, dass dem Ich eine substanzielle, eine einfache und eine personale Seele zugrunde liegt, die dem Ich auch eine unendliche Dauer, d.h. seine Unsterblichkeit zusichert. In einer solchen fände die Vernunft ein Unbedingtes zum

---

4 Bei Kant ist die Anzahl der Kategorien und Urteilsformen überschaubar. Er unterscheidet vier Tafeln zu je drei Einheiten: Quantität (»eines«, »vieles«, »alles« – damit sind Urteile über Einzelnes, Besonderes und Allgemeines möglich), Qualität (»bejahend«, »verneinend«, »unendlich« – diese liegen den Urteilen über Realität, Negation und Limitation zugrunde), Relation (»kategorisch«, »hypothetisch«, »disjunkt« – damit sind Urteile über Inhärenz und Subsistenz, Kausalität und Dependenz und Urteile über die Gemeinschaft bzw. die Wechselwirkung zwischen Handelndem und Leidenden möglich) und Modalität (»problematisch«, »assertorisch«, »apodiktisch« – damit sind Urteile über die Möglichkeit und Unmöglichkeit, über das Dasein und Nichtsein sowie über die Notwendigkeit bzw. Zufälligkeit möglich). Die Quantität gibt uns also den Anwendungsbereich des Prädikats an, die Qualität beschreibt uns die Subjekt-Prädikat Beziehung, die Relation gibt die Verknüpfung zwischen mehreren Urteilen an und die Modalität erläutert uns den Wert der Kopula in Beziehung auf das Denken.

Bedingten unserer jeweiligen Icherfahrung. Bezüglich der Welt fragt die Vernunft, ob sie einen Anfang habe, ob sie aus gleichförmigen Teilchen bestehe, ob ihr ein Schöpfer vorhergehe und ob es in ihr Freiheit gebe oder ob alles nach Gesetzen ablaufen müsse. Auch darin fände die Vernunft ein Unbedingtes zum Bedingten der Welterfahrung. Um sich das aber wieder erklären zu können, fordert die Vernunft als Grund für das Ich und die Welt auch noch ein höchstes und allervollkommenstes Wesen, das für alles (und besonders für »Ich« und »Welt«) den letzten Grund darstellt, das allerletzte Unbedingte, den Grund alles Bedingten also.

Dies alles sind Forderungen der Vernunft, auf die sie durch ihr dauerndes Fragen nach dem Grund stößt. Erkenntnis können wir von solchen Forderungen der Vernunft freilich nicht haben; Erkenntnis gibt es nach Kant nur von Dingen, die zum einen unsere Anschauung affizieren – das sind Gegenstände, die uns durch unsere Sinne gegeben sind – und die zum anderen durch unseren Verstand gedacht werden können. Fehlt eines dieser beiden Momente, gibt es auch keine Erkenntnis. Kant schreibt einmal, dass Gegenstände, von denen wir nur einen Begriff und keine Anschauung haben, leer seien; dagegen seien Gegenstände, von denen wir eine Anschauung, aber keinen Begriff haben, blind. Von der Freiheit, von Gott und von der Unsterblichkeit der Seele gibt es, wie wir wissen, zwar Begriffe, die durch den Verstand auch gedacht werden können, aber es gibt offenkundig keine Anschauungen davon, also sind sie durch die *theoretische* Vernunft nicht erkennbar, wie viele Philosophen vor Kant gemeint hatten.

Dass sie nicht erkennbar sind, heißt für Kant aber auf der anderen Seite nicht, dass es sie nicht gibt. Wenn der Verstand und die Vernunft nicht in der Lage sind, diese Dinge zu beweisen, so sind sie mit den Mitteln der Vernunft letztlich auch nicht zu widerlegen. Sie bleiben also, trotz der generellen Kritik an ihrer Beweisbarkeit, immer noch möglich. Kant meint, sie sind dem Begriff nach wirklich, ihrem tatsächlichen Dasein nach aber nur möglich. Für ihn stellt das durchaus ein positives Ergebnis dar. So schreibt er z.B. im Vorwort zur zweiten Auflage der *Kritik der reinen Vernunft*, dass er das Wissen aufheben musste, um zum Glauben Platz zu bekommen (vgl. Kant, KrV B XXX).[5]

Wir müssen allerdings Kants theoretische Philosophie noch von einer anderen Seite beleuchten: Die Gegenstände, die unseren Sinnen gegeben sind und die der Verstand mit seinen Kategorien erkennen kann, nennt Kant »Erscheinungen«. Er ist der Meinung, dass diese uns gegeben sein müssen, da wir sie uns nicht ausgedacht haben können. Wenn sie uns aber gegeben sind, müssen sie irgendwo und auf irgendeine Art auch »sein«, d.h. sie

---

5 Überhaupt ist die Lektüre des Vorworts zur zweiten Auflage der *Kritik der reinen Vernunft* für ein erstes Verständnis der theoretischen Anliegen Kants außerordentlich hilfreich.

müssen also auf eine Weise sein, die von der Art, wie wir sie erkennen, verschieden ist. Man kann auch sagen: Es muss etwas geben, »von dem her« sie erscheinen, sonst könnten sie gar keine Erscheinungen sein. So kommt Kant zu seiner Lehre von den so genannten »Dingen an sich«. Diese sind nicht erkennbar, weil sie uns nur über ihre Erscheinungen, nicht aber unmittelbar gegeben sind. Wir haben also keine Anschauung von ihnen, durch die wir sie erkennen könnten. Trotzdem ist Kant der Meinung, dass es sie »gebe«, da wir ja Erscheinungen wahrnehmen würden. Die Vernunft fordert als Grund für die Erscheinungen die Vorstellung eines »Dinges an sich«, da diese Vorstellung der Vernunft eine Grenze ihres Fragens gibt, die sie so dringend verlangt; Kant nennt die »Dinge an sich« dann auch »Grenzbegriffe«.

Wenn es solche »Dinge an sich« gibt, folgert Kant weiter, die nicht durch unsere Sinne, sondern nur durch unseren Verstand erkennbar wären, der uns allerdings in unserer menschlichen Form keine Anschauungen von ihnen geben kann (und damit auch keine echte theoretische Erkenntnis), muss es eine eigene Verstandeswelt geben, in der Freiheit, Gott und Unsterblichkeit ihren Platz haben. Dies bleibt aber Spekulation, solange wir nichts Genaueres über diese Verstandeswelt wissen. So erhofft sich Kant weitere Aufschlüsse über die ihn drängenden Fragen in der Sphäre der so genannten praktischen Vernunft. Diese hat Kant zuerst in der *Grundlegung zur Metaphysik der Sitten* ausgeführt, später dann auch noch in der *Kritik der praktischen Vernunft*. Wir wenden uns im Folgenden der ersten Schrift zu.

3.3 Der gute Wille

Die praktische Vernunft fragt nach dem guten Handeln. Als solche setzt sie so etwas wie Freiheit schon voraus. Freiheit wird von Kant verstanden als die Möglichkeit, nicht zwingend ein bestimmtes Verhalten zeigen zu *müssen*, sondern etwas anderes tun zu *können*. Wenn wir gut handeln können, müssen wir auch frei handeln können, sonst macht die ganze Frage keinen Sinn. Damit ist noch nichts gewonnen. Wir müssen uns erst ins Klare darüber setzen, wie dieses gute Handeln vor sich geht, ja wie wir selbst zum guten Handeln kommen können.

Ohne Einschränkung gut sein, meint Kant, kann nur ein guter Wille. Eigenschaften, wie sie Aristoteles als Tugenden bestimmte (z.B. Besonnenheit, Tapferkeit usw.), mögen gewiss nützlich, sie können gut sein, dennoch können sie auch einmal eine böse Absicht verfolgen, wenn nicht ein generell guter Wille sie in die rechte Richtung lenkt. Ebenso ist es mit den

3.3 Der gute Wille

Glücksgaben Macht, Reichtum, Ehre und Gesundheit (insgesamt allem, wovon wir uns Glückseligkeit versprechen) bestellt. Man kann diese Dinge positiv einsetzen, man kann diese aber auch für das Böse und Schlechte gebrauchen. Alles, was wir bei bestimmten Menschen schätzen, weil diese damit in einer bestimmten und uns angenehmen und gefälligen Weise umgehen, können wir genauso bei anderen verachten und für gefährlich halten. Hierzu gehören die Klugheit (bei Aristoteles in der Form der Gerissenheit), die Zurückhaltung (möglicherweise ist es ja Feigheit) und vieles mehr. Für sich scheinen diese Güter aber, soweit wir dabei nach dem sittlich Guten fragen, neutral zu sein (ähnlich wie bei Cicero die außersittlichen Werte).

Ein guter Wille dagegen wird nicht nach dem beurteilt, was am Ende bei einer Handlung herauskommt (schon gar nicht, wie man sich danach fühlt – wahrscheinlich ist der Bankräuber beglückt über seinen gelungenen Coup, der sicher nichts Gutes war bzw. nicht nach allgemeinem und bestem Willen geschah), sondern er steht für sich selbst; er wird eben als guter Wille hervorgehoben. Wenn es jemand nur gut gemeint hat – wozu freilich nicht unbedingt gehört, dass man naiv oder blindlings das nächst Beste wählt oder sich in etwas verrennt, weil man nicht ordentlich nachgedacht hat –, sind wir immer geneigt, ihm alles Mögliche nachzusehen, zumindest soweit es die Folgen angeht, v.a. wenn er diese gar nicht recht bedenken konnte.

Die Einschränkungen im letzten Satz geben aber schon einen Hinweis darauf, dass man möglicherweise genau hinsehen muss. Denn alles werden wir unter jedem Umstand wohl nicht nachsehen, wenn jemand nur behauptet, es gut gemeint zu haben. In welcher Hinsicht ist ein guter Wille also gut?

Kant fragt noch von einer anderen Seite her und ganz ähnlich, wie schon Aristoteles gefragt hatte: Wir haben als Menschen Vernunft. Das ist allerdings in einer bestimmten Hinsicht ein Nachteil für uns: Da wir nach der Vernunft handeln sollen, sind uns nämlich weder unser Handeln noch insgesamt unser Lebenszweck klar und deutlich vorgezeichnet und bestimmt. Vielmehr müssen wir jedesmal überlegen, was wir tun müssen, sollen oder dürfen. Ein Tier hat es in dieser Hinsicht leichter: Es ist vom Instinkt getrieben und braucht nicht zu überlegen, was es gerade zu tun hat. So versteckt ein Eichhörnchen für den Winter instinktiv Nüsse und nicht weil es diese Handlung mit dem vorgesetzten Zweck als vernünftig ansieht, im Winter nicht zu verhungern. Oder es haben Löwen z.B. einen ausgeprägten Geruchssinn, damit sie ihre Beute schon von Ferne riechen; umgekehrt riecht auch die Beute den Löwen. Jetzt überlegt sich der Löwe aber nicht: Vernünftig wäre es, wenn ich gegen den Wind angreife. Sondern: Wenn er diesen spürt, weiß er instinktmäßig, dass ihm die Beute dann nicht so schnell davonlaufen wird.

Dagegen ist uns Menschen unser Handeln nicht so klar vorgezeichnet. Wir müssen uns unsere Zwecke selbst bestimmen und uns sogar noch Gedanken über die dazu gehörigen Mittel machen, denn meistens führen ja auch noch verschiedene Wege zum Ziel. Welcher von diesen der beste ist, wird uns zum Problem. Das Ziel freilich ist es, das sieht auch Kant, glücklich zu sein. Zumindest *wollen* wir das. Wenn aber Glückseligkeit (als vollkommenes Wohlbefinden, Zufriedenheit, Ruhe oder was auch immer) für den Menschen der oberste Zweck sein sollte, hätte die Natur, ihre Aufgaben viel besser verrichtet, wenn sie dem Menschen einen Instinkt gegeben hätte, der ihm vorschriebe, was er tun müsste, damit er glücklich würde. Nun haben wir aber eine Vernunft, die uns zwingt, erst über die Zwecke und zu ergreifenden Mittel nachzudenken.

Sein Glück zu berechnen, das hält Kant nicht für sinnvoll. Je mehr jemand sein Glück erwartet, desto enttäuschter wird er sein, dass entweder das Ziel verfehlt wird – wie es ja häufig geschieht – oder aber die erhoffte Befriedigung ausbleibt. »Ein jeder Wunsch, wenn er erfüllt, kriegt augenblicklich Junge«, schreibt Wilhelm Busch in *Schein und Sein* und er scheint damit wohl etwas ganz Ähnliches gemeint zu haben. Ohnehin steht in der Erwartungshaltung auf das Glück meist eine Neigung, ein Begehren oder ein Wunsch, von dessen Erfüllung ich Angenehmes erwarte, im Hintergrund meines Strebens. Umgekehrt galt der Verzicht schon immer als etwas Edles und im moralischen Sinne Gutes. Möglicherweise ist die Vernunft also dazu da, unser Begehrungsvermögen, das sich immer auf die Dinge richtet, welche wir durch die Wahrnehmung in uns aufnehmen, einzuschränken. Kant ist immerhin dieser Meinung.

Nun haben wir aber die Vernunft, und sie hat, so Kant, einen Einfluss auf unseren Willen. Die Vernunft bestimmt, was ein guter Wille ist oder einen solchen hervorbringt und letztlich auch ausmacht. Wie aber bestimmt sie diesen, wenn er als schlechthin (d.h. unter allen Umständen) guter Wille gelten soll? Offenbar dahingehend, dass er nicht nur ein Mittel ist, andere und ihm äußere Absichten zu erfüllen (also allen unseren Wünschen nachzugeben), sondern schon für sich selbst gut ist. Selbst unser Verlangen nach Glück muss durch einen solchen von der praktischen Vernunft (d.i. Vernunft, die sich auf das Handeln versteht) »gesteuerten« guten Willen – man könnte vielleicht sagen – »gereinigt« werden.

Die Vernunft hat bei Kant das letzte Wort – auch in der Ethik. Sie entwirft die Zwecke und bestimmt das, was ein guter Wille ist. Wir können uns vorstellen, dass wir dabei nicht immer nach unserem momentanen Befinden und wie es uns gerade einfällt, handeln dürfen, sondern so, wie es die Vernunft für richtig hält.

Was die Vernunft für richtig hält, ganz ohne auf meine Wünsche irgendeine Rücksicht zu nehmen, nennen wir, so Kant, Pflicht. Ein schlechthin guter Wille ist nach Kant also einer, der immer genau das tut, was die Pflicht sagt, was ihm die Vernunft also vorschreibt.

Mit moralischem Handeln im eigentlichen Sinne hat das für Kant noch nicht unmittelbar etwas zu tun. Er unterscheidet Handlungen, die gegen die Pflicht, Handlungen, die gemäß der Pflicht, und Handlungen, die aus Pflicht bzw. wegen der Pflicht geschehen. Das erste ist freilich unmoralisch. Wenn jemand etwas tut, das er nicht hätte tun sollen, so handelt er gegen seine Pflicht. Die Frage, warum wir überhaupt unsere Pflicht erfüllen müssen, desavouiert den Fragenden von vorn herein als schlechten oder als berechnenden Menschen. In welchen Fällen aber handeln wir überhaupt gegen die Pflicht? Kant meint, wir tun das immer dann, wenn wir uns nur nach unseren Neigungen richten und tun, was diese gerade fordern, obwohl wir genau wissen, dass das nicht das ist, was wir tun sollten. Das gegen die Pflicht Gerichtete ist also nach Kant immer das, was aus Neigung getan wird.

Die zweite Art einer Handlungsweise umfasst Handlungen, die gemäß der Pflicht, oder, wie Kant sagt, legal oder pflichtgemäß geschehen. Auch hier richten wir uns nach unseren Neigungen, wir wissen aber, dass die Handlung nichts Unmoralisches an sich hat, dass es nichts Falsches ist, wenn wir sie ausführen, nichts also, was der Pflicht entgegen steht. Stellen wir uns vor, ein Freund von uns hat ein Problem, über das er mit uns reden möchte. Selbstredend nehmen wir uns Zeit; wir machen das sogar gern; wozu sind Freunde da? Stellen wir uns weiter vor, der Freund will sich Geld borgen. Wir leihen es ihm. Aber warum tun wir das? Weil er ein Freund ist und wir ihm vertrauen, dass er es uns wieder zurückgibt, oder weil wir berechnen, dass wir selbst einmal Geld leihen müssen; eine Bitte, die der Freund nach der ehemals von uns erhaltenen großzügigen Leihgabe natürlich nicht mehr abschlagen können wird. Wie der Kaufmann in Kants Beispiel, der seine Kunden nicht übervorteilt, weil sich das herumsprechen könnte und er dann gar nichts mehr verkaufen würde, würden auch wir dann nur zu unserem eigenen Vorteil handeln. Das ist zwar so ohne weiteres nichts Unmoralisches, es ist aber auch nichts, was ohne alle Einschränkung gut genannt werden könnte; genau ein solches aber ist es, was Kant für seine Bestimmung des Guten sucht.

Der dritte Fall, die Handlung nur aus Pflicht, ist gewiss eine ganz andere Sache. Wir haben keine Neigung zu einer bestimmten Handlung, uns winkt kein noch so entfernter oder möglicher Vorteil, und wir tun trotzdem genau das, was von uns gefordert ist. Eine solche Handlung ist etwas ganz und gar Moralisches, wie man Kant gewiss zugestehen muss. Diesen noch so geringen möglichen Vorteil, den ich aus meiner Handlung ziehen kann, oder auch nur die Hoffnung darauf, müssen wir sehr weit fassen: Es kann damit eine Freude gemeint sein, die ich über das Ergebnis meiner Handlung oder über die Handlung selbst zu empfinden erhoffe; es kann sich beim Ergebnis z.B. um eine Zuwendung – gleich welcher Art – handeln, die ich erwarte, bis hin zu einer späteren Belohnung im Jenseits. Entscheidend ist bei einer echten moralischen Handlung, dass ich meinen Willen gerade nicht in einer solchen Absicht bestimme. Es scheint allerdings so zu sein, dass Handlungen, die im kantischen Sinne aus Pflicht geschehen, immer gegen die Neigung gerichtet sein müssen; wenn man es boshaft ausdrücken möchte, könnte man sagen, moralisch zu handeln, müsse nach Kant weh tun.[6]

Kant nennt zahlreiche Beispiele für Pflichten, welche sich aus dieser Bestimmung ergeben. Er hält es z.B. für eine Pflicht sein Leben zu erhalten. Wenn man seines Lebens nun völlig überdrüssig ist, diesem nichts mehr abzugewinnen vermag und es dennoch nicht beendet, dann ist das in den Augen Kants eine moralische Handlung, da man sich aus dem Fortleben ja nichts mehr macht. Kant zählt noch eine Reihe weiterer Pflichten auf: das Wohltätigsein gegenüber den Mitmenschen, aber auch die Beförderung der eigenen Glückseligkeit.

Daraus ergibt sich insgesamt, dass eine Handlung aus Pflicht ihren moralischen Wert nicht in der Absicht, im Bezug auf die Folgen (unter Absicht kann man nämlich auch die Gesinnung verstehen), sondern in ihrem Prinzip findet, darin also, welche Motivation ihr sozusagen zugrunde liegt. Nicht die Gegenstände, die ich durch meine Handlung wirklich mache, die ich hervorbringen will, geben das Maß für die Beurteilung der Moralität ab, sondern allein der Grundsatz, um dessentwillen ich meine Handlung ausführe und dazu vorher meinen Willen bestimme (vgl. Kant, GMS BA 13f.). Die Pflicht bestimmt Kant sodann als »die Notwendigkeit einer Handlung aus Achtung fürs Gesetz« (Kant, GMS BA 14).

Jede Neigung, die ich für die Ausführung einer bestimmten Handlung habe, muss als Grund meines Handelns ausgeschlossen werden. Jeder moralischen Handlung muss letztlich auf der objektiven Seite das Gesetz zugrunde liegen; subjektiv aber bemerke ich das durch die bei Kant so genannte »reine Achtung« für dieses Gesetz und weiter durch die Maxime, diesem Gesetz – auch wenn es meinen Neigungen vollkommen zuwiderläuft – Folge zu leisten. Der moralische Wert liegt dann nicht in der Wirkung, die ich hervorrufen möchte, sondern allein im Prinzip der Handlung als moralischer Handlung, die ich nur deswegen will und ausführe, weil das moralische Gesetz es genau so vorschreibt. Ein solches Gesetz findet sich

---

6 Mit seinem Distichon: »Gerne dien' ich den Freunden, doch tu' ich es leider mit Neigung, / Und so wurmt es mir oft, dass ich nicht tugendhaft bin«, spielt Friedrich Schiller mit der angeblichen Ansicht Kants, moralisches Handeln müsse ein Opfer darstellen, da es im anderen Fall nicht moralisch sei: Zwar mache dem Dichter die Handlung, für seine Freunde da zu sein, Freude, doch es tue ihm weh, dass er deswegen nichts Moralisches tue, was die Handlung aber gerade deswegen wohl wieder zu einer moralischen machen würde!

nur in vernünftigen Wesen. Tiere haben ihren Instinkt, der sie leitet; der Mensch dagegen handelt nach einer Willensbestimmung, wobei der Wille, um moralisch und gut zu sein, ausschließlich und allein durch die Vernunft bestimmt werden soll. Deswegen handelt es sich beim moralischen Gesetz auch um ein Vernunftgesetz.

Was heißt das für das Gesetz? Welcher Art kann dieses sein? Bei Kant kann es nur eine »bloße Form« sein, d.h. dass jede Handlung, die nach diesem Gesetz ausgeführt wird, allein deswegen erfolgt, weil sie mit dem Moralgesetz übereinstimmt. Kant schließt daraus: nur wenn ich wollen kann, dass meine Maxime ein allgemeines Gesetz werde (d.i. im Übrigen auch eine Konsequenz der Handlung), handelt es sich um eine moralische Maxime. Eine Maxime ist dabei ein subjektiver Grundsatz des Wollens. Kant meint, dass die Maximen, die unser Handeln leiten sollen, ihrer Form nach – die Form ist nach Kant das Allgemeine – mit dem Sittengesetz übereinstimmen sollen.

Die Form selbst ist bei Kant durch den Grundsatz bestimmt: Kannst du auch wollen, dass deine Maxime ein allgemeines Gesetz werde? (vgl. Kant, GMS BA 20) Ein Grundsatz, den nach Kant erstens jeder verstehen und einsehen kann, und der zweitens unseren moralischen Urteilen – wenn wir genau hinsehen – eigentlich auch immer schon zugrunde liegt: Ein Zitat aus der *Grundlegung zur Metaphysik der Sitten* fasst das gerade Ausgeführte zusammen und verdeutlicht den sachlichen Gehalt. Kant schreibt:

Was ich also zu tun habe, damit mein Wollen sittlich gut sei, darzu brauche ich gar keine weit ausholende Scharfsinnigkeit. Unerfahren in Ansehung des Weltlaufs, unfähig, auf alle sich eräugnende Vorfälle desselben gefaßt zu sein, frage ich nur: Kannst du auch wollen, dass deine Maxime ein allgemeines Gesetz werde? wo nicht, so ist sie verwerflich, und das zwar nicht um eines dir, oder auch anderen, daraus bevorstehenden Nachteils willen, sondern weil sie nicht als Prinzip in eine mögliche allgemeine Gesetzgebung passen kann, für diese aber zwingt mir die Vernunft unmittelbare Achtung ab, von der ich zwar jetzt noch nicht *einsehe*, worauf sie sich gründe (welches der Philosoph untersuchen mag), wenigstens aber doch so viel verstehe: dass es eine Schätzung des Wertes sei, *welcher* allen Wert dessen, was durch Neigung angepriesen wird, weit überwiegt, und dass die Notwendigkeit meiner Handlungen aus *reiner* Achtung fürs praktische Gesetz dasjenige sei, was die Pflicht ausmacht, der jeder andere Bewegungsgrund weichen muss, weil sie die Bedingung eines *an sich* guten Willens ist, dessen Wert über alles geht (Kant, GMS BA 19f.).

Jeder Mensch ist also in der Lage, dieses Prinzip einzusehen und sich danach zu richten. Dieses sittliche Gesetz muss freilich auch so einfach eingesehen werden können, damit es auch jeder versteht; im anderen Falle wäre die Moral etwas für Privilegierte, ganz ähnlich wie es offenbar bei der Wissenschaft der Fall ist. In den Wissenschaften muss nicht jeder bewandert sein, in der Moral sollten es dagegen schon alle sein. Die Moral muss allgemein gelten, so Kant, und für jeden; und so muss sie ebenso für jeden immer auch unmittelbar einleuchtend sein.

Doch wenn es so einfach ist, was bewegt uns dann dazu, uns nicht an dieses Gesetz zu halten? Wir haben nun einmal, meint Kant, eine ganze Reihe von Bedürfnissen und Neigungen, die uns oft vom rechten Weg abbringen. Aber selbst, wenn wir das Prinzip einsähen, brächten uns unsere Wünsche häufig dazu, die Prinzipien, an die wir uns halten sollten, nach unseren Bedürfnissen zurechtzubiegen. Kant schreibt dazu:

> Der Mensch fühlt in sich selbst ein mächtiges Gegengewicht gegen alle Gebote der Pflicht, die ihm die Vernunft so hochachtungswürdig vorstellt, an seinen Bedürfnissen und Neigungen, deren ganze Befriedigung er unter dem Namen der Glückseligkeit zusammenfasst. Nun gebietet die Vernunft, ohne doch dabei den Neigungen etwas zu verheißen, unnachlasslich, mithin gleichsam mit Zurücksetzung und Nichtachtung jener so ungestümen und dabei so billig scheinenden Ansprüche (die sich durch kein Gebot wollen aufheben lassen), ihre Vorschriften. Hieraus entspringt aber eine *natürliche Dialektik*, d. i. ein Hang, wider jene strenge Gesetze der Pflicht zu vernünfteln, und ihre Gültigkeit, wenigstens ihre Reinigkeit und Strenge in Zweifel zu ziehen, *und* sie, wo möglich, unsern Wünschen und Neigungen angemessener zu machen, d. i. sie im Grunde zu verderben und um ihre ganze Würde zu bringen, welches denn doch selbst die gemeine praktische Vernunft am Ende nicht gutheißen kann (Kant, GMS BA 23).

Es entsteht also eine natürliche Dialektik zwischen unseren Neigungen und Wünschen und der Einsicht in die einfachen und klaren Prinzipien des guten und sittlichen Handelns. Kant geht im Folgenden daran, dieses Gesetz und seine Form näher zu bestimmen.

3.4 Die Imperative

Kants *Grundlegung zur Metaphysik der Sitten* umfasst insgesamt drei Teile, die er folgendermaßen umschreibt:
1. Übergang der sog. gemeinen Vernunfterkenntnis zur philosophischen Vernunfterkenntnis,
2. von der populären sittlichen Weltweisheit zur Metaphysik der Sitte,
3. von der Metaphysik der Sitten zur Kritik der reinen praktischen Vernunft.

Was ist damit gemeint? Zunächst: Unter einer so genannten gemeinen Vernunfterkenntnis versteht Kant alles, was wir allgemeiner Weise als Erkenntnis der Vernunft bezeichnen. Kant meint damit, dass jeder Mensch die zugrunde liegenden Prinzipien dieser Vernunft auffassen, d.h. verstehen und anwenden kann. Eine Metaphysik der Sitten verlangt allerdings mehr:

Sie will von diesen allgemein bekannten und grundsätzlich auch anerkannten Prinzipien transzendental auf das zurück schließen, was diese Erkenntnis voraussetzen muss. Die Metaphysik der Sitten fragt also etwas weiter als die allgemeine sittliche Weltweisheit; sie fragt, wie man zu den Prinzipien kommt, wie diese allgemein zu formulieren sind, ob sie zusammenstimmen und sich nicht etwa widersprechen, woher sie ihren Geltungsgrund nehmen usw. Eine Kritik der praktischen Vernunft fragt darüber hinaus noch weiter. Sie geht von den in der Metaphysik der Sitten gewonnenen Erkenntnissen aus, bringt diese systematisch in Einklang, setzt sie in Zusammenhang mit ihren Randphänomenen, z.B. der Freiheit, und zieht die daraus sich ergebenden Konsequenzen.

Kant kommt noch einmal auf die Pflicht zu sprechen. Er beklagt, dass viele seiner Vorgänger zwar ganz richtig gesehen hätten, dass man Handlungen, die nur aus reiner Pflicht geschehen, niemals beobachten kann – nicht einmal bei sich selbst, denn es könnten meine Handlungen von geheimen Beweggründen geleitet sein, die ich bei meiner nachträglichen Analyse nicht berücksichtige. Man schloss aber bisher aus diesem Umstand immer, dass es Handlungen aus Pflicht gar nicht geben könnte. Kant meint dagegen, dass es gar keine Rolle spielt, ob irgendwann einmal jemand wirklich aus Pflicht gehandelt hat. Entscheidend ist für ihn, dass die Vernunft sich einen Begriff der Pflicht vorzustellen vermag, der ganz auf sich allein ruht, ohne dass man für ihn einen Rückgriff auf Erfahrung nötig hat. Kant schreibt, dass »... die Vernunft für sich selbst und unabhängig von allen Erscheinungen gebiete, was geschehen soll ...« (Kant, GMS BA 28).

Wenn es nun aber ein Gesetz gibt, das für seine Gültigkeit keine Erfahrung nötig hat, respektive keine menschliche Erfahrung, sondern nur auf Vernunft gegründet ist, so muss dieses Gesetz auch für die Vernunft allgemein, d.h. für jedes vernünftige Wesen, gelten. Es muss also, meint Kant, ein allgemeines Sittengesetz geben, das unabhängig von der Erfahrung, also *a priori*, aus reiner, praktischer Vernunft seinen Ursprung nimmt.

Wir müssen nun fragen, um welches Gesetz es sich beim Sittengesetz handeln kann. Nach Kant ist jedes Ding der Natur durch Gesetze bestimmt. Ein vernünftiges Wesen wie der Mensch hat darüber hinaus noch die Möglichkeit, nach Prinzipien zu handeln. Das dazu notwendige Vermögen nennen wir einen Willen.[7] Um ein Prinzip in Handlungen umsetzen zu können, braucht es Vernunft. Der Wille steht – so besehen – unter der praktischen Vernunft, er ist auf diese angewiesen. Bestimmt nun die Vernunft den Willen eines Wesens, so sind seine Handlungen, welche es als objektiv not-

---

7 »Freiheit« nennt Kant die Fähigkeit, sich selbst Prinzipien geben zu können, nach denen man handelt. Dies widerspricht auch nicht der Definition vom Anders-tun-Können, die oben von der Freiheit gegeben wurde.

wendig erkannt hat, auch subjektiv notwendig. D.h. was man als allgemein richtig erkannt hat, wird man auch für sich selbst als richtig annehmen. Kann man gar nicht anders, als nach einem solchen Willen zu handeln, tut man genau das, »... was die Vernunft, unabhängig von der Neigung, als praktisch notwendig, d.i. als gut erkennt« (Kant, GMS BA 36f.).

Wir wissen alle, dass wir auch anders können. Das Verhältnis dessen, wovon wir erkennen, dass es richtig ist, zu dem, was wir uns wünschen und gern erreichen möchten, ist nicht ohne Spannungen. Nur zufällig stimmen diese beiden Bereiche einmal überein. Wir tun also nicht immer das, was wir als richtig und gut erkennen, sondern häufig das, wovon wir uns einen unmittelbaren Vorteil für uns oder andere versprechen.

Wenn es aber ein Gesetz gibt, durch das wir einsehen können, was richtig ist und dieses Gesetz bestimmt dann auch, was wir tun werden, so nennt Kant das eine Nötigung. Uns wird darin etwas geboten, das nicht unmittelbar mit unseren Neigungen, also mit unseren primären und unmittelbaren Antrieben übereinstimmt. Wenn wir uns solche objektiven Prinzipien vorstellen können, die uns nötigen, das Richtige zu tun, so sprechen wir in Bezug auf diese Vorstellungen von Geboten. Die grammatischen Formen solcher Gebote nennen wir *Imperative*.

Imperative drücken in irgendeiner Form immer ein Sollen aus. Auf dieses Sollen, und darauf, dass der Handelnde seiner Forderung genügt, kommt es letztlich – folgen wir Kant – bei einer moralischen Handlung an, weswegen man die kantische Ethik auch eine Sollensethik nennt. Ein solches Sollen macht einen Unterschied zwischen dem, was wir als angenehm empfinden (das ist das, was wir nur über eine subjektive Empfindung fühlen) und dem, was wir als objektiv richtig erkennen, das ist das, was wir aus Gründen einsehen, die für jedes vernünftige Wesen normativ sind oder vielmehr für diese normativ sein *können*.

Nun gibt es nach Kant zweierlei Arten von Imperativen: so genannte *hypothetische* (d.h. bedingte) und – das sind die eigentlich moralischen – *kategorische* (d.h. unbedingte). Hypothetische Imperative teilt Kant noch einmal in zwei verschiedene, die sich durch die Art des intendierten Zwecks, ihre Bedingung also, unterscheiden, in die so genannten *problematischen* bedingten Imperative und in die *assertorischen* bedingten.

Diese Ausdrücke beziehen sich auf die Erkenntniskategorien Kants, von denen oben, S. 71f. schon einmal die Rede war. Die Modalität, also die Arten von Sein, die wir im Urteilen über die Dinge aussagen können, umfasst nach Kant sechs verschiedene Zustände: Ein Ding, Sachverhalt u. dgl. kann für uns also möglich oder unmöglich (es stellt sich also die Frage, ob er problematisch sei), wirklich oder nicht wirklich (es stellt sich also die Frage, ob er assertorisch sei) sowie notwendig oder zufällig sein (hiermit wird die Frage beantwortet, ob er apodiktisch sei). Andere Möglichkeiten

3.4 Die Imperative

gibt es nicht. Das Erkenntnisvermögen unseres Verstandes kennt nämlich keine anderen modalen Kategorien.

Nehmen wir z.B. einen Tisch, der vor uns steht. Dieser ist dort wirklich vorhanden, er steht faktisch auch nicht an einer anderen Stelle (hier stünde er dann nicht wirklich). Es ist freilich möglich, dass er genau an dieser Stellte steht, er könnte aber auch woanders stehen. Nicht möglich ist es dem Tisch z.B. in der Wand zu stehen; man könnte einen Tisch zwar einmauern oder ummauern (auch wenn das keinen Sinn macht), er kann aber nicht den gleichen Raum einnehmen wie die Mauer; an jeder Stelle ist dann entweder Tisch oder Wand, aber es ist nicht möglich, dass beide Dinge den gleichen Raum einnehmen. Ob ein Tisch notwendigerweise oder nur zufällig an einer bestimmten Stelle steht, ist gewiss eine schwierige Frage. Nimmt man strenge Kausalität an, so steht jeder Tisch notwendigerweise genau an der Stelle, an der er steht. Wenn ich aber beim Herumgehen nicht aufpasse und über den Tisch falle, dann ist das nicht notwendigerweise so, sondern nur zufällig, weil ich eben nur zufällig hier gegangen bin; die Kausalitäten also, die mich gerade diesen Weg haben nehmen lassen und die Kausalitäten, welche den Tisch ausgerechnet dort platzierten, stehen nicht in Wechselwirkung oder Zusammenhang; dass ich über den Tisch falle, ist aus Sicht des Tisches zufällig. Zufall ist damit eine bestimmte Form einer Ereigniskorrelation.

Diese modal-kategorischen Unterscheidungen überträgt Kant auch auf praktische Prinzipien, soweit sie den Willen bestimmen. Es besteht also eine Relation zwischen dem Prinzip, d.i. das Gesetz, und dem Willen. Relationen wiederum sind nach der Tafel der Urteile aus der *Kritik der reinen Vernunft* kategorisch, hypothetisch oder disjunkt. Disjunkt würde – stark verkürzt – besagen, dass keine Relation besteht (Kant erwähnt diesen Fall nicht einmal), kategorisch aber heißt, dass die Relation eine unbedingte ist. Wenn man den Sachverhalt auf die praktische Vernunft bezieht, heißt das, dass das Prinzip vom Willen insofern unbedingte Erfüllung fordert, als es keine *vernunftgemäßige* Alternative gibt. Hypothetisch dagegen würde besagen, dass der Wille unter bestimmten Umständen das Prinzip erfüllt; die Umstände bestehen dabei in den Zwecken, die dem Subjekt entweder gesetzt sind oder die es sich selbst setzt.

Wir können uns hier schon verdeutlichen, was Kant damit meint. Später wird das auch noch eine weitere Tragweite entfalten: Dass wir nicht lügen sollen, ist uns intuitiv klar. Wenn wir aber genau nachdenken, fallen uns Beispiele ein, bei denen es uns insgesamt, d.h. vor allem bezüglich der zu erwartenden Folgen, besser scheinen könnte, nicht die Wahrheit zu sagen. Es sind hier keine Notlügen gemeint, durch die man sich schnell einmal aus einer Verlegenheit retten will – ironischerweise meistens vergeblich. In seiner kleinen Schrift *Über ein vermeintliches Recht aus Menschenliebe zu lügen* verwendet Kant, um den Sachverhalt zu verdeutlichen, folgendes Beispiel: Ein Mörder steht vor unserer Türe und begehrt Einlass, um unseren Freund, den wir versteckt halten, umzubringen. Dürfen wir in diesem Fall lügen? Wenn der Mörder uns selbst bedroht, wird man uns gewiss nicht wegen unterlassener Hilfeleistung verurteilen können, wenn wir die Wahrheit sagen. Die Frage aber besteht in Bezug auf die Kategorizität eines Gebotes nicht darin, ob wir in diesem Falle (oder in ähnlichen) lügen *dürfen* (das ist freilich der moralisch weitaus komplexere Fall, mit dem Kant sich ebenso beschäftigt), sondern es kommt bei moralischen Geboten, wie Kant sie versteht, in erster Linie darauf an, dass wir dann, wenn die Forderung mit einem Gesetz in Zusammenhang gebracht werden könnte, lügen *müssen*. So etwas kann aber niemals geboten, d.h. in keinem Fall von jemandem gefordert werden! Das Gegenteil, in keinem Fall lügen zu dürfen, lässt sich dagegen sehr wohl als allgemeines Prinzip aufstellen.

Sehen wir uns das Verhältnis von Forderungen und Geboten in Bezug auf den Willen etwas genauer an: Es gibt nach Kant zwei Arten, wie wir etwas wollen können. Entweder wir haben irgendeine Absicht, die wir erfüllen wollen, ein Ziel, einen Zweck, oder uns ist ein Prinzip vor Augen gestellt, das wir, haben wir es erst einmal eingesehen, erfüllen müssen oder möglicherweise auch erfüllen wollen. Jeder Mensch hat bei seinem Handeln bestimmte Zwecke vor Augen. Er will etwas Bestimmtes mit seiner Handlung erreichen. Nehmen wir ein ganz einfaches Beispiel: Man hat Hunger und will etwas essen. Diese Forderung unseres Organismus ist auf verschiedene Weise zu erfüllen. Wir können uns z.B. vornehmen, uns etwas zu essen zu kochen. Nehmen wir eine Kleinigkeit, eine Suppe. Damit wäre unsere Absicht formuliert: Wir wollen uns eine Suppe kochen. Was müssen wir tun, um diesen vorgesetzten Zweck zu erfüllen? Stark vereinfacht, müssen wir Wasser aufsetzen, den Herd einschalten, eine abgemessene Menge an Instantmasse einrühren (wenn ich gerade kein Gemüse zur Hand oder nicht darauf warten will, bis eine selbst gekochte Gemüsesuppe fertig ist), das Ganze kochen lassen, in einen Teller gießen, auf den Tisch stellen; wenn wir dann noch einen Löffel zur Hand nehmen, können wir essen.

Man hat, um auf den Anfang des Beispiels zurückzukommen, normalerweise verschiedene Möglichkeiten, seinen Hunger zu stillen. Ich kann auch zum Essen gehen oder mir etwas besorgen lassen. Habe ich mich aber für etwas Bestimmtes, für einen Zweck entschieden, muss ich – man könnte auch sagen, sollte ich – bestimmte Dinge tun, um diesen Zweck zu erreichen. Kant nennt diese Art der Imperative, welche vorschreiben, was ich zu tun habe, um irgendeinen beliebigen, möglichen und selbstgesetzten Zweck zu erreichen, *technische* Imperative oder – was darauf abzielt, dass man diese Prinzipien erfolgreich beherrscht – Imperative der Geschicklichkeit. Wir sprechen in diesem Fall auch nicht eigentlich von Imperativen, sondern von *Regeln* der Geschicklichkeit, die aber, wie wir gesehen haben, eine imperativische Form haben der Art: Wenn du einen Zweck erreichen willst, solltest oder musst du dieses und jenes Mittel einsetzen.

Die zweite Sorte hypothetischer Imperative setzt uns einen wirklichen Zweck vor, der uns alle antreibt, und den wir schon von Aristoteles her kennen: Wir wollen nämlich alle glücklich werden. Diese Absicht ist nicht bloß eine mögliche, sondern in Bezug auf sie haben wir, wie Kant meint, gar keine andere Wahl; sie ist in uns immer wirklich. Wer hierfür einen besonderen Sinn hat, den nennen wir klug, meint Kant. (Aristoteles hatte das schon so ähnlich formuliert.) Handlungen nun, die wir unternehmen, um glücklich zu werden, können für uns keinen Prinzipien unterliegen, die schlechthin und unter jeder Bedingung gefordert sind, wie es einzig bei moralischen Prinzipien der Fall ist, sondern es handelt sich hier um Prinzipien, die nur in einer bestimmten Absicht gefasst werden, nämlich in der Absicht glücklich zu werden. Kant nennt diese Art der Imperative, diese so genannten *Ratschläge* der Klugheit, auch *pragmatische* Imperative. Allerdings benutzt er das Wort nicht in unserer heutigen und oft benutzten Bedeutung als Euphemismus für skrupellos.

Darüber hinaus gibt es nach Kant noch eine ganz andere Art, etwas zu wollen. Er schreibt:

Endlich gibt es einen Imperativ, der, ohne irgend eine andere durch ein gewisses Verhalten zu erreichende Absicht als Bedingung zum Grunde zu legen, dieses Verhalten unmittelbar gebietet. Dieser Imperativ ist *kategorisch*. Er betrifft nicht die Materie der Handlung und das, was aus ihr erfolgen soll, sondern die Form und das Prinzip, woraus sie selbst folgt, und das Wesentlich-Gute derselben besteht in der Gesinnung, der Erfolg mag sein, welcher er wolle. Dieser Imperativ mag der *der Sittlichkeit* heißen (Kant, GMS BA 43).

Handle ich also nach einem solchen kategorischen Prinzip, setze ich mir damit weder eine bestimmte Absicht, noch achte ich irgendwie auf die Folgen. Nur die Handlung kann sittlich gut heißen, meint Kant, die allein aus der Gesinnung, nicht aus Vorsätzen oder Absichten erfolgt. Wir erhalten also das gleiche Ergebnis wie bei der Diskussion um die Pflicht. Diese Imperative aber, so Kant, nennen wir auch *Gebote* oder gar *Gesetze* der Sittlichkeit.

Es stellt sich für Kant nun die Frage, wie solche Imperative möglich sind, d.h.: Wie kann der Wille so bestimmt werden, dass er das, was der Imperativ von ihm verlangt, auch erfüllt? Bei hypothetischen Imperativen sei das ganz einfach. Wer den Zweck will, muss auch die Mittel ergreifen wollen, soweit sie ihm zu Gebote stehen. Das ist bei technischen Regeln unmittelbar einleuchtend. Bei der Erreichung der Glückseligkeit aber tun wir uns bedeutend schwerer. Das liegt, meint Kant, daran, dass wir gar keinen einheitlichen Begriff von Glückseligkeit haben. Glücklich zu sein, das erfahren wir nur empirisch. Die Glückseligkeit ist aber ein Zustand vollkommenen Glücks, wovon wir gar keine Erfahrung haben können. Sehen wir das Glück im Geld, wissen wir nicht, wer uns schließlich darum belästigen wird, wenn wir es einmal haben; sehen wir es im langen Leben, könnte es ein langes Elend werden usw. Wüssten wir aber, was wir tun müssten, um wirklich glücklich zu werden – wozu freilich Allwissenheit gehören würde –, würden wir die entsprechenden Mittel in jedem Fall auch ergreifen.

Die Nötigung des Willens in den hypothetischen Fällen geschieht auf die Absicht hin, die wir ja als gewollt voraussetzen. Anders steht es bei kategorischen Prinzipien. Diese sind schließlich dadurch ausgezeichnet, keine Absicht, also keinen vorgesetzten Zweck zu haben. Was also kann den Willen hier überhaupt bestimmen? Das Ganze fordert eine apriorische Untersuchung, meint Kant; das ist eine Untersuchung, die nicht auf Erfahrung zurückgreift. Mit Hilfe der Erfahrung nämlich können wir nie aufzeigen, dass eine bestimmte Handlung wirklich und tatsächlich aus der entsprechenden Gesinnung heraus erfolgte. Es könnte ja immer der Fall sein, dass irgendein heimlicher und verborgener Grund, also irgendeine Absicht, die Ursache für die Handlung war. Nicht einmal bei uns selbst können wir eigentlich wirklich wissen, ob wir nicht unbewusst aus einem bestimmten Zweck heraus handelten. Eine wenn auch noch so unbestimmte Hoffnung auf eine Belohnung – und sei es in einem späteren Leben – würde nach Kant die Kategorizität eines Imperativs, und damit seine Moralität vollständig untergraben. In einem solchen Fall läge der ausgeführten Handlung nämlich immer wiederum ein hypothetischer Imperativ zugrunde; dieser wird meistens nicht technisch sein, sondern pragmatisch, er wird also auf unser allgemeines Wohlsein abzielen.

Fest steht für Kant, dass echte moralische Gesetze kategorischer Art sein müssen, d.h. dass ihnen keine zu erreichenden Absichten unterstellt werden können, denn diese Absichten sind schließlich zufällig; d.h. wenn die Absicht wegfällt, wird man auch die Mittel nicht mehr ergreifen. Zweitens ist die Schwierigkeit, ein solches Gesetz als möglich einzusehen, auch sehr groß. Es handelt sich, so Kant, um einen »synthetisch-praktischen Satz a priori«. Auf die Beantwortung der Frage, wie für die theoretische Vernunft synthetische Urteile *a priori* möglich sind, hatte Kant in der *Kritik der reinen Vernunft* bereits mehrere hundert Seiten Textes verwendet; im Praktischen sind diese Fragen freilich aber immer noch ein gutes Stück komplexer, weil wir es hier nicht mit Erkenntnissen, sondern mit dem Handeln und dem Leben zu tun haben. Hier gibt es immer mehrere Möglichkeiten und die einzelnen Bedingungen und Folgen einer jeden Handlung sind schier unabsehbar. Kant meint also, dass wir weder in der Lage sind, die Möglich-

3.4 Die Imperative

keit der Wirksamkeit solcher praktischen Gesetze herzuleiten, noch sie unmittelbar einzusehen. Im Grunde bricht Kant seine bis hierher vollzogene Argumentationskette ab. Er sieht offenbar keine Möglichkeit, von hier aus weitere Erkenntnisse zu gewinnen. Dennoch wird sein späteres Ergebnis mit den bisher gewonnenen Erkenntnissen kompatibel sein; es wird sich also in diese Argumentation einfügen.

Kant versucht zunächst einen ganz anderen Weg: Er will die Idee eines kategorischen Imperativs zunächst einmal auf den Begriff bringen, um diesen dann genauer zu untersuchen.

Ein hypothetischer Imperativ ergibt sich automatisch aus der Bedingung, die ihn setzt. Ein kategorischer Imperativ enthält für sich dagegen nur die Forderung, seine Bedingung unbedingt zu erfüllen, ohne eben auf die Folgen zu sehen, ohne durch irgendetwas eingeschränkt zu sein. Darüber hinaus, da er für alle gelten soll, muss er allgemein gültig sein. D.h., wenn ich mir eine Maxime setze, also ein subjektives Prinzip zu handeln, muss diese, soll sie nicht gegen das Sittengesetz und seine kategorische Form gerichtet sein, für alle gelten können. Man kann mit Kant sagen: Die Maxime ist dann dem Sittengesetz gemäß, wenn sie allgemein und für alle Vernunftwesen eine Maxime sein kann. Das formuliert für Kant die beiden Grundlagen sittlicher Prinzipien: Sie dürfen, wenn sich alle daran halten, nicht zu unannehmbaren Folgen führen und einander nicht widersprechen, d.h. sie dürfen bei konsequenter Befolgung nicht in Unsinnigkeiten oder zu Widersprüchen führen. So formuliert Kant den in dieser Hinsicht einzig möglichen kategorischen Imperativ: »[H]andle nur nach derjenigen Maxime, durch die du zugleich wollen kannst, dass sie ein allgemeines Gesetz werde« (BA 52).

Diese Formulierung wendet Kant noch nach mehreren Seiten je nachdem, auf was sich der Imperativ als allgemeines Prinzip beziehen kann. So haben wir einen bestimmten Begriff der Natur, in der Ereignisse kausal abzulaufen pflegen. Kant formuliert danach: »[H]andle so, als ob die Maxime deiner Handlung durch deinen Willen zum allgemeinen Naturgesetze werden sollte« (BA 52). In dieser Formulierung tun wir also so, als ob moralische Gesetze nach Art der Naturgesetze ablaufen. Diese, das wissen wir (d.h. es gehört zur Vorstellung vom Begriff des Naturgesetzes), können sich nicht widersprechen.

Aus diesen Voraussetzungen und um seine Gesetze zu prüfen, stellt Kant eine Art Pflichtenkatalog auf. Er unterscheidet darin Pflichten gegen sich selbst, Pflichten gegen andere, so genannte vollkommene und unvollkommene Pflichten. Die letzteren nennt er auch verdienstliche Pflichten. Diese Einteilung Kants ist bis heute nicht unumstritten. Die Diskussion würde hier zu weit führen, uns geht es zunächst darum, zuerst einmal zu verstehen, was Kant eigentlich meint.

Als Erstes untersucht Kant eine vollkommene Pflicht gegen sich selbst: Er fragt: Dürfe bzw. könne man es sich zur Pflicht machen – sich umzubringen, wenn man einen Überdruss am Leben hege? Wir sollen uns bei kategorischen Imperativen fragen, ob die vorgesetzte Handlung als Naturgesetz betrachtet werden kann. Der Grundsatz würde lauten: Aus Selbstliebe mache ich es mir zur Pflicht, mich umzubringen, wenn die Leiden und Schmerzen meines zukünftigen Lebens die zu erwartenden Freuden bei weitem übersteigen. Dies könne aber kein Naturgesetz sein; es würde nämlich die darin gesetzte Selbstliebe – ich will nur Freuden und keine Schmerzen haben – zur Beendigung dieses Selbst im Widerspruch stehen. Was sich aber widerspricht, kann kein Naturgesetz sein.

Beim zweiten Beispiel geht es um eine vollkommene Pflicht gegen andere: Darf man sich Geld borgen, ohne es zurückgeben zu wollen (weil man es nicht kann oder will)? Freilich nicht, das wissen wir schon intuitiv. Aber das lässt sich auch mit dem kantischen Imperativ begründen. Das Prinzip würde lauten: Wenn ich in Geldnot bin, darf ich mir Geld leihen und versprechen es zurückzugeben, obwohl ich das nicht vorhabe. Auch das könnte kein Naturgesetz abgeben: Würde nämlich ein solches Gesetz als Naturgesetz allgemein gelten, so dass jeder danach verfahren müsste, so widerspräche der Begriff des Versprechens dem in der Maxime festgelegten Grundsatz, dieses, wenn mir danach ist, brechen zu dürfen. Es gäbe überhaupt kein Versprechen mehr, denn niemand wäre so töricht, einem anderen noch eines abzunehmen.

Drittens ein Beispiel für eine unvollkommene Pflicht: Jemand macht es sich zum Grundsatz, lieber dem Vergnügen (was bei Kant heißt: Müßiggang, Ergötzlichkeit, Fortpflanzung, insgesamt Genuss) nachzujagen, als seine Talente auszubilden. Seine Natur könnte damit wohl bestehen, als Naturgesetz würde sich ein solcher Grundsatz nicht widersprechen. Auf der anderen Seite kann man nach Kant nicht wollen, dass dies ein allgemeines Naturgesetz werde; als vernünftiges Wesen muss man vielmehr wollen, dass man seine Talente ausbildet, da diese einem gewiss nützlich sein können. Mit der Selbstliebe ist die Maxime also grundsätzlich nicht vereinbar.

Kant diskutiert auch noch eine unvollkommene Pflicht gegen andere: Jemand macht es sich zum Prinzip, nur für sich selbst etwas zu tun, andere, so meint er, sollten das ebenso halten. Dieser Mensch werde also niemandem in irgendeiner Weise helfen wollen. Es sei nämlich insgesamt besser, so meint er, wenn jeder sich um seine eigenen Angelegenheiten kümmert. Kann dieser Grundsatz ein allgemeines Naturgesetz werden? Gewiss! Ein solches Naturgesetz, meint Kant, wäre sogar besser, als wenn man den ganzen Tag davon redete, den anderen zu helfen, es niemals aber auch tatsächlich täte. Würde ein solches Naturgesetz bestehen, so wüsste wenigstens jeder, woran er ist. Dennoch kann man die Folgen eines solchen Naturgesetzes nicht wirklich wollen, so Kant. Es muss sich jeder nämlich dabei denken, dass auch er selbst einmal in die Lage kommen kann, der Hilfe von anderen zu bedürfen. Ein Naturgesetz der beschriebenen Art würde aber jede Hoffnung darauf zunichte machen. Ergo: Man kann es nicht wollen.

Als Pflichten können wir aus den Beispielen Folgendes ableiten: Wir müssen unser Leben erhalten, dürfen es also nicht von uns aus beenden (Selbstmordverbot); Wir müssen gegebene Versprechen halten (Lügeverbot); wir haben die Pflicht, unsere Talente auszuprägen und sie nicht verkümmern zu lassen (Pflicht, unsere Anlagen auszubilden); und uns sollte die Wohlfahrt der anderen Menschen am Herzen liegen (Pflicht, das Glück der anderen zu befördern). Von unvollkommenen Pflichten spricht Kant dabei nicht, weil man sie nur unzureichend erfüllen muss, sondern weil keine unmittelbare Handlungsanweisung mit ihnen verbunden ist. Welche Talente ich pflege, welchen Menschen ich auf welche Art helfen soll, richtet sich nach verschiedenen Umständen. Unsere Zeit und unsere Mittel sind aber begrenzt, weswegen das Gebot niemals vollkommen, d.h. exakt, bestimmen kann, wie wir diesen Pflichten nachkommen sollen.

Aus den genannten Beispielen können wir die Prinzipien von subjektiven Maximen, welche wir durch den kategorischen Imperativ prüfen, herauslesen. Diese, weil sie nach der Überprüfung durch das Sittengesetz ein Spiegel dessen sind, was die Vernunft empfiehlt, wenn man handeln muss, sind gleichzeitig auch die Elemente, die wir als Formen der Vernunft annehmen dürfen: Es dürften also bei subjektiven Maximen keine Widersprüche mit sich selbst (wie bei der Idee von den Gesetzen der Natur) oder mit dem, was wir vernünftigerweise, d.h. allgemein, wollen können, bestehen. Diese beiden Grundsätze bilden das ab, was Kant mit der Allgemeinheit der vernünftigen Form meint.

Wenn wir uns genau beobachten, stellen wir fest, dass wir eigentlich gar nicht wollen, dass unsere nicht mit dem Sittengesetz in Deckung zu bringenden Maximen bei Übertretung des Gesetzes ein allgemeines Gesetz würden. Vielmehr würden wir bei der Formulierung unserer Handlungsmaximen immer bloß für uns selbst eine Ausnahme machen wollen, wozu uns letztlich die Neigung drängt, so Kant.

Kant kommt bezüglich des kategorischen Imperativs noch zu weiteren Formulierungen. Er unterscheidet hierfür zunächst den Zweck vom Mittel: Ein Zweck ist das, was einem Willen – wir erinnern uns, dass nur ein solcher ohne Einschränkung gut sein kann – zum objektiven Grund seiner Selbstbestimmung dient. Der Wille konstituiert sich also dadurch, dass er sich einen Zweck setzt. Ein Mittel dagegen enthält nur den Grund für die Möglichkeit einer Handlung, deren Wirkung der Zweck ist (vgl. Kant, GMS 63). Ein Mittel setzt – um es kurz zu sagen – den Zweck in die Tat um.

Wenn es nun etwas gibt, das einen absoluten Wert dadurch hat, dass es ein Zweck an sich selbst ist – dass es seinen Zweck also nicht außerhalb seiner selbst zu suchen braucht –, dann wäre eine Möglichkeit gegeben, einen kategorischen Imperativ daraus zu formulieren. Der Unterschied zwischen hypothetischen und kategorischen Imperativen war ja, dass die hypothetischen nur die Mittel angeben, durch die man den Zweck, der außerhalb der Handlung liegt, erfüllen kann. Der kategorische Imperativ zeichnet sich dagegen dadurch aus, dass er auf keine andere Absicht gerichtet ist, als auf die, welche er selbst formuliert. Wenn es also etwas gibt, das seinen Zweck in sich selbst hat, kann man darauf bezogen einen kategorischen Imperativ formulieren.

Ein solches Etwas, meint Kant, ist der Mensch. Diesen darf man demnach niemals nur als Mittel ansehen, er hat ja seinen Zweck in sich selbst, sondern muss ihn immer zugleich auch als Zweck betrachten. Alles, wofür wir eine Neigung haben können, hat nur einen bedingten Wert, welcher sich dadurch bestimmt, wie groß die Neigung dafür jeweils ist. Bei vernünftigen Wesen, die wir dann auch Personen nennen, liegt aber der Zweck in ihnen selbst. Deshalb dürfen wir andere Menschen unseren Zwecken nicht unterordnen. Das liegt allein schon daran, dass Personen Vernunft haben. Wir selbst definieren uns als Menschen insbesondere auch dadurch, dass wir Vernunft haben und aufgrund dessen unsere Zwecke selbst wählen. Deswegen kann man sagen, dass jeder Mensch als Person und vernünftiges Wesen ein subjektives Prinzip für sich reklamiert, er dürfe von anderen nicht nur als Mittel angesehen werden. Dieses subjektive Prinzip wird nach Kant zu einem objektiven dadurch, dass erstens alle Menschen dieses Prinzip anerkennen und von ihm grundsätzlich ausgehen, zweitens ist der Satz im Sinne Kants verallgemeinerbar. Der dazugehörige Imperativ lautet: »Handle so, dass du die Menschheit, sowohl in deiner Person, als in der Person eines jeden andern, jederzeit zugleich als Zweck, niemals bloß als Mittel brauchest« (BA 66f.).

Kant prüft daran wieder seine vier Pflichten: Man dürfe sich selbst nicht als Mittel ansehen und aus seiner Lustlosigkeit am Leben einen Maßstab für dieses Leben selbst machen. Ich darf zweitens andere Menschen nicht belügen, da ich mit der Lüge einen bestimmten Zweck verfolge; den anderen ordne ich mittels der Lüge diesem Zweck unter. Drittens muss ich wegen der Menschheit und meiner Pflicht, sie zu vervollkommnen, meine Anlagen ausprägen. Ich muss, könnte man sagen, meinen Beitrag zur Erhaltung der Menschheit als Zweck an sich selbst leisten und darf sie nicht nur als Mittel gebrauchen, selbst nichts tun zu müssen. Viertens liegt der Naturzweck der Menschheit darin, glücklich zu werden. Auch hierzu muss ich etwas beitragen und darf nicht nur auf mich selbst sehen. Die Glückseligkeit der anderen muss mir entsprechend am Herzen (genauer: in der Vernunft und meinen subjektiven Maximen) liegen. Die allgemeinen Zwecke der Menschheit müssen auch meine Zwecke sein.

Aus dieser Allgemeinheit der Zwecke ergibt sich für Kant die Idee eines »Reiches der Zwecke«. Da ich bestimmte Zwecke habe und alle anderen ebenso und weil wir uns gegenseitig auch noch in unseren Zwecksetzungen untereinander beistehen sollen, lässt sich bei Annahme einer Zusammenfassung und Zusammenstimmung (die definiert ist durch die allgemeine und vernünftige Form subjektiver Maximen, d.h. dass sich diese nicht widersprechen und dass alle immer auch die Folgen der Handlungen wollen, die aus der Umsetzung ihrer Maximen resultieren) dieser Zwecke ein solches Reich der Zwecke denken. In diesem Reich hat alles entweder einen Preis oder eine Würde. Ein Preis ist immer nur ein Äquivalent; er kann durch etwas anderes ausgetauscht werden. Die Würde dagegen ist etwas Absolutes; sie steht für sich und kann nicht durch etwas Beliebiges ersetzt werden. Alles was sich selbst bestimmt und seine Zwecke durch Vernunft setzt, hat eine solche Würde. Die Vernunft bestimmt uns also auch dazu, dass wir auf uns selbst gegründet sind, dass wir den Maßstab für unser Handeln nicht außerhalb von uns, sondern in uns finden. Allgemein und kategorisch formuliert: »Handle nach der Maxime, die sich selbst zugleich zum allgemeinen Gesetz machen kann« (Kant, GMS BA 81). Das Gesetz ist also nur auf sich selbst gegründet. Der Bezug zum Willen aber wird dadurch hergestellt, dass dieser sich das Gesetz selbst gibt; das Gesetz ist der Ausdruck des Willens, moralisch zu handeln.

Ein Wille ist also dann schlechthin gut, wenn er die Maximen seines Handelns vernünftig wählt, das heißt erstens, dass er diese, betrachtet er eine einzelne seiner Maximen als allgemeines Gesetz, immer noch wollen kann, dass er aber zweitens nicht wollen kann, dass sich seine Maximen widersprechen. So kommt Kant zu einer weiteren, die vorhergehenden Fassungen zusammenschließenden Formulierung: »Handle nach Maximen, die sich selbst zugleich als allgemeine Naturgesetze zum Gegenstande haben können« (BA 81f.).

Das, was wir zuvor als Pflicht bestimmten, die objektive Notwendigkeit einer Handlung aus Verbindlichkeit, stimmt also vollkommen mit dem überein, was wir in kategorischen Imperativen ausdrücken können. So etwas wie Freiheit, Moralität, Würde des Menschen und der Person, aber auch so etwas wie ein absolutes Reich der Zwecke und des Guten lässt sich nach Kant nur auf diese Weise denken. Gäbe es das alles nicht, wären wir vollkommen durch unsere Natur – das Reich der Natur ist das Pendant zum Reich der Zwecke – bestimmt, d.h. ausschließlich durch unsere Triebe und Neigungen. Das, was aber auf der fühlenden Seite dem Gesetz in uns, der Vernunft in uns, dem, dass wir Personen sind und eine Vernunft und damit verbunden ein moralisches Gesetz *in uns* haben, »entspricht«, ist die Achtung für diese Dinge, die wir empfinden, wenn wir von Vernunft, einer Person und ihrer Würde usf. hören. Diese Achtung, die wir nach Kant zumindest haben sollten, ist nach ihm kein sinnliches Gefühl, vergleichbar mit unseren Affekten, Leidenschaften, Empfindungszuständen. Es ist bei Kant ein rein durch praktische Vernunft gewirktes Gefühl, das uns ein Interesse an diesen Dingen vermitteln kann. Kant spricht hierbei auch von einer moralischen Triebfeder, die er von den so genannten sinnlichen Triebfedern, also der motivierenden Orientierung an unseren sinnlichen Bedürfnissen und Wünschen, scharf unterscheidet.

3.5 Autonomie und Heteronomie

Es bleibt noch eine wichtige Frage zu erörtern: Kant sprach davon, dass sich die Würde des Menschen und seine Sittlichkeit auf sich selbst bzw. auf die Vernunft gründen, darauf also, dass derjenige, der darin, dass er die Pflicht, d. i. die objektive Notwendigkeit einer Handlung aus Verbindlichkeit, erfüllt, sich als allgemein gesetzgebend zeigt. Zwar ist dieser Mensch dem Sittengesetz unterworfen, da es aber *seine* Vernunft ist, welche sich das Gesetz gibt, ist die Person autonom. Damit, meinte Kant weiter, könnten wir uns auch unabhängig von unseren sinnlichen Antrieben bestimmen. Kant schreibt:

Autonomie des Willens ist Beschaffenheit des Willens, dadurch derselbe ihm selbst (unabhängig von aller Beschaffenheit der Gegenstände des Wollens) ein Gesetz ist. Das Prinzip der Autonomie ist also: nicht anders zu wählen, als so, dass die Maximen seiner Wahl in demselben Wollen zugleich als allgemeines Gesetz mit begriffen sein (Kant, GMS BA 87).

Dies war die kategorisch-imperativische Formel, die apodiktisch gebietet. Sie drückt also gleichermaßen die Erkenntnis der Regel als auch die Autonomie der sittlich handelnden Vernunft aus.

Kant ist der festen Überzeugung, dass nur ein formales Gesetz der Grund der Willensbildung sein kann. Dies ist ein solches, das sich sein Gesetz selbst gibt und also nur auf die Vernünftigkeit, und das heißt auf die Allgemeingültigkeit der Handlung achtet. In jedem anderen Fall bestimmt irgendein Objekt meine Handlung, sei es eines, das über die Sinne in meine Vorstellung kam, sei es, dass die Vernunft selbst irgendetwas als Objekt vorstellt (Gott oder sittliche Vollkommenheit). Ich will dann nämlich nur etwas tun, weil ich etwas anderes will, nämlich die Realisierung des jeweiligen Objekts, das mir vorschwebt. Das aber ist nach Kant Heteronomie, d.h. Fremdbestimmung. Ich gebe mir nicht selbst das Gesetz, sondern das Gesetz meines Handelns wird mir von außen vermittelt über die Vorstellung eines Objekts aufgedrängt. Nicht ich bin es als vernünftig-praktische Person, die das dann will; sondern mein Begehrungsvermögen, meine Vorstellungswelt oder was auch immer richten meinen Sinn auf die Gegenstände und Objekte. Dieses alles kann aber nie Grundlage für ein moralisches Gesetz sein. Ein solches dürfe nämlich nicht einmal gelten und dann wieder nicht, je nachdem, was mir gerade in den Sinn kommt. Es muss unabhängig sein von allen Vorstellungen und Objekten, die nicht allgemein sind, da sie jedem anders erscheinen, nur zufällig auftreten und der Sinn sich immer wieder ändert.

Kant unterscheidet gemäß den menschlichen Fähigkeiten zwei Bereiche, aus denen uns Gegenstände (oder Objekte) einer heteronomen Bestimmung des Willens zuteil werden können. Diese können aus der Sinnlichkeit oder aus dem Verstand kommen. Es gibt demnach empirische Objekte, die uns durch unsere Sinnlichkeit vermittelt werden, und rationale, die aus dem Verstand in unser Beurteilungsvermögen geraten.

Empirische Prinzipien, also sinnlich gewonnene Grundlagen unseres Beurteilungsvermögens, sind nach Kant nicht geeignet, unserem sittlichen Verhalten die Regeln vorzuschreiben. Solche rekurrieren in irgendeiner Form auf die spezifisch menschliche Natur oder auf zufällige Umstände. Es wäre dann nämlich von den Umständen abhängig oder von der allgemeinen Einrichtung des Menschen, ob er gut handelt oder nicht. Des Weiteren ist unser Hang, glücklich zu sein, eine ungeeignete Grundlage für moralisches Verhalten. Ein Wohlbefinden folgt, das wissen wir, nämlich keineswegs auf unsere Taten, auch wenn sie unter allen möglichen Umständen betrachtet gut zu sein scheinen. Ein glücklicher Mensch, der klug und auf seinen Vorteil bedacht ist, ist etwas anderes als ein guter und tugendhafter. Bei Prinzipien der Glückseligkeit sind die guten wie die schlechten Taten dem Ergebnis, glücklich zu sein, untergeordnet. Ihr Unterschied wäre vor diesem Hintergrund gar nicht zu erkennen.[8]

Auch das moralische Gefühl als ein besonderer Sinn ist nach Kant ungeeignet, uns zu sittlichen Handlungen anzuleiten. Er geht sogar so weit zu behaupten, dass nur solche Leute sich darauf berufen, die nicht (vernünftig) denken können, weil sie das »Denken« durch ein »Fühlen« ersetzen wollen. Für Kant gibt es aber ganz verschiedene Gefühle, die ihrem Grad nach völlig unterschiedlich und so auch nicht in der Lage sind, einen Maßstab für das richtige Handeln abzugeben. Immerhin – das räumt auch Kant ein – sieht man, vertritt man die These vom moralischen Gefühl, nicht nur auf

---

8 Die Kritik Kants am Eudaimonismus trifft Aristoteles wohl nicht. Bei Kant ist die Glückseligkeit eine Art von Gefühlszustand, bei Aristoteles dagegen ein teleologischer Begriff und gerade kein Gefühl.

den eigenen Vorteil, sondern man schreibt dabei die Hochschätzung, die man moralischem Verhalten entgegenbringt, unmittelbar der Sittlichkeit und Tugendhaftigkeit selbst zu.

Die zweite Quelle von Objekten, die uns dazu drängen, in ihnen das Prinzip der Moralität zu entdecken, ist die Rationalität. Unser Vernunftvermögen konstruiert sich einen Begriff von Vollkommenheit. Dieser kann als Grundlage moralischen Verhaltens dienen. Wenn jemand vollkommen handeln will, d.h. wenn er durch sein Handeln die größtmögliche Summe an Gütern hervorbringen will, dann handelt er nach dem Prinzip der Vollkommenheit. Kant ist aber der Ansicht, dass man für einen solchen Begriff genau das schon voraussetzen muss, was Sittlichkeit in Wirklichkeit heißt. Man kann sich also nur vollkommen verhalten, wenn man schon weiß, was gutes Handeln bedeutet und was zu diesem gehört.

Die zweite Möglichkeit bezüglich der Vollkommenheit geht davon aus, dass wir einen bestimmten und vollkommenen Begriff von Gott haben. An diesem orientiert sich dann unser Verhalten, wenn wir darin das höchste Prinzip des Handelns sehen. Es ist, wenn man so will, die personalisierte Form des Prinzips der Vollkommenheit. Aber auch hier ist uns keine Möglichkeit gegeben, das Prinzip der Sittlichkeit erkennen zu können. Erstens, wie Kant in der *Kritik der reinen Vernunft* ausführlich dargelegt hat, können wir Gott und seine Vollkommenheit nicht anschauen, wir haben also keine echte Erkenntnis von ihm. Dies wäre aber die Voraussetzung dafür, dass uns ein solches Objekt zum richtigen und guten Handeln bewegte. Außerdem ist der Begriff eines vollkommenen Gottes in dieser Hinsicht nach Kant aus dem Begriff der Sittlichkeit abstraktiv erst abzuleiten. Darüber hinaus sind mit der Vollkommenheit Gottes noch weitere Momente verbunden wie z.B. Ehr- und Herrschbegierde sowie Macht- und Racheeifer eines solchen vollkommenen Gottes. Diese Vorstellungen würden unsere sittlichen Begriffe und damit unser Verhalten so einschränken, dass wir von Sittlichkeit und Freiheit gar nicht mehr reden könnten. Wir würden aus Furcht vor Strafe und nicht aus freiem Willen gut und richtig handeln, nicht aus Einsicht in die Gesetze der praktischen Vernunft, wie es von uns gefordert ist, gesetzt den Fall, dass wir uns moralisch verhalten wollen.

Diese Prinzipien hätten also insgesamt, so Kant, Heteronomie zur Folge. Unser Handeln wäre nicht auf unsere Vernunft gegründet, sondern auf eine fremde Bestimmung, auf Triebfedern, wie Kant sagt, die von außen an uns herantreten. Imperative, die sich auf ein solches Prinzip stützen, können generell nur hypothetischer Art sein. Ob aus Neigung, wie beim Prinzip der Glückseligkeit, aus der Vorstellung von einem Gott, der über mein Handeln streng wacht usw. – immer will ich eigentlich gar nicht bedingungslos gut handeln, sondern ich rechne dabei auf meinen Vorteil oder ich habe Angst vor Strafe: »... ich soll etwas tun, darum, weil ich etwas anderes will« (Kant, GMS BA 93).

In diesen Fällen muss es immer noch ein anderes Gesetz geben (mit einem damit verbundenen Imperativ), das in der Lage ist, die Maxime der Handlung einzuschränken, damit der Handelnde autonom ist und nicht nur darum handelt, weil er das Objekt seiner Vorstellung realisieren will. Solche Gegenstände, schreibt Kant, sind nämlich dadurch ausgezeichnet, dass sie »... nach der besonderen Einrichtung ihrer Natur an einem Objekte sich mit Wohlgefallen üben ...« (Kant, GMS BA 94). Der Wille bestimmt sich also nicht selbst, sondern er ist durch einen ihm fremden, d.h. der Vernunft fremden Antrieb bestimmt. Kant fasst zusammen:

Ein schlechterdings guter Wille, dessen Prinzip ein kategorischer Imperativ sein muss, wird also, in Ansehung aller Objekte unbestimmt, bloß die *Form des Wollens* überhaupt enthalten, und zwar als Autonomie, d.i. die Tauglichkeit der Maxime eines jeden guten Willens, sich selbst zum allgemeinen Gesetz, das sich der Wille eines jeden vernünftigen Wesens selbst auferlegt, ohne irgend eine Triebfeder und Interesse derselben als Grund unterzulegen (Kant, GMS BA 95).

3.6 Die Freiheit des Willens als Autonomie

Zu Beginn des dritten Abschnitts der *Grundlegung zur Metaphysik der Sitten* schreibt Kant: »Der *Wille* ist eine Art von Kausalität lebender Wesen, so fern sie vernünftig sind, und *Freiheit* würde diejenige Eigenschaft dieser Kausalität sein, da sie unabhängig von fremden sie *bestimmenden* Ursachen wirkend sein kann« (Kant, GMS BA 97). Kant legt damit eine Definition der Freiheit vor, die ihn wie uns nicht recht befriedigen kann. Es ist, wie Kant meint, ein negativer Begriff der Freiheit. Doch in ihm steckt ebenso eine mögliche positive Wendung. Kant bestimmte die Freiheit ja als eine »Art von Kausalität«. Einer Kausalität aber müssten Gesetze zugrunde liegen, sonst kann sie als Ursache keine Wirkung haben. Es kann in ihr, wenn man so will, nicht gesetzlos zugehen.

Das ist kein ganz einfacher Gedanke: Zunächst muss man sich ansehen, was Kant genau mit »negativer Freiheit« meint. Wenn die Freiheit dahingehend betrachtet wird, dass sie uns nur einschränkt, und uns damit von unseren Neigungen und Wünschen sozusagen befreit, so, dass wir diesen nicht nachgeben müssen; dann haben wir durch sie eben nur die Möglichkeit, uns von etwas zu enthalten, nicht aber – in allgemeiner Weise betrachtet – die Möglichkeit, gerade das zu tun, was wir wollen und was uns in den Sinn kommt. Sie ist keine totale, schlechthinnige Freiheit – wir verstehen den Begriff in einem ersten Zugriff zumeist in diesem allgemeinen Umfang –, sondern sie ist eben nur eine »Freiheit von«, nämlich von der Kausalität der Natur, die unserer allgemeinen Ansicht von der Ordnung in der Natur als kausales Wirkungsverhältnis entspricht. Eine »Freiheit von« ist aber nur die Möglichkeit, etwas nicht zu tun – was man möglicherweise gern getan hätte –, es besteht dabei nicht die Vorstellung, man hätte irgendeine »Wahl«, schon gar keine echte und freie Wahl.

Nehmen wir dagegen den allgemeinen Begriff der Freiheit als einer Wahlfreiheit, so bekommen wir, was deren moralische Dimension angeht, allerdings ebenso ernsthafte Probleme. Eine moralische, eine freie Wahl kann immer nur auf einer bestimmten Grundlage bestehen. Besteht keine solche Grundlage, so herrscht Anarchie, d.h. völlige Gesetzlosigkeit. Könnten wir aber in einer anarchischen Welt-»ordnung« so etwas wie Moral finden? Es gäbe darin definitiv keinen Platz für sie. Das ist zuletzt auch die Grundlage für Kants Ansicht, dass wir alle davon ausgehen, dass es eine allgemeine Idee der Sittlichkeit in jedem Menschen gibt. Wir wissen, dass es ein gutes Handeln gibt, wir wissen aber nicht genau, worin dieses besteht.

Die zweite positive Möglichkeit der Freiheit ist die einer speziellen Wahl- oder Entscheidungsfreiheit. Man spricht hierbei auch von Handlungsfreiheit. Wir stellen uns darunter etwa Folgendes vor: Wir haben zwei oder mehr Möglichkeiten zu handeln und wir müssen eine Entscheidung treffen. Kant meint wohl zu Recht, dass auch in dieser Bestimmung der Freiheit keine Moralität zu finden sein kann. Eine Entscheidung ohne die Annahme, dass es einen Grund für diese Entscheidung gibt, ist gar keine echte Freiheit, die Wahl würde also letztlich zufällig ausfallen. Sie wäre nämlich in Wahrheit abhängig von äußeren oder inneren Bestimmungen bzw. gar von Zwängen, die mich bedrängen, wobei keine Rolle spielt, ob ich einen Grund von außen, einen inneren Drang oder einen Trieb spüre, der mich jeweils dazu veranlasst, so oder so zu handeln. Gerade von solchen Bestimmungen aber, meint Kant, müssen wir, wenn wir uns Freiheit zugestehen wollen, unabhängig sein.

Diese Unabhängigkeit von äußeren und inneren Bestimmungen begründet also nur eine im obigen Sinne so bezeichnete »negative Freiheit«. Sowohl bei der anarchischen Freiheit wie bei der Freiheit aufgrund einer Entscheidung fällt aber Folgendes auf: Beide Begriffe konnten nicht die eigentliche Freiheit bezeichnen, da sie keinen Grund für ihre Entscheidungen anführen konnten. Ein solcher Grund, meint Kant, muss ein Gesetz sein, ein Gesetz, das uns sagt, was wir zu tun haben, wenn wir uns weder von unseren Neigungen, Trieben und Wünschen noch von äußeren Zwängen leiten lassen wollen. Das kann aber auch kein Gesetz sein, das uns von außen auferlegt ist oder das uns innerlich zwingt. Es muss – Kant sieht hier gar keine andere

3.5 Autonomie und Heteronomie

Möglichkeit – ein selbst gegebenes Gesetz sein. Nur ein solches Gesetz begründet einen autonomen Willen. Ein guter Wille ist folglich einer, der sich sein Gesetz in der geschilderten Weise selbst gibt. Das wiederum ist aber nichts anderes als das Prinzip für den kategorischen Imperativ, »nach keiner anderen Maxime zu handeln, als die sich selbst auch als ein allgemeines Gesetz zum Gegenstande haben kann« (Kant, GMS BA 98). Damit ist eine positive Bestimmung der Freiheit gegeben, die wir zwar nicht unmittelbar einsehen, die aber notwendigerweise als eine Idee allen unseren Überlegungen zum guten Handeln schon zugrunde liegt. Soll die Freiheit nicht in einer bloßen und zufälligen Wahl bestehen, muss mit ihr ein Gesetz verbunden sein, das ihr selbst erst einen Sinn als Freiheit gibt. Die Bestimmung durch das Gesetz aber – so stellt Kant sich das vor – ist das positive Verständnis von Freiheit.

Freiheit und Sittlichkeit hängen also offenbar auf eine untrennbare Weise zusammen. Wir sehen zwar noch nicht genau ein, wie dieser Zusammenhang konkret besteht; aber dass er besteht, daran können wir nach diesen Überlegungen nicht mehr zweifeln. Es entspricht auch unserer Ansicht, so Kant, dass wir für unser moralisches, d.h. gutes Handeln, Freiheit immer schon voraussetzen müssen. Ich kann von niemanden fordern, er möge sich nun einmal endlich besinnen und ein guter Mensch werden, wenn ich ihm gar nicht die Möglichkeit einräumen würde, in dieser Hinsicht frei zu sein, sich also positiv dafür entscheiden zu können, in Zukunft moralisch zu handeln und d.h. nach dem Gesetz.

Kant fragt noch weiter: In welcher Hinsicht können wir diese Freiheit für uns in Anspruch nehmen? Und er gibt die Antwort: nur als vernünftige Wesen! Alle anderen Vermögen und Bestimmungsgründe des Menschen, also unsere Sinnlichkeit, Neigungen, Wünsche, Triebe, determinieren uns in unserem Verhalten. Nur dadurch, dass wir nicht nur sinnliche Wesen sind und Bedürfnisse haben, sondern dadurch, dass wir auch eine Vernunft besitzen, können wir frei sein. Wenn die Vernunft die Ursache der Freiheit ist, so muss auch jedes vernünftige Wesen frei sein. Die Freiheit ist also auch von daher nichts Selbständiges, sondern sie ist etwas, das mit der Vernunft verbunden ist, ja in ihr ihren eigentlichen Grund findet. Einem Wesen, das Vernunft hat, schreiben wir Freiheit zu. In der Freiheit äußert sich damit eine praktische Vernunft, das heißt für Kant, eine Vernunft, die »... Kausalität in Ansehung ihrer Objekte hat« (Kant, GMS BA 101). Diese Kausalität kann wiederum nicht von außen kommen, sie muss in sich selbst begründet sein. Kant schließt also:

Sie [die Vernunft] muss sich selbst als Urheberin ihrer Prinzipien ansehen, unabhängig von fremden Einflüssen, folglich muss sie als praktische Vernunft, oder als Wille eines vernünftigen Wesens, von ihr selbst als frei angesehen werden; d. i. der Wille desselben kann nur unter der Idee der Freiheit ein eigener Wille sein, und muss also in praktischer Absicht allen vernünftigen Wesen beigelegt werden (Kant, GMS BA 101).

Für Kant muss ein eindeutiger Zusammenhang zwischen Freiheit und Sittlichkeit bestehen. Dieser ist aber wegen unserer Sinnlichkeit nicht erkennbar. Die Verbindung kann damit von vornherein nur über die Vernunft hergestellt und eingesehen werden. Zunächst fragte Kant nach einer gegebenen positiven Bestimmung unserer Freiheit und er fand diese in den Konzeptionen der Anarchie und der bloßen Handlungsfreiheit. Beide Definitionen genügten aber nicht den Anforderungen, die er an den Freiheitsbegriff stellte. Ein solcher muss möglich sein, sonst macht die Frage nach dem guten und sittlichen Handeln keinen Sinn. Da der Begriff der Freiheit aber positiv nicht bestimmt werden kann, schließt Kant, dass er nur negativ gegeben ist.

Aber der Begriff kann positiv gewendet werden. Freiheit im kantischen Sinne heißt die Gegebenheit einer eigenen und durch die Vernunft gegebenen sittlichen Kausalität. Dieser Begriff wird positiv gewendet, indem Kant annimmt, dass der Freiheit ein Gesetz zugrunde liegt. Freiheit heißt also nicht, tun und lassen zu können, was einem gefällt, und auch nicht, zwischen zwei Handlungsmöglichkeiten zu wählen; Freiheit heißt, sich einem Gesetz zu unterwerfen. Das ist allerdings genau der Punkt bei Kant, der es vielen sauer mit ihm werden lässt: Wir können nur dann frei sein, wenn wir uns einem Gesetz unterwerfen? Das klingt zunächst völlig widersinnig. Kant löst die Spannung auch nur dadurch, dass er die Freiheit, wie zuvor schon gezeigt, als Autonomie (Selbstgesetzgebung) fasst. Vorbereitet wurde dieser Schritt freilich durch die Annahme einer Kausalität aus Freiheit, die Kant sich analog zur Naturkausalität dachte, von der wir ja Erfahrungen haben.

Die weiteren Schritte der Verbindung der Freiheit zur Sittlichkeit bei Kant sind leicht nachzuvollziehen. Die Möglichkeit zur Autonomie und Selbstgesetzlichkeit ist uns nur gegeben, weil wir nicht nur durch unsere sinnlichen Antriebe bestimmt werden, sondern weil wir uns auch von der Vernunft leiten lassen können. Die Vernunft stellt uns also die Fähigkeit bereit, uns selbst Gesetze zu geben und uns diesen dann zu unterwerfen. Da uns die Vernunft keine Inhalte geben kann, sondern nur allgemeine Formen, beschränkt sie sich auch bei der praktischen Vernunft auf die Bereitstellung einer bloßen allgemein gesetzgebenden Form, unter die wir die Inhalte unserer Erfahrungen und Handlungsmöglichkeiten bringen können.

Weil aber unsere primären Antriebe (die sinnlichen Neigungen, Triebe, Wünsche etc.) durch eine solche Einschränkung allgemein gesetzgebender Formen nicht mehr zu ihren unmittelbar geforderten Rechten kommen,

3.5 Autonomie und Heteronomie

werden diese eingeschränkt – und zwar in jedem Fall. Bei Kant heißt das dann, es müsse sich beim moralischen Gesetz um einen kategorischen Imperativ handeln. Dieser war aber genau der Ausdruck, auf den Kant bei seinen Überlegungen zur Moralität, zum guten Willen und zur Pflicht kam. Auf diese Weise nun ist – vermittelt durch die Vernunft – der Zusammenhang zwischen Sittlichkeit und Freiheit aufgezeigt (vgl. die nebenstehende Skizze). Dieser Zusammenhang gilt im Grunde auch für Kants Ausführungen in der *Kritik der praktischen Vernunft*. Dort bezeichnet Kant allerdings das Bewusstsein vom sittlichen Grundgesetz als ein »Faktum der Vernunft«. So überwindet er sozusagen den Zirkel der Argumentation aus der *Grundlegung zur Metaphysik der Sitten*, indem er diesen am Faktum der reinen praktischen Vernunft aufhängt.

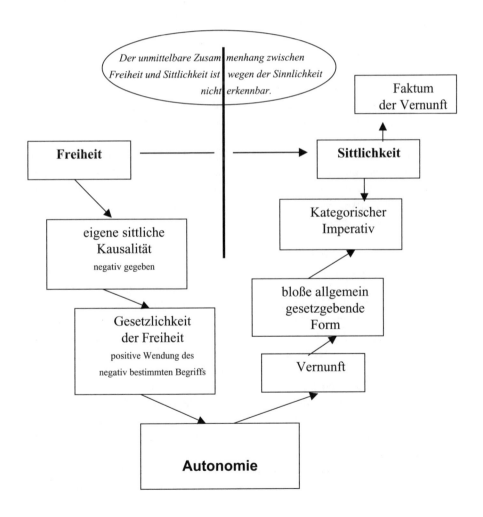

Somit lässt sich der Zusammenhang zwischen Sittlichkeit und Freiheit über unser praktisches Vernunftvermögen nachweisen, wenn er sich auch niemals unmittelbar einsehen lässt. Unsere Vernunft stellt also das notwendige Bindeglied zur Sittlichkeit her, nämlich die Freiheit, verstanden als Autonomie, ohne welche die Möglichkeit zum moralischen Handeln sinnvoll nicht denkbar ist. Da wir keine Wesen sind, die nur nach den Gesetzen der Vernunft handeln – da wir also auch sinnliche Wesen sind, das heißt, Sinneswahrnehmungen und damit verbundene Antriebe haben, die unser Begehrungsvermögen affizieren –, sondern auch über unsere Sinneswahrnehmung nach den Gesetzen der Naturkausalität handeln, ist uns die Erkenntnis des unmittelbaren Zusammenhangs zwischen Freiheit und Sittlichkeit verwehrt.

Kant macht sich im weiteren Verlauf noch eine ganze Reihe von Gedanken, wie ein solcher Imperativ, ein solches Sittengesetz überhaupt möglich sei. Er betont mehrfach, dass unser Erfahrungsvermögen nicht in der Lage ist, in diesen Bereichen irgendetwas unmittelbar und direkt einzusehen. Dennoch haben wir natürlich eine Idee vom moralischen Handeln, die nur in einer systematischen Aufarbeitung der ihr zugrundeliegenden und mit ihr verbundenen Begriffe aufzuhellen ist, wie es Kant vorgeführt hat. Dass wir alles immer richtig machen müssen, wird niemand jemals von uns fordern; dass wir aber etwas richtig machen können, d.h. dass wir grundsätzlich in der Lage sind, gut zu handeln, das kann auf der anderen Seite auch niemand ernsthaft bestreiten. Kant nun gibt uns immerhin ein Prinzip an die Hand, unsere subjektiven Handlungsgrundlagen unter der Idee eines allgemeinen Gesetzes zu überprüfen.

Fassen wir noch einmal alles zusammen:
1. Kant leitet die *Grundlegung zur Metaphysik* mit dem denkwürdigem Satz ein: »Es ist überall nichts in der Welt, ja überhaupt auch außerhalb derselben zu denken möglich, was ohne Einschränkung für gut könnte gehalten werden, als allein ein *guter Wille*« (Kant, GMS BA 1).
2. Wir haben, d.h. jeder Mensch hat, einen allgemeinen Begriff der Pflicht. Dieser besagt, dass wir ein Wissen davon haben, was wir zu tun haben, und dass wir unsere momentanen oder dauernden Wünsche und Bedürfnisse einschränken können. Kant unterscheidet in Bezug auf die Pflicht drei verschiedene Handlungsarten: gegen die Pflicht (das ist die unmoralische Handlung); gemäß der Pflicht (das ist die so genannte legale Handlung); aus / wegen der Pflicht (das ist die dezidiert moralische Handlung).
3. Kant unterscheidet die vollkommenen Pflichten gegen sich selbst (Selbstmordverbot) und gegen andere (Lügeverbot), und die unvoll-

3.5 Autonomie und Heteronomie

kommenen Pflichten gegen sich selbst (Ausprägen von Talenten) und gegen andere (Beförderung der Wohlfahrt von anderen).
4. Der allgemeine Ausdruck der Pflicht findet sich immer in einem Sollen. Ein Sollen wird wiederum durch einen Imperativ ausgedrückt. Auch hier unterscheidet Kant drei mögliche Arten:
   a) problematische: Das sind Imperative, die auf den möglichen Zweck einer Handlung bezogen sind; es sind, da wir uns die verschiedenen Zwecke setzen können und der Imperativ nur die Mittel vorschreibt, wie wir diese erreichen, technische Imperative bzw. Regeln der Geschicklichkeit.
   b) assertorische: Das sind Imperative, die einen (jederzeit) wirklichen Zweck zugrunde haben. Dieser Zweck besteht darin, dass wir alle glücklich sein wollen. Da wir aber nicht genau wissen, worin unser Glück besteht, haben wir auch Schwierigkeiten, die richtigen Imperative zur Erreichung dieses Zwecks zu finden.
   c) apodiktische: Das sind Imperative die unbedingt und notwendig gelten. Sie sehen nicht auf Umstände und Befindlichkeiten, sondern fordern rigoros ihre Erfüllung.
   Was den Bezug des Willens zum Zweck seines Handelns betrifft, so sind die ersten beiden Arten hypothetische Imperative, da sie verschiedene Möglichkeiten offen lassen, sich überhaupt Zwecke zu setzen oder einen Zweck zu bestimmen, da sie also Bedingungen setzen, unter denen der Imperativ erst greift, während die letzte Art kategorisch gebietet, d.h. keine Alternativen offen lässt.
5. Wir brauchen also ein Prinzip, das andere Willensbestimmungen als die moralischen einzuschränken vermag. Dieses lautet in der Formulierung des kategorischen Imperativs bei Kant: »Handle nur nach derjenigen Maxime, durch die du zugleich wollen kannst, dass sie ein allgemeines Gesetz werde« (Kant, GMS BA 52). Kant formuliert seinen Imperativ mehrmals um. Besonders wichtig sind die Formulierungen in Anlehnung an Naturgesetze und zur Bestimmung des Menschen als Zweck an sich selbst zur Grundlegung der Menschenwürde.
6. Moralische Prinzipien sind nach Kant nicht zu finden:
   a) empirisch, d.h. innerhalb der menschlichen Natur, bei zufälligen Umständen, in der Suche nach Glückseligkeit oder im moralischen Gefühl; und auch nicht
   b) rational, d. h. in einer irgendwie gedachten Vollkommenheit oder in einer Personifizierung dieser Vollkommenheit in Gott.
7. »Der *Wille* ist eine Art von Kausalität lebender Wesen, so fern sie vernünftig sind, und *Freiheit* würde diejenige Eigenschaft dieser Kausalität sein, da sie unabhängig von fremden sie *bestimmenden* Ursachen wirkend sein kann« (Kant, GMS BA 97). Diese negative Definition der Freiheit

wendet Kant in eine positive mit Hilfe der Annahme, dass dieser wie der Naturkausalität auch ein Gesetz zugrunde liegen muss. Ihre Bestimmung kann die Freiheit aber nur dadurch erlangen, dass sie auf sich selbst gegründet, das heißt für Kant, dass sie autonom ist. Autonom wiederum ist sie, wenn sie sich nur nach der Vernunft und nicht nach anderen (sinnlichen) Triebfedern der Urteilsbestimmung richtet. Die Vernunft wiederum erkennt als praktisches Gesetz nur die bloße allgemein gesetzgebende Form, welche der Formulierung des Sittengesetzes als kategorischer Imperativ entspricht.
8. Unsere Vernunft und damit unser praktisches Vermögen liefert also die Verbindung zwischen Sittlichkeit und Freiheit, die für die Möglichkeit von moralischem Handeln freilich schon vorausgesetzt werden muss. Allerdings sind wir nicht in der Lage, den Zusammenhang zwischen Sittlichkeit und Freiheit unmittelbar einzusehen.

4 Mill und der Utilitarismus

4.1 Die geistigen Grundlagen

Der Utilitarismus[1] beruht auf der englischen empirischen Schule. Diese philosophische Richtung unterscheidet ganz allgemein die erklärende Beschreibung (Deskription) und das normativ Ethische. Beide Bereiche dürfen nicht miteinander verwechselt oder in unmittelbare Beziehung zueinander gesetzt werden.

Die empirische Schule geht zurück auf John Locke (1632-1704) und wurde vertieft und radikalisiert durch den Schotten David Hume (1704-1776). Jeremy Bentham (1748-1832) bezog sich vor allem auf die späte Philosophie Humes und entwickelte für die Ethik das Prinzip des größten Glücks, das vom jeweiligen Nutzen einer Handlung abhängt. Ihm folgte John Stuart Mill (1806-1873), der die teilweise extremen Positionen Benthams glättete, systematisierte und durch bestimmte Schwerpunkte erweiterte. Sein berühmtes Buch *Utilitarianism* erschien das erste Mal 1861. Es wird bis heute darüber gestritten, welchen Einfluss seine spätere Frau Harriet Tayler auf sein Denken hatte; er selbst sah diesen wohl als weit größer an, als er tatsächlich war.[2]

Der Utilitarismus führt alle moralischen Handlungen letztlich auf den Nutzen zurück und so kann man sagen, dass er die Moralität einer Handlung am Kriterium ihrer Nützlichkeit abliest. Man sieht sehr schnell, dass im Gegensatz zur kantischen Position die Erfahrung im Utilitarismus die größte Rolle spielt, denn nur aus der Erfahrung kann man ablesen, wie nützlich eine Handlung sein wird bzw. nach Eintreten ihrer Folgen wirklich war. Die Ziele des Handelns sind für einen Utilitaristen möglichst breit gestreute Glückserfahrungen, die Interessensbefriedigung und der Genuss eines »erfüllten Lebens«. Moralisch richtig ist sodann, was ihn und uns dahingehend am weitesten bringt.

Der Utilitarismus entwickelte sich aus einer bestimmten gesellschaftlich-sozialen Situation heraus. Die Vertreter der bürgerlichen Bewegung, die

---

1 Für das unmittelbar Folgende vgl. Otfried Höffe, „Einleitung", in: Einführung in die utilitaristische Ethik: klassische und zeitgenössische Texte, hg. v. Otfried Höffe, Tübingen ²1992, 7-51, Peter Rinderle, John Stuart Mill, München 2000 und Jürgen Gaulke, John Stuart Mill, Reinbek bei Hamburg 1996.
2 Vgl. Peter Rinderle, John Stuart Mill, 29f.

durch die weitläufigen Handelsbeziehungen des englischen Empire zu Geld gekommen waren, erhoben nach und nach Anspruch auf politische Rechte. Sie zielten allerdings – entgegen der herrschenden Gesellschaftsform – nicht auf eine privilegierte Sonderstellung, sondern forderten gleiche politische Rechte für alle Gesellschaftsschichten und eine möglichst weite Ausdehnung der bürgerlich-freiheitlichen Rechte. Jeremy Bentham machte sich – wohl unter dem Einfluss von James Mill, dem Vater John Stuart Mills – für allgemeine, gleiche, geheime und regelmäßige Wahlen stark. John Stuart Mill trat in seiner Funktion als Abgeordneter des englischen Unterhauses für die Armengesetzgebung, für eine politische Willensbestimmung breiter Bevölkerungsschichten und für eine Liberalisierung der Märkte ein. Was Letzteres betrifft, so verfiel er dabei keineswegs in Extreme.

Die Zeit war gekennzeichnet durch verschiedene gesellschaftliche und politische Strömungen und so war ein ethisches System, das einen Ausgleich der aufkeimenden und sich immer weiter ausbreitenden sozialen Spannungen forderte, weithin willkommen. Die Interessen des Einzelnen wie die von Bevölkerungsgruppen sollten gleichermaßen angemessen berücksichtigt werden. Dies geschah durch die Forderung nach bestimmten Grundnormen. So formulierte man Grund- und Persönlichkeitsrechte, welche die Stellung des Einzelnen auf seinem Wege zur persönlichen Selbstentfaltung festigen sollten (z.B. Recht auf Eigentum, ein allgemeines und für jeden gleichermaßen geltendes Recht, Tötungsverbot usw.), und eine gewisse Rahmenordnung, welche die ungehemmte Rivalisierung der Gruppen und Meinungen verhinderte; denn, so meinte man, wenn die Schwächeren zu kurz kämen, würde das zu einer Destabilisierung der gesellschaftlichen Ordnung führen.

Der Utilitarismus hat eine ganze Reihe von Ausprägungen erfahren: Es gibt einen negativen Utilitarismus (dieser erstrebt möglichst wenig Leid und Unglück für die Betroffenen) und einen positiven (die Beförderung des Glücks); einen subjektiven (nur auf das Wohl des Einzelnen bezogenen) und einen objektiven oder kollektiven (der das Glück oder den Nutzen von möglichst vielen im Blick hat); einen hedonistischen (nur die sinnliche Lustbefriedigung betreffenden) und einen idealen (die Moral-Prinzipien sind nicht nur Regeln oder Faustregeln, sondern »höhere« Prinzipien) und einen Handlungs- und Regelutilitarismus (jener will ausschließlich auf die Folgen sehen, die eine momentane Handlung auslösen kann, dieser nimmt allgemeine Regeln für das Handeln an, die sich in der Vergangenheit bewährt haben).

Die Ethik des Utilitarismus geht immer von der Vorgabe aus, dass wir innerhalb von konkreten Situationen verschiedene Handlungsoptionen haben. Sie sucht dann ein Kriterium, das eine Handlung als richtige – und das heißt dann als beste unter den möglichen bzw. unter den zur Verfügung stehenden Handlungsmöglichkeiten – erscheinen lässt. Der gesuchte Maßstab kann nur ein rationaler sein. Die Rationalität einer Handlung ergibt sich beim Utilitarismus aus dem Zusammenspiel von insgesamt vier Momenten, die es zu berücksichtigen gilt.[3]

Erstens: Im Gegensatz zu Kant interessiert sich der Utilitarist nicht für die Handlung selbst und ihre Gesinnung, sondern er richtet sein Handeln allein nach den Folgen aus. Freilich muss man hier unterscheiden, welche Folgen gemeint sind. Handelt es sich um die beabsichtigten (intendierten), die tatsächlichen oder die wahrscheinlichen Folgen der geplanten Handlung?

Das zweite Moment gibt das Maß für die Folgenabschätzung an. Es ist der Nutzen (engl. *utility* – der Nutzen). Wir beachten bei Handlungen also nicht alle möglichen Folgen, sondern nur diejenigen, welche irgendeinen Nutzenaspekt an sich haben.

Zum Dritten: Was der Nutzen eigentlich ist, muss im Einzelnen bestimmt werden. Man hat dem Utilitarismus häufig vorgeworfen, der Nutzen sei ein beliebiger. Jeder Utilitarist ist aber der festen Überzeugung, dass der Nutzen das Gute sei, Nutzen und Gutes also eine Verbindung zueinander haben. Die Positionen von Mill und Bentham gehen darauf, dass die Erfüllung der menschlichen Bedürfnisse und Interessen – d.i. für beide der Ausdruck des menschlichen Glücks – das oberste Gut sei. Entweder also sollen die Bedürfnisse so weit wie möglich befriedigt oder das Leid so gering wie möglich gehalten werden. Je mehr Angenehmes am Ende herauskommt, desto moralisch oder sittlich besser war die Handlung.

Als viertes Moment ist bei der Folgenabschätzung zu berücksichtigen, dass es nicht um den Vorteil und die Lust eines Einzelnen im Sinne einer Art von rationalem Egoismus gehen kann, sondern dass alle Beteiligten mit berücksichtigt werden müssen. Oberstes Ziel ist also das allgemeine Wohlergehen. Dies kann nur erreicht werden, so der Utilitarismus, wenn auf wissenschaftlicher Grundlage, d.h. vor allem empirisch, Folgeabschätzungen allgemeiner Art getroffen werden können. Die klassische Formel, wie sie Bentham formuliert, lautet hier: Das größte Glück der größten Zahl.

So könnte man, die vier Momente zusammenfassend, einen utilitaristischen Imperativ formulieren. Er würde lauten: »Handle so, dass deine Handlung (oder Handlungsmaxime) das Wohlergehen aller Betroffenen weitestgehend zur Folge hat«.

Es sind die Folgen, auf die der Utilitarismus sein Hauptaugenmerk richtet. Was aus bestimmten Handlungen aber folgt, dazu gehört eine weitgehende empirische Kenntnis der Verhältnisse und der Umstände. Der Handelnde muss sich immer fragen: »Was hat meine Handlung für Folgen für

---

3 Vgl. für das Folgende insbesondere Höffe, Einleitung, a.a.O., 10f.

das Wohlergehen der Betroffenen?« Auf diese Weise fragt der Utilitarismus, wie Regeln für bestimmte Verhaltensweisen zu begründen sind. Aber er fragt darüber hinaus auch, wie sein Prinzip selbst, nämlich das der Nützlichkeit, zu begründen ist. Exemplarisch verfolgen wir dies an einem Text von John Stuart Mill: *Utiliarianism (Utilitarismus)*.[4]

4.2 Das Prinzip des größten Glücks

Zur Begründung des Prinzips der Nützlichkeit gehört bei Mill die Erklärung, was genau das Prinzip des Nutzens bzw. des größten Glücks inhaltlich bedeutet. Das hat bei ihm auch einen methodischen Aspekt: Von selbst, so Mill, würden sich nämlich die meisten Schwierigkeiten lösen, welche man mit diesem Grundsatz möglicherweise verbindet, wenn man nur verständlich und durchsichtig machen könnte, was das Prinzip letztlich bedeutet. Das ganze Ziel der Untersuchung liegt für Mill also darin, das Prinzip des größten Glücks plausibel zu machen. Die Beweiskraft des Grundsatzes ergibt sich, so darf man Mill hier lesen, allein aus der Plausibilität seines klar gefassten Begriffs.

Ethik ist nach Mills Ansicht eigentlich keine Wissenschaft; denn Wissenschaften gingen von Einzelwahrheiten aus und versuchten aus diesen eine allgemeine Theorie zu formulieren. In der Ethik aber sind uns solche Einzelwahrheiten gar nicht gegeben und darüber hinaus geht man im Praktischen von Zwecken aus, denen die Handlungsregeln, welche man sucht, entsprechen müssen. Wenn wir ethisch nach Maßstäben fragen, müssen wir solche in Wahrheit immer schon voraussetzen.

Mill wendet sich mit seiner Theorie gegen zwei seinen Ansichten konträr entgegengesetzten Positionen: den von ihm so genannten Intuitionismus und die Induktionstheorie. Beide Richtungen gingen vom notwendigen Bestand allgemeiner Gesetze der Moral aus. Diese seien jeweils auf die besonderen Fälle anzuwenden, und somit sei der moralische Maßstab auch nicht aus Einzelfällen zu extrahieren. Beide Positionen divergieren allerdings in der Frage nach der Quelle ihrer Gesetzlichkeiten. Während der Intuitionismus behauptet, moralische Grundsätze seien *a priori* und einsichtig erkennbar, nimmt der Induktionismus einen besonderen und naturgegebenen Sinn bzw. Instinkt an. Wir sind, so beide Positionen, auf eine bestimmte Weise in der Lage, das Gute und Böse wahrzunehmen und es zu erkennen. Besteht aber ein solcher Grundsatz – ob dieser wahrgenommen oder eingesehen werden muss, spielt hier keine Rolle –, dann gibt es an-

---

[4] Zitiert nach John Stuart Mill, Der Utilitarismus, Übersetzung, Anmerkungen und Nachwort von Dieter Birnbacher, Stuttgart 1997; im Folgenden in Zitaten abgekürzt mit »Utilitarismus«.

scheinend folgerichtig auch eine Wissenschaft von der Moral. Eine solche gibt es nach Mill aber nicht.

Für Mill besteht bei den von ihm kritisierten Ansichten weiterhin das Problem, wie eine Übertragung von dem einen Grundsatz auf verschiedene Fälle der Anwendung geschehen soll. Es müssten hier ja weitere Vorschriften, also Gesetzmäßigkeiten, oder irgendein Maßstab zugrunde liegen. Das wirft dann aber wieder die Frage auf, wie ein solcher Maßstab als berechtigt oder verbindlich ausgewiesen werden kann. Dieser Maßstab ist allerdings den Utilitaristen als Dreh- und Angelpunkt der ganzen Moral schon immer bekannt. Er schreibt:

> [Es] hatte ... das Prinzip der Nützlichkeit oder, wie Bentham es später genannt hat, das Prinzip des größten Glücks, einen bedeutenden Anteil an den Morallehren selbst derer, die ihm verächtlich alle Verbindlichkeit absprechen (Utilitarismus, 7).

Und er fährt fort:

> Es gibt keine Denkrichtung, die nicht zugesteht, dass die Bedeutung einer Handlung für die Glückseligkeit in vielen Anwendungsgebieten der Moral eine wesentliche und sogar vorrangige Rolle spielt, wie wenig sie auch gewillt sind, in ihr das Grundprinzip der Moral und die Quelle aller sittlichen Verpflichtungen zu sehen (ebd.).

Insbesondere apriorische Begründungen könnten auf dieses Prinzip nicht verzichten. Mill nennt hier v. a. Kant, aber ihm scheint auch Sokrates in seinen ethischen Ansichten nichts anderes als das utilitaristische Prinzip vor Augen zu haben (vgl. Utilitarismus, 3). Nach diesen Vorbemerkungen geht Mill dazu über, aufzuzeigen, was das utilitaristische Prinzip eigentlich bedeutet.

4.3 Was heißt Utilitarismus?

Um das Grundprinzip der Nützlichkeit mit dem »Angenehmen« (im weitesten Sinne) in Beziehung zu setzen und zum besseren Verständnis des Begriffs führt Mill aus:

> Die Auffassung, für welche die Nützlichkeit oder das Prinzip des größten Glücks die Grundlage der Moral ist, besagt, dass Handlungen insoweit und in dem Maße moralisch richtig sind, als sie die Tendenz haben, Glück zu befördern, und insoweit moralisch falsch, als sie die Tendenz haben, das Gegenteil von Glück zu bewirken (Utilitarismus, 13).

Mill definiert Glück dabei als einen vollkommen hedonistischen Begriff. Er schreibt: *pleasure*, Lust (das Angenehme würden wir sagen), ist das Glück, das Unglück aber Leid, Schmerz und das Fehlen von Lust, also *pain*. Alles was moralisch wünschenswert ist, ist das, was uns entweder unmittelbar

Lustgewinn einbringt oder das, was uns Mittel bereitstellt, die uns einer Freude näherbringen. Was aber dahingehend Lust bereitet, ist nach Mill außerordentlich vielfältig.

Solcherlei Thesen sind nicht besonders angesehen. Nur der Lustgewinn soll all unserem Streben zugrunde liegen? Schon zu Zeiten Epikurs (Ende des 4. Jh. v. Chr.) hat man diese Art der Philosophie als nur den Schweinen würdig angesehen und auch Zeitgenossen Mills sprachen vom Utilitarismus als der »pig-philosophy« (Thomas Carlyle). So hatte aber auch Jeremy Bentham noch geschrieben: »... quantity of pleasure being equal, pushpin is as good as poetry.« Nur die Quantität der Lust sei vergleichbar, und so sei Pushpin (ein Kinderspiel; man übersetzt aber zuweilen fälschlich mit »Kegeln«) genauso wertvoll, wie die Auseinandersetzung mit guter und anspruchsvoller Literatur und Dichtung. Wenn Schweine und Menschen an den gleichen Dingen Freude hätten, wäre, was die Lebensziele anginge, auch kein Unterschied zwischen den beiden Lebensformen zu erkennen.

Mill ist hier allerdings etwas anderer Meinung. Der Mensch habe nämlich gegenüber dem Tier weitaus höhere Fähigkeiten, aber auch Bedürfnisse. Die Vorstellung vom Schweineglück – was immer wir uns darunter vorzustellen haben – ist mit dem menschlichen Streben nach Glück deswegen nicht vergleichbar, »... weil die Lust des Tieres der menschlichen Vorstellung vom Glück nicht gerecht wird« (Utilitarismus, 14). Das habe auch schon Epikur gesehen, der keineswegs nur die »niederen«, d.h. körperlichen Genüsse als lustvoll ansah, sondern vielmehr – und dem Menschen angemessen – die »... Freuden des Verstandes, der Empfindung und Vorstellungskraft sowie des sittlichen Gefühls ...« (ebd.).

Allerdings, so räumt Mill ein, habe man bei der bisherigen Darstellung utilitaristischen Gedankenguts zuviel Wert auf die äußeren Vorteile gelegt. So habe z.B. Bentham verschiedene Umstände für die Lustempfindung unterschieden, die für sich jeweils gesteigert, einen höheren Grad an Freude garantierten (so im 4. Kapitel seiner *Introduction to the Principles of Morals and Legislation,* Kap. 4): Diese seien Intensität, Dauer, Gewissheit oder Ungewissheit des Eintretens, zeitliche Nähe und Ferne einer Freude oder eines Leids, die Wahrscheinlichkeit, dass eine weitere Lustempfindung unmittelbar folgt, und die Wahrscheinlichkeit, dass keine Unlustempfindung folgt, dann die Reinheit der Freude; aber auch z.B. die Anzahl der Betroffenen.[5] Mill dagegen hegt die Ansicht, dass es bestimmte Arten der Freude gibt, die wünschenswerter und wertvoller seien als andere. Nicht nur die Quantität, wie Bentham meinte, sondern vor allem die Qualität der Lustempfindung sei ausschlaggebend für das höhere und bessere Streben.

---

5 Vgl. in der von Höffe herausgegebenen Textsammlung: Einführung 1992, 79ff.

4.3 Was heißt Utilitarismus?

Die Frage stellt sich natürlich, welche Freude in dieser Hinsicht jeweils die wertvollere ist. Für Mill kommt hierbei nur Folgendes in Frage:

... [V]on zwei Freuden ist diejenige wünschenswerter, die von allen oder nahezu von allen, die beide erfahren haben – ungeachtet des Gefühls, eine von beiden aus moralischen Gründen vorziehen zu müssen –, entschieden bevorzugt wird (Utilitarismus, 16).

Dies gelte vor allem auch in den Fällen, in denen eine Freude vorgezogen wird, obwohl man weiß, dass dadurch eine größere Unzufriedenheit hervorgerufen wird. Hier sei man berechtigt, dieser Freude eine besondere und höhere Qualität zuzuschreiben, da offenbar die Qualität an Freude die bloß quantitative Betrachtung bei weitem übertrifft.

Diese qualitativ hochwertigen Freuden sprechen in erster Linie die höheren Fähigkeiten des Menschen an. Kein Mensch würde mit einem Tier tauschen wollen, auch wenn er sich im höchsten Unglück, das Tier sich aber in vollster Zufriedenheit befände. Die Bedürfnisse wie die Leidensfähigkeit des Menschen seien viel ausgeprägter als die der »niederen Lebewesen«, und so verlange der Mensch mehr zu seinem Glück als das Tier. Entsprechend sei der Mensch auch nicht bereit, diesen Anspruch aufzugeben. Lieber bleibe er unglücklich, als dass er sich mit dem zufrieden geben könnte, was dem Tier genüge. Dies gelte aber auch unter den Menschen. Mill schreibt:

Kein intelligenter Mensch möchte ein Narr, kein gebildeter Mensch ein Dummkopf, keiner, der feinfühlig und gewissenhaft ist, selbstsüchtig und niederträchtig sein – auch wenn sie überzeugt wären, dass der Narr, der Dummkopf oder der Schurke mit seinem Schicksal zufriedener ist als sie mit dem ihren (Utilitarismus, 16).

Sollte einem Menschen dagegen wirklich einmal in den Sinn kommen, in dieser Hinsicht tauschen zu wollen, müsste es ihm vital so schlecht gehen, dass ihm bald jedes Schicksal lieber wäre als das eigene.

An welchem Moment es aber liege, dass wir so empfänden, ist schwer zu bestimmen. Mill meint, es könnte am menschlichen Stolz liegen, an seiner Freiheitsliebe und dem Streben nach Unabhängigkeit (gerade die Freiheit ist ja beim Tier sehr eingeschränkt), an der Liebe zur Macht und dem damit verbundenen Hochgefühl usf. Am ehesten aber liegt es wohl an dem, was wir mit dem Begriff der Würde des Menschen bezeichnen. Dies ist ein Gefühl, durch das sich der Mensch am meisten seines Menschseins versichert; wodurch der Mensch am vorzüglichsten an seine höheren Fähigkeiten gemahnt wird. Deswegen macht alles, was mit der menschlichen Würde zu tun hat, einen entscheidenden Teil des menschlichen Glücks aus.

Wer dies aber verkennt, unterschlägt nach Mill den eminenten Unterschied zwischen Zufriedenheit und Glück nicht. Wer nämlich keine höheren

Fähigkeiten besitzt oder ausprägt, ist meistens sehr schnell zufrieden zu stellen, »... während ein Wesen von höheren Fähigkeiten stets das Gefühl haben wird, dass alles Glück, das es von der Welt, so wie sie beschaffen ist, erwarten kann, unvollkommen ist« (Utilitarismus, 18). Diese Unvollkommenheit, ein letztes Glück erreichen zu können, sei durch Gewöhnung erträglich zu machen. Aber zu meinen, dass deswegen, weil die niederen Wesen von der Vollkommenheit des eigentlichen Glücks gar keine Vorstellung haben, diese immer auch glücklicher sind, ist eine Verkehrung der Qualitäten der Freude. Und so schließt Mill: »Es ist besser, ein unzufriedener Mensch zu sein als ein zufriedengestelltes Schwein ...« (ebd.). Der Mensch nämlich kennt beide Seiten, das Tier nur die eine.

Etwas ganz Ähnliches gelte auch unter den Menschen. Der glückliche Narr weiß nichts vom Glück des Weisen – obwohl freilich von einer anderen Seite her betrachtet beide auch wieder etwas gemeinsam haben: Der Weise gilt zuweilen ja als einfältig im Umgang mit der so genannten »praktischen Welt«.[6] Doch gilt auch hier: Die unterschiedlichen Glücksgüter ihrer Qualität nach zu beurteilen vermag nach Mill nur derjenige, der wirklich beide kennt. Dies ist aber gewiss nicht der Narr. Nur das Empfindungs- und das Urteilsvermögen können nämlich eine Wahl treffen. Wenn es nun um Gegenstände geht, die der Art nach verschieden sind, so kann man nur jemandem die Entscheidung übertragen, der beide Lustzustände, die leiblichen wie die geistigen, wirklich gut kennt. Die Unterscheidung zwischen dem Angenehmen und dem Unangenehmen sei dagegen sehr klar.

Dass der Mensch dennoch sehr häufig die niederen Freuden vorzieht, ist eine unbestreitbare Tatsache. Dies aber hat Ursachen, meint Mill. Er nennt Charakterschwäche, Trägheit und Egoismus. Meistens liegen die niederen Genüsse auch näher. So isst jemand zuviel, das heißt über das seiner Gesundheit zuträgliche Maß hinaus, obwohl die Gesundheit unbestreitbar ein so wichtiges Gut ist. Die Jüngeren werden dabei durch Ungestüm zu den sinnlichen Freuden hingerissen, während die Älteren möglicherweise gar nicht mehr zu Höherem fähig sind. Absichtlich aber und bewusst, so Mill, wird niemand die niederen Freuden den höheren vorziehen.

Edle Gefühle und höhere Fähigkeiten sind, wie Mill schreibt, auf der anderen Seite auch etwas außerordentlich Feines. Wenn man nicht aufpasst, können sie durch die alltäglichen Tätigkeiten und den gesellschaftlichen Umgang verkümmern. Zudem brauchen sie eine ständige Pflege. Man muss sie bewusst fördern, sich um sie kümmern, um sie auszubilden, einzuüben und zu stärken. Schnell aber kann man in eine Lage geraten, in der die

---

6 Bei Voltaire (vgl. seine *Histoire d'un bon Bramin*) hindert den Weisen dagegen gerade seine Vernunft und sein Reflexionsvermögen daran, glücklich zu sein.

4.3 Was heißt Utilitarismus?

sinnlichen Genüsse als die einzig erreichbaren erscheinen. Mill ist also offenbar der Ansicht, dass äußere Umstände sittliches Verhalten sehr zu beeinträchtigen vermögen.

Letztlich komme es aber beim Utilitarismus nicht so sehr darauf an, die eigenen Lustzustände zu befördern, schreibt Mill, sondern darauf, das größte Glück insgesamt zu erreichen. Ein Mensch, der edel und hochsinnig ist, muss nicht unbedingt durch diese Eigenschaften auch glücklich werden – das lehrt uns freilich auch die Erfahrung –, dass andere aber durch ihn glücklicher werden können, das ist nach Mill gewiss, und allein das ist das Ziel des Handelns. Es scheint fast so, als ob es, wenn man nach den Grundsätzen des Utilitarismus handelt, nur darauf ankommt, die anderen zufrieden zu stellen, für sich selbst aber immer zurückstecken zu müssen. Dies ist aber eine vollkommene Verkehrung dessen, um was es dabei geht. Denn es ist ja gerade jeder dazu aufgerufen, das Glück aller anderen zu befördern, weswegen jede Besserung der Lebensverhältnisse der anderen auch eine Verbesserung der eigenen Lebensverhältnisse zur Folge hat.

Der letzte Zweck allen Handelns ist »... ein Leben, das so weit wie möglich frei von Leid und in quantitativer wie in qualitativer Hinsicht so reich wie möglich an Freude ist« (Utilitarismus, 21). Diejenigen, die in allen Dingen der Freude und des Angenehmen am meisten erfahren sind, wissen nach dem oben Gesagten auch zu beurteilen, was dazu alles gehört. Damit aber ist der Endzweck allen Handelns beschrieben und so, schließt Mill, ist die utilitaristische Auffassung auch die Norm der Moral. Und er definiert diese

als die Gesamtheit der Handlungsregeln und Handlungsvorschriften, durch deren Befolgung ein Leben der angegebenen Art [im Zitat, 21; GF] für die gesamte Menschheit im größtmöglichen Umfange erreichbar ist; und nicht nur für sie, sondern, soweit es die Umstände erlauben, für die gesamte fühlende Natur (Utilitarismus, 21).[7]

Dagegen werden im Wesentlichen zwei Argumente angeführt. Einige nämlich meinen, »dass Glück in keiner seiner Ausprägungen ein vernünftiger Zweck menschlichen Lebens und Handelns sein könne; schon deshalb nicht, weil Glück unerreichbar sei« (Utilitarismus, 22). Es wird hierbei also das Recht des Menschen auf und die Möglichkeit zum Glück in Frage gestellt. Weiter wird behauptet, der Mensch könne auch ganz ohne Glück auskommen. Im Entsagen und im Verzicht läge vielmehr aller Anfang und

---

7 Es ist darauf hinzuweisen, dass der letzte Ausdruck Tiere grundsätzlich mit einschließt. Es ist wohl die erste Stelle innerhalb der neueren Philosophiegeschichte, die den Schutz der Tiere durch den Menschen zwingend fordert.

die notwendige Voraussetzung der Tugend.[8] Man kann vielleicht auch mit Freud reden, der gemeint hat: »[D]ie Absicht, dass der Mensch ‚glücklich' sei, ist im Plan der ‚Schöpfung' nicht enthalten!« Auch Goethe steht dem vollkommenen Glück ja sehr reserviert gegenüber, wenn er schreibt: »Alles in der Welt läßt sich ertragen, nur nicht eine Reihe von schönen Tagen.«[9]

Mill wendet dagegen ein, dass es im Utilitarismus nicht nur um die Beförderung des Glücks geht, sondern ebenso sehr – und dieses Moment erlangt unter der gemachten Voraussetzung ein besonderes Gewicht – dass es auch um die Vermeidung von Übel und die Linderung von Schmerz geht. Letztlich glaubt Mill nicht daran, dass der Mensch zum Glück gar nicht fähig ist. Das Argument, nach dem der Mensch das vollkommene Glück nicht erreichen könne, da es seine Möglichkeiten grundsätzlich übersteige, hält er für Wortklauberei. Den Zustand größten und vollkommensten Glücks für alle Zeiten der Welt als Glück zu bezeichnen, sei nämlich durchweg übertrieben.

Das Glück ... [ist; GF] nicht ein Leben überschwenglicher Verzückung, sondern einzelne Augenblicke des Überschwangs inmitten eines Daseins, das wenige und schnell vorübergehende Phasen der Unlust, viele und vielfältige Freuden enthält (...) und dessen Grundhaltung es ist, nicht mehr vom Leben zu erwarten, als es geben kann (Utilitarismus, 23).

Nur wegen der gegenwärtigen Erziehung und der miserabel schlechten Gesellschaftsverhältnisse werde verhindert, dieses Glück für alle erreichen zu können. Darüber hinaus aber könne grundsätzlich auch der Verzicht auf Glück einen Zweck haben.

4.4 Das Glück und der Nutzen

Das Glück aller Betroffenen ist nach Mill der oberste Maßstab des Utilitarismus, es zu erreichen, die ethische Maxime der ganzen philosophischen Richtung. Die Haltung, die ein Handelnder dabei an den Tag legen sollte, ist in erster Linie gekennzeichnet durch Unparteilichkeit. Jeder sollte aktiv so entscheiden, als wenn er an der Entscheidung und ihren Folgen nicht beteiligt wäre. Mill verweist hier ausdrücklich auch auf die Goldene Regel.

---

8 Der Begriff des »Entsagens« nimmt im Anschluss an Goethe bei Thomas Carlyle, der lange Zeit ein Freund Mills war, einen breiten Raum ein.
9 Sigmund Freud, Das Unbehagen in der Kultur (1930), in: ders., Gesammelte Werke, Bd. XIV (Werke aus den Jahren 1925-1931), hg. v. Anna Freud, Frankfurt am Main [6]1976, 419-506, 434; Johann Wolfgang von Goethe aus den Gedichten »Sprichwörtlich«, in: Goethes Werke, I. Abt., 2. Bd., hg. im Auftrage der Großherzogin Sophie von Sachsen, Weimar 1888, 230.

Der Utilitarismus ist praktisch die systematische Einlösung aus der Forderung der Goldenen Regel.

Um zu erreichen, dass jeder sich an das Prinzip des Utilitarismus hält, sollten zum einen die politischen und gesellschaftlichen Rahmenbedingungen so beschaffen sein, dass das Glück – man kann hier auch unmittelbar sagen »das Interesse« – des Einzelnen mit dem Interesse aller anderen in Übereinstimmung gebracht werden kann; zum anderen sollte ein Klima von öffentlicher Meinung und Erziehung geschaffen werden, in dem jeder schon gewohnheitsmäßig das eigene Interesse mit dem Wohl aller anderen verbindet. Die Bürger eines nach den Grundsätzen des utilitaristischen Prinzips eingerichteten Staates sollten also so erzogen werden, dass sie immer, wenn sie irgendetwas tun, nicht ihr eigenes Wohl, sondern die Bedürfnisse der gesamten Gesellschaft im Sinne hätten.

Diese Vorstellung, zum Wohle anderer zu handeln, meint Mill, ist etwas Edles, und von dem erhebenden Gefühl, das wir damit verbinden, soll in jedem Menschen möglichst viel enthalten sein. Der Utilitarismus ist also keine Ethik eines egoistischen Hedonismus, wie manche Gegner meinten, keine Lebensform, die nur auf die eigene Lustbefriedigung achtet. Im Gegenteil sucht der Utilitarist ausdrücklich, das Wohl der Allgemeinheit zu befördern.

Es gibt noch weitere Einwände von Gegnern des Utilitarismus, welche Mill diskutiert: Manche sagen, dass das Prinzip, auf das Wohl aller zu sehen, viel zu hoch gegriffen sei; niemand könne glauben, dass ein Mensch alle Folgen, die ein bestimmtes Handeln zeitigt, für alle Betroffenen sich vorstellen oder berechnen könne. Andere wiederum wenden ein, das Wohl des Einzelnen müsse letztlich viel genauer bestimmt werden, als dies aus dem Prinzip der Nützlichkeit geschehen könne. Der Verteidiger des Utilitarismus übersehe, dass es hier häufig zu unüberwindlichen Schwierigkeiten kommen werde, die mit dem Maß des größten Nutzens für alle gar nicht zu beheben seien. Weiter wird vorgebracht, der Utilitarismus vertrete die Ansicht, dass der Zweck jedes Mittel heilige. Dann meinen einige, der Utilitarismus sei mit einem unmoralischen Opportunismus vereinbar, also einem Verhalten, das das Wohl der Gemeinschaft nur vorschiebe, um eigene Vorteile zu erreichen. Schließlich gibt es noch den Vorwurf, das Nützlichkeitsprinzip sei zu umfassend, als dass man im Einzelfall genug Zeit habe, sich die Folgen genau zu überlegen. Diesen Vorwürfen tritt Mill ebenfalls entgegen.

Der zweite Einwand lautete, dass der Utilitarismus zuviel fordere, wenn er es als einziges Handlungsmotiv ansieht, die Interessen von allen zu berücksichtigen. Man verwechselt hierbei, meint Mill, die Handlungs*regel* mit dem Handlungs*motiv*. Es spielt nämlich gar keine Rolle, ob jemand einen Ertrinkenden rettet, weil er sich innerlich dazu verpflichtet fühlt oder weil er sich dadurch Ansehen oder gar Belohnungen erhofft. Und wenn er sich dadurch Ansehen oder gar Belohnungen erhofft. Und wenn jemand einen Freund belügt, lädt er Schuld auf sich, gleichgültig zu welchem Zweck es geschah, weil der Vertrauensbruch gegenüber einem Einzelnen das Gesamtwohl niemals befördern kann. Die Moralität einer Handlung richtet sich nur nach den Ergebnissen. Es zählt nicht, dass jemand ins Wasser gesprungen ist, um jemand anderen zu retten – selbst wenn das erfolglos bleibt. Freilich hat das Motiv viel mit der Moralität des Handelnden zu tun, sie berührt die Handlung selbst aber gar nicht. Es ist ohnehin in den meisten Fällen so, dass man, solange man der Gemeinschaft nicht schadet, ruhig auf sein eigenes Interesse sehen kann. Wenn also die Pflicht, für das Allgemeinwohl zu handeln, nicht missachtet wird, genügt es, auf den eigenen Vorteil zu sehen. Mehr fordert auch der Utilitarismus nicht.

Wie ist nun aber das Verhältnis des Gesamtwohles zum Wohl des Einzelnen zu bestimmen? Mill hat beim ersteren keineswegs etwas so Abstraktes wie das Wohl der Welt oder der Gesellschaft im Ganzen im Sinn. Er meint: Die meisten Handlungen richten sich auf das Wohl einzelner Individuen und das Gesamtwohl setzt sich zusammen aus diesem individuellen Wohlergehen. Das war auch der Sinn seiner Aussage, dass Handlungen dem Gesamtwohl in erster Linie nicht zuwiderlaufen dürfen. Im Großen und Ganzen soll man aber auch das Wohl seiner näheren Umgebung fördern, was einem wiederum auch selbst hilft. Insgesamt gibt es entsprechend auch nur wenige Handlungen, welche die gesamte Gesellschaft in einem Maße betreffen, dass man sich des Wohles dieser Gesamtheit auch annehmen muss. Bei Politikern mit großer Macht und Verantwortung dagegen ist das allerdings häufiger der Fall. Diese sollen sich dann aber auch das umfassende Ziel setzen, das Wohl aller herzustellen. Die meisten Handlungen im alltäglichen Leben aber haben gar keine so große Reichweite, so dass man Folgen über diese Reichweite hinaus auch nicht zu bedenken braucht.

Ebenso fordert der Utilitarismus nicht, dass jedes beliebige Mittel zu ergreifen sei, wenn uns ein Zweck nur als vorteilhaft erscheint. Was als verwerflich gilt, darf nicht getan werden, auch nicht, wenn man annimmt, einen Vorteil daraus ziehen zu können. Diesen Grundsatz vertreten freilich auch die meisten anderen Moralphilosophien. Warum man solche Handlungen nicht ausführen darf, begründet Mill damit, dass sie generell schädliche Auswirkungen haben. Also können sie nicht der Nützlichkeit und dem Wohl der Gesamtheit dienen.

Schließlich verfolgt der Utilitarist keinen Opportunismus. Das Opportune ist mit dem Nützlichen nämlich keineswegs identisch. Man verletzt dabei zum eigenen Vorteil eine Regel, die insgesamt viel nützlicher ist, als es der eigene kurzfristige Vorteil sein kann, nämlich: den Vorteil der Allgemeinheit zu suchen. Mill nennt das uns schon bekannte Beispiel: Man könnte u.U. einen Vorteil davon haben, wenn man lügt, z.B. um aus einer Verlegenheit zu kommen. Dagegen wendet der Philosoph ein:

> Aber insofern die Ausbildung und Pflege einer strikten Wahrheitsliebe eines der nützlichsten und ihre Schwächung eines der schädlichsten Dinge ist, zu denen unser Verhalten führen kann, und insofern jede und sei es auch unbeabsichtigte Abweichung von der Wahrheit dazu beiträgt, jene Vertrauenswürdigkeit menschlicher Äußerungen zu erschüttern, von der alles gesellschaftliche Wohlergehen, das wir gegenwärtig vorfinden, abhängt und die die schlechthin unerlässliche Voraussetzung von Kultur, Sitte – kurz: allem – ist, worauf menschliches Glück im weitesten Sinne beruht, insofern fühlen wir, dass es nicht nützlich sein kann, eine Regel von so überragender Nützlichkeit um eines kurzfristigen Vorteils willen zu verletzen, und dass derjenige, der um eines Vorteils für sich selbst oder einen anderen willen das Seinige dazu beiträgt, der Menschheit den Schaden anzutun und das Gut zu nehmen, das ein Mehr oder Weniger an gegenseitigem Vertrauen bedeutet, die Rolle ihres schlimmsten Feindes spielt (Utilitarismus, 39).

Dennoch würde Mill auch Ausnahmen gestatten. Diese müssen aber auf einen extrem engen Bereich eingeschränkt werden – Mill spricht vom unbedingt Notwendigen – und sie dürfen immer auch nur als Ausnahmen gelten, d.h. für Mill – obwohl er grundsätzlich Anhänger eines Regelutilitarismus ist – dass man daraus keine Regeln ableiten kann.

Noch ein Einwand ist zu prüfen: Es ging um den Vorwurf, dass man im Einzelfall zu viel Zeit benötige, um alle Folgen, die für die Gesamtheit der Betroffenen entstehen könnten, zu bedenken. Mill plädiert hier eindeutig für den Regelutilitarismus: Es geht nicht darum, in jedem einzelnen Fall immer alle möglichen Handlungsoptionen und die daraus resultierenden Folgen einer Handlung vorauszuberechnen. Wir machen unser ganzes Leben hindurch Erfahrungen über die in Frage stehenden Zusammenhänge, ebenso unsere Eltern, Erzieher, Lehrer, Freunde usw., die sie uns mitteilen. Auf diesen Erfahrungsschatz können wir uns in den einzelnen Fällen, in denen wir uns entscheiden müssen, stützen. Bei bestimmten Handlungen aber, wie z.B. Mord oder Diebstahl, wissen wir von vornherein schon, dass das der Beförderung des Gemeinwohls nicht dienlich sein kann. Wären sich die Menschen nur einmal darüber einig, dass das Kriterium der Moral in der Nützlichkeit liegt, sie würden sich, wie Mill meint, gewiss auch darüber einig werden, was dann nützlich für sie sein wird.

Herrscht allerdings allgemeiner Schwachsinn, brauchen wir hier freilich nichts zu erwarten. Das gilt aber wiederum für jede Moralvorstellung. Auch sind die Menschen durch die Geschichte hindurch immer wieder auf sinnvolle Prinzipien gestoßen, wie sie ihr allgemeines Glück befördern können. Das heißt nicht, dass diese Regeln ein für alle Mal feststehen; sie sind im Gegenteil wandelbar und werden auch immer wieder verändert und verbessert. Weil aber hier keine letzte Sicherheit zu erreichen ist, muss man nicht jede Handlungsregel immer auch am obersten Prinzip, der Nützlichkeit für alle, prüfen. Solche allgemeinen Handlungsregeln sind nach Mills Ansicht mit dem Prinzip der Moral keineswegs unvereinbar:

> Dass man das Glück zum Zweck und Ziel der Moral erklärt, heißt nicht, dass man keinen Weg angeben darf, der zu diesem Ziel führt, oder dass man dem, der dorthin will, nicht raten sollte, besser die eine Richtung als die andere einzuschlagen (Utilitarismus, 42).

Jeder hat letztlich schon Vorerfahrungen und kann soweit vorausschauen, dass er bei bestimmten einfachen Dingen weiß, was Recht und Unrecht bedeutet und in schwierigeren zumindest, was klug ist und unklug.

4.5 Die Begründung des Utilitarismus

Im vierten Kapitel stellt Mill die Frage danach, wie der Utilitarismus und sein Prinzip der Nützlichkeit bewiesen werden kann. Zunächst schränkt Mill dahingehend ein, dass es bei der Ethik um Fragen nach letzten Zwecken geht. In diesen Bereichen sind Beweise im üblichen, d.h. im mathematischen oder faktischen Sinne nicht zu erwarten. Bei den Beweisen der ersten Art entscheidet die Vernunft, bei denen der zweiten Art entscheiden die Sinne. Gibt es aber für die Ethik auch ein solches Vermögen, wie das der Vernunft und das der Sinne?

Fragen nach Zwecken, wie wir sie in der Morallehre stellen (das hat sich bei Aristoteles wie bei Kant gezeigt), sind, so meint Mill, Fragen danach, was wünschenswert ist. Der Utilitarist sagt nun, dass das Glück wünschenswert ist. Alles andere ist aber nur insofern auch wünschenswert, also als Zweck sinnvoll, wenn es diesem höchsten und letzten Zweck dient. Wie wir aber, um ein Faktum zu erkennen, hinsehen oder hinhören müssen und bei einem mathematischen Beweis nachdenken, so können wir das Prinzip des Utilitarismus durch die Beobachtung prüfen, dass alle Menschen sich tatsächlich wünschen, glücklich zu sein, und jeder dieses Ziel erreichen will. Mill schreibt:

> Da dieses jedoch eine Tatsache ist, haben wir damit nicht nur den ganzen Beweis, den der Fall zulässt, sondern alles, was überhaupt als Beweisgrund dafür verlangt werden kann, dass Glück ein Gut ist: nämlich dass das Glück jedes einzelnen für diesen ein Gut ist und dass daher das allgemeine Glück ein Gut für die Gesamtheit der Menschen ist. Damit hat das Glück seinen Anspruch begründet, *eines* der Zwecke des Handelns und folglich eines der Kriterien der Moral zu sein (Utilitarismus, 61).

Gibt es aber noch andere Zwecke? Die Menschen wollen offenbar nicht nur Glück, sondern halten z.B. auch Tugend, Freisein von Lastern, Lust und

4.5 Die Begründung des Utilitarismus

Freisein von Schmerz für wünschenswert. Daraus könne man aber nicht folgern, dass der Utilitarismus Unrecht habe, wenn er behaupte, die Menschen strebten allein nach Glück. Die Vertreter des Utilitarismus sind in Bezug auf die Tugend der Meinung, dass sie für sich schon und damit völlig uneigennützig erstrebenswert ist. Tugendhaft sind danach Handlungen und Charaktere, nicht weil sie der Tugend selbst, sondern weil sie einem anderen Zweck dienlich sind. So bestimmt ist die Tugend tatsächlich die »... Spitze der Dinge, die als Mittel zu jenem letzten Zweck gut sind ...« (Utilitarismus, 62); sie ist selbst und ohne auf einen äußeren Zweck gerichtet zu sein, ein »wertvolles Gut«.

Nach Mill soll sich das menschliche Bewusstsein grundsätzlich auf das Prinzip der Nützlichkeit und das Fördern des allgemeinen Glücks und damit insgesamt auf die Tugend verpflichten. Das gilt auch, wenn Handlungen, die aus dieser Haltung heraus geschehen, für einen selbst oder für andere negative Folgen zeitigen. Die Tugend erweist sich zuletzt, wenn sie um ihrer selbst willen erstrebt wird, insgesamt immer als nützlich.

Mit der Annahme einer solchen Haltung, welche auch negative Folgen in Kauf nimmt, rückt der Utilitarist nicht vom Prinzip des Glücks ab. Das Glück besteht vielmehr aus verschiedenen Bestandteilen, die alle für sich selbst stehen und um ihrer selbst willen auch erstrebt werden. Freude, Freisein von Schmerz, Gesundheit, Reichtum usf. sind demnach nicht nur Ziele, die uns ein Mittel zu etwas Größerem, zum Glück sind; diese Dinge sind vielmehr alle für sich schon erstrebenswert. »Sie sind nicht nur Mittel zum Zweck, sie sind auch Teile des Zwecks« (Utilitarismus, 63). Und auf diese Weise sind sie selbst auch schon »Glück«. Die Tugend ist nach Mill also ein Selbstzweck, der in der Einschränkung des eigenen Vorteils zugunsten der Gesamtheit besteht. Aber die Tugend ist in ihrem Ergebnis auch Teil des Glücks.

Tugend ist nicht das einzige, was zunächst ein Mittel zum Glück ist, dann aber auch um seiner selbst willen erstrebt wird. Auch das Geld (im großen Stile Reichtum) wird zunächst als reines Mittel erstrebt, etwas dafür zu kaufen, von dem wir uns eine Freude, also wiederum auch Glück versprechen. Das Geld ist in dieser Hinsicht ebenso viel wert, wie das, was wir dafür erwerben können. Nach und nach wollen wir aber nicht nur genug Geld haben, um etwas Bestimmtes dafür kaufen zu können, sondern wir wollen es um seiner selbst willen besitzen, sei es als Sicherheit, Reserve oder um noch die Wahl zu haben, was wir denn nun kaufen mögen. Es wird zu einem Hauptbestandteil der Vorstellung, meint Mill, die wir uns von unserem Glück machen.

Ähnlich verhält es sich auch beim Ruhm und bei der Macht. Obwohl diese auch schon durch sich selbst befriedigen, werden sie zunächst erstrebt, weil uns, haben wir sie, die Erfüllung unserer Wünsche leichter fällt. Nach und nach aber werden durch die enge gedankliche Verknüpfung der Güter Geld, Ruhm usw. mit der Befriedigung unserer Wünsche, die Güter zu Selbstzwecken und dadurch zu jeweils einem Teil unseres Glücks. Mill schreibt:

Was einmal als Mittel zur Erlangung von Glück begehrt wurde, wird nun um seiner selbst willen begehrt. Indem es aber um seiner selbst willen begehrt wird, wird es als *Teil* des Glücks begehrt: durch seinen bloßen Besitz wird der Mensch glücklich oder glaubt, glücklich zu werden, und wird unglücklich, wenn der Versuch, in seinen Besitz zu gelangen, misslingt (Utilitarismus, 64f.).

Glück, so Mill, ist ein konkretes Ganzes, und die aufgezählten Beispiele sind Teile dieses Glücks, ebenso wie der Wunsch nach Gesundheit und die Liebe zur Musik. Aber auch das, was zunächst nur der Befriedigung der elementaren Bedürfnisse diente, kann zuletzt als Selbstzweck erstrebt werden. Nach Mills Auffassung ist auch die Tugend exakt von dieser Art. Er ist tatsächlich der Meinung, dass sie ursprünglich nur erstrebt wurde, weil sie uns dazu befähigte, Lust zu erlangen, Unlust zu vermeiden. Nach und nach etablierte sie sich aber auch als selbständiges Gut. Alle anderen Zwecke – wie Geld, Ruhm, Macht – können, wenn man über sie verfügen kann, auch Schaden anrichten und sich den anderen gegenüber als nachteilig erweisen. Die Tugend dagegen fördert immer auch die Glückserfüllung und damit das Wohl der anderen Mitglieder der Gesellschaft. Ja, nichts gereicht mehr zu deren Wohl, meint Mill, als die »... Ausbildung einer uneigennützigen Liebe zur Tugend...« (Utilitarismus, 66). Da der Utilitarismus, vor allem derjenige der millschen Spielart, ganz ausnehmend auf dem Prinzip ruht, das Wohl der Allgemeinheit zu befördern, hat er auch ein ganz besonderes Interesse daran, »die größtmögliche Ausbildung der Liebe zur Tugend als das [zu gebieten; GF], was in seiner Bedeutung für das allgemeine Glück von nichts übertroffen wird« (Utilitarismus, 66).

Es hat sich aus der millschen Argumentation ergeben, dass der Mensch nur immer das Glück erstrebt. Die Tugend wird zunächst nur als ein Mittel gesehen, um uns Lust zu verschaffen, weil das Bewusstsein, sie zu haben, angenehm, sie nicht zu haben, unangenehm ist. Man sieht hier auch, wie das Angenehme mit dem Unangenehmen immer verbunden ist, denn einen bestimmten Grad an Tugend erreicht zu haben, ist angenehm, unangenehm aber ist es, noch nicht mehr Tugend erreicht zu haben.

Wie kann man das Nützlichkeitsprinzip beweisen? Mill schreibt:

Wenn die Auffassung, die ich soeben dargelegt habe, psychologisch richtig ist – wenn die menschliche Natur so beschaffen ist, daß sie nichts begehrt, was nicht entweder ein Teil des Glücks oder ein Mittel zum Glück ist, dann haben wir keinen anderen und benötigen keinen anderen Beweis dafür, dass dies die einzigen wünschenswerten Dinge sind (Utilitarismus, 66f.).

Glück ist also zuletzt der einzige Zweck menschlichen Handelns. Das einzige Kriterium der Moral und des guten Handelns kann sodann der Maßstab sein, das Glück zu befördern.

Ein Beweis kann aber dafür nur dadurch geführt werden, dass wir beobachten können, dass die Menschen tatsächlich immer nur nach Glück streben, immer also nur Lust gewinnen und Unlust vermeiden wollen. Das ist freilich eine empirische Frage, die damit auch von der Erfahrung abhängt. Wenn man als empirische Tatsache nachweisen kann, dass die Menschen alles erstreben, was sie als lustvoll empfinden, und alles meiden, was das Gegenteil zur Folge hat, dann ist das Prinzip des Utilitarismus faktisch bewiesen. Genau das ist nach Mill aber offenbar der Fall. Dabei spielt es keine Rolle, ob wir Unlust meiden oder Lust erreichen wollen. Was man sich wünscht (also z.B. das Nachlassen eines Schmerzes) und was man für lustvoll und angenehm hält, ist somit dasselbe. Es ist aber, wie Mill schreibt, »... eine physische und metaphysische Unmöglichkeit ..., etwas anders als in dem Maße zu begehren, indem die Vorstellung von ihm lustvoll ist« (Utilitarismus, 67).

Eine Kritik dieser Ansichten Mills soll hier nicht geliefert werden, ein paar Denkanregungen allerdings schon: Ist es denn richtig, dass wir unser Glück nur im Beschaffen von Vorteilen sehen? Hinter Mill stehen freilich auch immer die Ansichten Benthams zum Glückskalkül. Dieser hielt es für möglich, das Glück von möglichst vielen berechnen zu können. Freilich nicht das Glück selbst, aber sein – man kann fast sagen utilitaristisches Äquivalent – den Nutzen. Wie allerdings dieser Nutzen bestimmt wird und ob überhaupt Nützlichkeit das Ziel aller menschlichen Handlung und auch noch der Moral ist, über diese Fragen lässt uns der Utilitarist ein wenig im Stich.

Auch ist es wohl grundsätzlich methodisch problematisch, die Begründung der Moral, die ja auf empirisch beobachtbares Handeln zielt, ausgerechnet durch die empirische Beobachtung der menschlichen Verhaltensweisen finden zu wollen. Zuletzt ist es fraglich, ob wir tatsächlich und wirklich nach nichts anderem streben als nach einem lustvollen Glücksgefühl. Mill würde natürlich einräumen, dass der Mensch nicht vollkommen ist und somit auch das vollkommene Glück nicht erreichen kann. Müsste dem Menschen dann aber nicht klar sein, dass er noch andere Dinge erstreben kann als nur den Nutzen und sein Glück? Auch ist das Glück der Allgemeinheit nicht auf sich selbst gegründet, wie Mill uns gern suggerieren möchte, sondern rechtfertigt sich im Utilitarismus nur durch das mit diesem verbundene und daraus resultierende Eigenwohl. Wir handeln letztlich nur deswegen für das Wohl von anderen, weil wir uns davon einen eigenen Vorteil versprechen. Das ist zwar die Weise, wie der Altruismus heutzutage definiert wird, man kann aber wohl nicht sagen, dass damit schon wirklich ein Handeln *für andere* thematisiert ist. Es ist eher ein etwas klügerer Egoismus.

Fassen wir noch einmal die Position Mills zusammen:
1. Die Grundmomente des Utilitarismus lagen darin, dass sich erstens die Moralität einer Handlung allein nach ihren Folgen bemisst; dass zweitens die Folgen an ihrem Nutzen abzulesen sind; dass drittens der Nutzen das Gute ist, d.h. dass das Gute für den Menschen in der Befriedigung seiner Interessen und Bedürfnisse liegt; und dass viertens im Vordergrund nicht das Glück eines Einzelnen, sondern das der Gesamtheit steht (»Das größte Glück der größten Zahl«).
2. Nach Mill besagt das Prinzip der Nützlichkeit und des größten Glücks, dass Handlungen nur dann moralisch gut sind, wenn sie das Glück befördern, und schlecht, wenn sie das Gegenteil von Glück bewirken (vgl. Utilitarismus, 13).
3. Bentham nahm nur einen quantitativen Unterschied der verschiedenen Glücksgüter an. Die Quantität richtet sich dabei nach der Intensität, der Dauer, der Gewissheit, der zeitlichen Nähe, der Wahrscheinlichkeit, dass eine weitere Lustempfindung unmittelbar folgt und der Wahrscheinlichkeit, dass keine Unlustempfindung folgt. Mill unterscheidet dagegen verschiedene Qualitäten des Angenehmen. Diese seien vor allem in den höheren Fähigkeiten des Menschen zu finden.
4. Die Moral ist »... die Gesamtheit der Handlungsregeln und Handlungsvorschriften, durch deren Befolgung ein Leben der angegebenen Art für die gesamte Menschheit im größtmöglichen Umfange erreichbar ist; und nicht nur für sie, sondern, soweit es die Umstände erlauben, für die gesamte fühlende Natur« (Utilitarismus, 21).
5. Mill diskutiert die folgenden Einwände gegen das Prinzip des Utilitarismus:
    a) Der Utilitarismus ist kein *subjektiver Hedonismus*. Er hat vielmehr das *Wohl der Allgemeinheit* zum Ziel.
    b) Der Utilitarismus *fordert damit nicht zu viel*. Die Handlungsregeln gehen nämlich meistens auf die unmittelbare Umgebung des Handelnden. Hier muss man nur darauf achten, dass man der Gemeinschaft nicht schadet.
    c) Das Wohl des Einzelnen und der Gesamtnutzen sei häufig *nicht in Übereinstimmung* zu bringen. Die meisten Handlungen brauchen dagegen nur die Folgen für die unmittelbare Umgebung zu berücksichti-

gen, können so auch den eigenen Interessen dienen. Dagegen müssen Politiker häufig auch das Gesamtwohl im Auge haben. Diese dürfen bei ihren Handlungen entsprechend nicht auf den Eigennutzen sehen.

d) Für den Utilitarismus heilige der Zweck (als Ziel des Handelns) *jedes Mittel.* Mill ist der Meinung, dass man bestimmte Dinge, wie allgemein bekannt, nicht tun dürfe. Der Grund liege darin, dass dem Wohl der Gesamtheit sonst geschadet wird.

e) Der Utilitarist spiegle zum Schein moralisches Handeln vor, diene aber nur dem eigenen Vorteil (*Opportunismus*). Ein solches Verhalten dient durch den es verursachenden Schaden und als schlechtes Beispiel niemals dem Wohl der Allgemeinheit.

f) Bei jeder Handlung alle Folgen zu berücksichtigen, *benötigte zu viel Zeit.* Wir gewinnen dagegen nach Mill aus unserer Erfahrung allgemeine Regeln, die wir auf Handlungen anwenden können. Bei Mord, Diebstahl o. dgl. brauchen wir nicht zu überlegen, wir wissen, dass das schädliche Verhaltensweisen sind.

6. Mill hält das utilitaristische Prinzip auf folgendem Wege für beweisbar: Die Menschen halten das Glück für ein Gut und streben alle immer nur nach ihm – der Einzelne nach seinem Glück, die Gemeinschaft nach dem Glück für alle. Dies ist eine Tatsache. Mehr braucht es für einen Beweis nicht. Damit ist das Glück »*eines* der Zwecke des Handelns und folglich eines der Kriterien der Moral« (Utilitarismus, 61). Andere Zwecke wie Tugend, Reichtum, Macht, Ehre u. dgl. erstreben wir nur, weil sie als Teile des Glücks unser Gesamtglück befördern. Nach dieser Auffassung ist also Glück zuletzt der einzige Zweck menschlichen Handelns. Das einzige Kriterium der Moral und des guten Handelns kann sodann der Maßstab sein, das Glück zu befördern.

5 Die Wertethik Max Schelers

5.1 Scheler und Kant

Max Scheler (1874-1928) entwickelt seine Wertethik vorwiegend in der Auseinandersetzung mit dem Ethikentwurf Immanuel Kants. Er kritisiert dabei vorwiegend Kants Konzeption eines Dualismus der zwei Vermögen von Sinnlichkeit und Vernunft. Diese theoretische Annahme hat, wie Scheler meint, für die praktische Philosophie katastrophale Auswirkungen. Damit sei nämlich die Vielschichtigkeit des menschlichen emotionalen Lebens nicht mehr einholbar.

Bei Kant kann uns jeder materiale Inhalt nur durch unsere Sinnlichkeit und damit durch unser empirisches Vermögen gegeben sein. Darauf kann aber keine strenge Prinzipienethik aufgebaut werden. Nur eine solche vermag die Sicherheit in der Handlungsanleitung zu geben, welche, wenn man die Ethik allein auf die induktive Erfahrung gründet, nicht zu erreichen ist. Sittlichkeit, so Kant, ist also eine Sache ausschließlich der Vernunft. Diese aber gibt keine Inhalte, sondern stellt nur Formen zur Verfügung. Die praktische Form besteht darin, von jeder sinnlichen Beeinflussung unseres Begehrungsvermögens und damit unseres Willens abzusehen. Wollen wir moralisch handeln – und Kant, wie wir gesehen haben, nimmt immerhin an, dass wir daran interessiert sind –, dürfen wir uns von keinen sinnlich vermittelten Inhalten in unserer Entscheidung leiten lassen. Weil die Vernunft nur Formen zur Verfügung stellt, bezeichnet Scheler die kantische Ethik als Formalismus. Da sie damit keinen Rückgriff auf Erfahrung nötig hat, ist sie, wie Kant sagt, streng apriorisch.

Scheler folgt Kant in der Argumentation, dass nur eine apriorische Ethik sinnvoll sein kann. Das Gegenteil nämlich, also das moralische Handeln allein von sinnlichen Eindrücken abhängig zu machen, welche dem einen dies und dem anderen etwas anderes vermitteln und vorschreiben, je nachdem, wo er gerade steht und aus welcher Blickrichtung er die Dinge betrachtet, hält Scheler für ein Unding. Eine Ethik muss ihrer Begründung nach in ihren wesentlichen Teilen apriorisch sein. Nun hat Kant gemeint, nur eine formale Ethik könne einer solchen Forderung genügen. Er verwarf damit jede rationale Begründung, welche sich am Begriff der Vollkommenheit orientiert, ebenso wie jede materiale Begründung, ob sie ihr Prinzip in den Gütern, in der Erreichung der Glückseligkeit (Eudaimonismus) oder im moralischen Sinn bzw. Gefühl erblickt. Solche Begründungen nämlich beruhen nach Kant allesamt auf sinnlichen Eindrücken oder, wie bei den ersten beiden Beispielen, auf Ideen des Verstandes.

Auch Scheler wendet sich gegen jede Glücks-, Nutzen- oder Erfolgsethik sowie gegen die Güterethik. Aber ebenso greift ihm die formale Ethik zu kurz. Entscheidend ist für ihn das intentionale Gefühl, das uns Werte unmittelbar vermittelt. Bei diesem Gefühl kann es sich allerdings nicht um ein sinnliches handeln. Das würde die Apriorität der Ethik untergraben. Das intentionale Wertfühlen ist bei Scheler vielmehr die grundlegende Gefühlsart für alle anderen Erfahrungsarten; auch für die Wahrnehmung von sinnlichen Gegenständen.

5.2 Wert und Wertordnung

Diese Werte, welche wir nach Scheler »erfühlen« können, stehen nicht für sich, sondern in einer bestimmten Wertordnung. Neben einer dabei auftretenden formalen Ordnung interessiert sich Scheler in erster Linie allerdings für die materiale Ordnung der Werte. Werte stehen also immer im Bezug zu anderen Werten, sie sind auf andere Werte hin relativ. Das begründet allerdings keine generelle Relativität der Ethik, sondern nur eine der einzelnen Werte. Die den Werten zugrunde liegende Ordnung hält Scheler dagegen für objektiv.

5.2.1 Werthöhe und Wertrang

Scheler nimmt also an, dass es eine für alle Hinsichten einheitliche Wertordnung gibt, welche jedem Einzelwert seinen unumstößlichen Rang zuweist. Diese Rangordnung ist zudem noch in verschiedene emotionale Regionen aufgeteilt. Den Werten kommt also immer auch eine bestimmte Höhe zu. Scheler schreibt:

Die wichtigsten und grundlegendsten aller apriorischen Beziehungen bestehen aber im Sinne einer *Rangordnung* zwischen den Qualitätssystemen der materialen Werte, die wir als *Wertmodalitäten* bezeichnen. Sie bilden das eigentliche *materiale Apriori* für unsere Werteinsicht und Vorzugseinsicht. Ihr Tatbestand ist es, der zugleich die *schärfste* Widerlegung von Kants Formalismus darstellt. Die letzte und höchste Einteilung der Wertqualitäten, die für diese Wesensbeziehungen vorausgesetzt sind, muß von allen faktisch vorkommenden Gütern und allen besonderen Organisationen wertefühlender Naturen ebenso unabhängig sein wie die zwischen den Modalitäten bestehende Rangordnung (Formalismus, 122).[1]

Innerhalb jeder dieser Modalitäten unterscheidet Scheler einen *Sachwert*, einen *Funktionswert* und einen *Zustandswert*. Der Sachwert bezeichnet den wertmäßigen Gegenstand, der Funktionswert gibt die Art und Weise des fühlenden Erkenntnisakts an und der Zustandswert ist der Eigenwert des fühlenden Aktes. Die Wertqualitäten selbst sind dabei einerseits von den real gegebenen Gütern und andererseits von der zwischen den einzelnen Modalitäten bestehenden Rangordnung unabhängig. Als Modalitäten unterscheidet Scheler das Angenehme und des Unangenehme, das vitale Fühlen, die geistigen Werte und die Wertreihe des Heiligen bzw. Unheiligen. Die Modalitäten stehen in einer apriorischen Rangordnung. Den obersten Rang nimmt das Heilige ein, diesem folgt das Geistige, schließt sich das Vitale, welches dann das Sinnliche fundiert.

Als sachwertig unterscheiden wir in dieser Hinsicht angenehm und unangenehm. Der Funktionswert besteht im sinnlichen Fühlen. Das kann ein Genießen oder aber auch ein Erleiden sein. Die Zustände, die wir dabei (sinnlich) empfinden, sind »Empfindungsgefühle« bzw. Gefühle der Lust und des Schmerzes. Zwar setzt die Gegebenheit von sinnlichen Werten sinnliche Wesen voraus, aber die Werte selbst sind deswegen nicht relativ auf eine sinnliche Natur. Sie sind nicht abhängig von den sonstigen Lebensumständen sinnlicher Wesen. Der Unterschied zwischen angenehm und unangenehm ist absolut. Zwischen verschiedenen Personen und Kulturen kann es aber Unterschiede darüber geben, was als angenehm gilt. In Bezug auf Personen und Personverbände ist die Wertmodalität des Sinnlichen also relativ.

Es kommt freilich die Frage auf, auf welche Weise Werte gefühlt werden können. Scheler spricht davon, dass das durch das Vorziehen und Nachsetzen geschieht (vgl. a. 5.4). Die Grundlage dafür bezeichnet er ausdrücklich als nicht induktiv. Das »Wesen der Werte« wird im »sinnlichen Fühlen« unmittelbar einsichtig. Wir müssen Scheler offenbar so verstehen, dass wir nicht eigentlich Werte als solche fühlen, sondern im Vorziehen und Nachsetzen richten wir uns gewissermaßen nach ihnen und dabei werden sie uns in ihrer Vorzugsstruktur bewusst. Dazu muss dann weder der Gegenstand, an dem der Wert haftet, vorher wahrgenommen sein, noch besteht der Wert in einer äußeren Nützlichkeitsstruktur. Vielmehr ist für uns etwas nützlich, wenn es einen Nutz*wert* für uns hat. Dass etwas mehr oder weniger ange-

---

[1] Schelers Formalismusbuch wird zitiert nach der Ausgabe Max Scheler, Der Formalismus in der Ethik und die materiale Wertethik. Neuer Versuch der Grundlegung eines ethischen Personalismus, (Gesammelte Werke Bd. 2) Bern, München ⁵1966; im Folgenden in Zitaten abgekürzt mit »Formalismus«).

5.2 Wert und Wertordnung

nehm für uns ist, gehört dagegen nicht ausdrücklich zu seiner Wertgrundlage. Daneben zählt Scheler zum Bereich des Sinnlichen auch technische Werte, Zivilisationswerte, »Luxuswerte« und so genannte Symbolwerte.

Der nächste Wertbereich umfasst die »vitalen Werte«. Bei den Werten des vitalen Fühlens bestimmt Scheler als Sachwerte alle Qualitäten, die im weitesten Sinne den Gegensatz von »edel« und »gemein« umfassen. Scheler versteht das im Sinne von »tüchtig«, »geeignet« (für das Leben) und »gut« im Gegensatz zu in diesen Hinsichten »schlecht«. Konsekutivwerte (als Symbolwerte), die auf diese folgen, sind Werte, welche die Bedeutungssphäre des Wohles umfassen. Die Zustände, die wir dabei fühlen, sind die »Modi des Lebensgefühls«, also aufstrebend – niedergehend, gesund – krank, alternd, sterbend, matt – kraftvoll, lebensstrotzend usf.

Der Vitalbereich ist sozusagen zweigeteilt. Einerseits umfasst er gefühlsmäßige Reaktionen wie »sich freuen« oder »sich betrüben«; auf der anderen Seite triebhafte Reaktionen wie Mut, Angst, Racheimpuls, Zorn usw. Die vitalen Werte bilden nach Scheler eine selbständige Einheit. Sie könnten nicht auf Werte des Angenehmen oder des Nützlichen zurückgeführt werden, wie v.a. Kant gemeint hat. Das Lebensgefühl als solches spiegelt im Gegensatz zu seiner materialen Wertgrundlage allerdings nur einen Zustand wieder, der für sich einen Wert hat. Der Wert des Lebens insgesamt ist von diesem Gefühl völlig verschieden und setzt es nicht voraus.

Die nächste Stufe stellen die »geistigen Werte« dar. Hierzu gehören alle Akte und Funktionen des geistigen Fühlens, Akte des geistigen Vorziehens sowie Akte des Liebens und des Hassens. Die Art ihrer Gegebenheit vermittelt schon ihre Abgelöstheit gegenüber allem, was als physisch, biologisch, körperlich usf. gegeben ist. Viele Menschen sind nämlich der Ansicht, dass ein vitaler Wert für einen geistigen geopfert werden kann. Scheler nimmt hier eine ganz eigene Art der Werterfassung an, die er »geistiges Fühlen« nennt. Die Sachwerte dieses Bereichs sind für den gesamten ästhetischen Bereich *schön* und *hässlich*, für den sittlichen Bereich im weitesten Sinne *recht* und *unrecht* (was weder mit einem Gesetz oder mit dem positiven Recht etwas zu tun hat und allenfalls die Idee einer »Rechtsordnung« bildet) und für den unmittelbar theoretischen Bereich die Werte der reinen Wahrheitserkenntnis, wie sie allerdings nur die Philosophie, nicht aber die positiven Naturwissenschaften vermittelt. Wissenschaftswerte seien nämlich Konsekutivwerte zu Erkenntniswerten. Die Wahrheit selbst stellt nach Scheler dagegen keinen Wert dar.

Auch Kulturwerte gehören zu den Konsekutivwerten dieses Bereichs. Hier sind in erster Linie Dinge zu nennen, die zur Güterweltsphäre gehörten (z.B. auch Kunstschätze, wissenschaftliche Einrichtungen oder eine positive Rechtsordnung). Die Zustandswerte von geistigen Werten sind die geistige

Freude und die geistige Trauer. Diese Gefühle kann jeder auch deutlich von den sinnlichen Freuden oder auch der »Lebensfreude«, einem Unwohlsein usf. unterschieden. Geistige Freude tritt völlig unvermittelt auf und sie variiert selbständig gegenüber den Zuständen der vitalen Werte. Wir können uns also über etwas geistig freuen, auch wenn wir uns dabei vital unwohl fühlen oder gerade einen bestimmten Schmerz auszuhalten haben. Dabei erfahren wir die Antwortreaktionen des Gefallens und Missfallens, der Billigung und der Missbilligung, der Achtung und der Missachtung, des Vergeltungsstrebens oder auch die geistige Sympathie (als Grundlage der Freundschaft).

Die Wertreihe der Sachwerte des Heiligen und Unheiligen ist nach Scheler die höchste Wertmodalität. Diese Werte haften nur an »absoluten Gegenständen«, die der »absoluten Sphäre« angehören. Sie treten zwar an positiv gegebenen Gütern auf, als Werte sind sie gegenüber diesen Gegenständen aber vollständig invariant. So ist z.B. ein Eid, gleich auf welchen Inhalt hin geschworen, »... ein Versprechen im Hinblick auf den Wert des Heiligen« (Formalismus, 126).

Der Zustandswert liegt beim Heiligen in der Seligkeit bzw. in der Verzweiflung, was von Glück und Unglück streng zu trennen ist. Die Antwortreaktionen bestehen im Glauben bzw. im Unglauben, in der Ehrfurcht und in der Anbetung. Dabei gibt es eine besondere Art der Liebe, die nur auf Personen beziehbar ist und in der der »heilige Wert« erfasst werden kann. Ein solcher geht allen Bildinhalten, an denen er sich findet, voraus. Selbstwerte in dieser Sphäre müssen auch immer Personwerte sein. Die Konsekutivwerte sind Symbolwerte wie Kult, Sakrament und alle Verehrungsformen.

5.2.2 Die Schichtung des emotionalen Lebens

Den Wertmodalitäten entspricht parallel eine »Schichtung des emotionalen Lebens«. Dies ist nötig, damit wir die Wertmodalitäten überhaupt erfassen können. Es gibt also schon im Fühlen einen Unterschied zwischen Seligkeit, Glückseligkeit, Glücklichsein, dem Glück und dem Glückhaben, der Heiterkeit, Fröhlichkeit, dem Wohlgefühl, der sinnlichen Lust und der Annehmlichkeit. Gerade dadurch ergibt sich eine Rangordnung von höheren und niedrigeren Werten.

Bei Kant gab es eigentlich nur höchste Werte, deren Trägern immer auch Würde zukommt, und relative Werte, die austauschbar sind und denen ein Preisäquivalent entspricht. Bei Scheler ist dagegen der gesamte Wertbereich eindeutig gegliedert. Die Werte bestehen in ihrem jeweiligen Wertbereich

5.2 Wert und Wertordnung

für sich – weswegen wir sie auch jeweils für sich erstreben können –, gegenüber einem höheren oder niedrigeren Wertbereich sind sie abzustufen.

Kant ordnete dagegen jede materiale Abhängigkeit im Streben ausschließlich dem Streben nach Lust unter. Das Material dazu stammt bei ihm letztlich immer aus der Sinnlichkeit. Auch für Scheler können Zustände keine wertkonstituierende Funktion haben. Dennoch sagen Gefühlszustände und Gefühlsintentionen etwas über den sittlichen Wert einer Person, ihrer Akte, ihres Willens und ihres Handelns aus.

Scheler lehnt damit sowohl die Ansicht ab, dass wir nur nach Verwirklichung bestimmter Gefühlszustände streben, ohne auf die in ihren Handlungen gesetzten Werte zu achten (Hedonismus), als auch diejenige, dass wir nur nach Glück streben »sollen« (Eudaimonismus). Die Zustandswerte sind den Person-, Akt-, Funktions- und Handlungswerten nämlich generell untergeordnet. Es stellen sich die Fragen: Welcher Zusammenhang besteht überhaupt zwischen den Gefühlszuständen und dem sittlichen Wert einer Person? Und: Spielen die Gefühlszustände, wenn auch nie als Ziele des Strebens, so doch als »erlebbare *Quellen*« dieses Strebens innerhalb der Rangstufen der Gefühlszustände eine Rolle? Wir streben nach Scheler nicht eigentlich nach Glück, sondern danach, Werte zu verwirklichen. Dennoch ist das Glücklichwerden wohl eine notwendige Begleiterscheinung des guten, d.h. des wertverwirklichenden Lebens.

Wir sprachen schon einmal davon, dass sich die Werte und ihr Fühlen in unterschiedlichen Ausdrucksphänomenen niederschlagen. Eine Verschiedenheit der Gefühle fordert auch unterschiedliche Wertverhalte. So unterscheiden wir die Gefühle der Trauer und Wehmut von einem unangenehmen Hautgefühl. Besonders deutlich wird uns der Unterschied, wenn wir Gefühle differenzieren können, welche nebeneinander koexistieren. Wir mischen nämlich einzelne Gefühle, die auf verschiedenen Ebenen auftreten, nicht zu einem »Gesamtgefühl«. Vielmehr könnten positive und negative Gefühle nebeneinander bestehen. Andererseits werden beim Vorliegen bestimmter Gefühle andere ausgeschlossen. Man kann bei einem großen Vermögensverlust ruhig oder sogar heiter sein, niemals aber froh.

Gefühlszustände betreffen aber genauso auch unterschiedliche Tiefenstrukturen ihrer Gegebenheit. So können wir sie unterscheiden. Eine innig berührende Traurigkeit kann uns trotzdem auch einmal lächeln oder über etwas anderes froh sein lassen. Der Unterschied zieht sich nach Scheler aber bis in die Ausdruckserscheinungen hinein; so sieht man der Miene eines Lächelnden an, wenn dieser im Grunde traurig ist. In *einer* Tiefenschicht können allerdings bestimmte Gefühle nicht miteinander bestehen; es setzt sich dann immer nur das dominantere durch; eine Ausnahme bilden sinnliche Gefühle, weil diese im Körper lokalisiert sind und so an unterschiedlichen Orten nebeneinander auftreten können.

Insgesamt bildet nach Scheler das emotionale Leben eine Tiefenstruktur aus, die sich auf die Gefühlsfunktionen, auf die emotionalen Akte und die Gefühlszustände durchschlägt. Die erste Stufe dieser Tiefenstruktur ist in den sinnlichen Gefühlen (Empfindungen), die zweite in den Leib- und den Lebensgefühlen (Zustände und Funktionen im Sinne von »ich fühle mich ...«), die dritte in den seelischen Gefühlen (Ichgefühl) und die vierte in den geistigen Gefühlen (Persongefühle) zu sehen. Scheler behauptet allerdings, dass im Unterschied zum Vorstellen, Wollen und Urteilen alle Gefühle »eine erlebte Bezogenheit auf das Ich (bzw. auf die Person) ...« (Formalismus, 334) besitzen. Im emotionalen Leben schwankt nämlich der Subjektivitätscharakter des Erlebens nicht mit den Tätigkeiten. Gefühle werden somit erst indirekt durch ihre Ursachen und Wirkungen beherrschbar.

Scheler geht nun daran, parallel zur Wertstruktur auch eine Stufung des emotionalen Lebens in sinnlichen, leiblichen, seelischen und geistigen Gefühlen näher zu beleuchten, indem er deren wesentliche Merkmale charakterisiert.

Sinnliche Gefühle sind ausgedehnt, relativ klar lokalisiert und insgesamt zuständlich. Sie können ihren Ort wechseln bzw. sich ausdehnen (und damit den übrigen Leib in Mitleidenschaft ziehen), ohne dass sie zu so etwas wie einer echten Bewegung fähig sind. Sie hängen mit den zugehörigen Empfindungsgehalten zusammen, sind aber nicht mit diesen identisch. Wir finden sie, ohne dass sie unmittelbar auf die Person verwiesen wären, auf das Ich und den Leib bezogen. Sie sind also nur dadurch, dass sie im Körper eines Ich auftreten, auch auf dieses als auf seinen Leib bezogen, nicht aber unmittelbar.

Außerdem kann man sich an sie nicht adäquat erinnern. Sie sind also immer aktual, d.h. durch die Gegenwart des Reizgegenstandes charakterisiert, ohne auf diesen intentional bezogen zu sein. Scheler schreibt, dass ihnen sogar die Intentionalität eines »Lust auf etwas« fehlt. Sie sind punktuell, unstet, d.h. nicht dauerhaft. Sie sind diskontinuin, d.h. sie bilden keine Sinnzusammenhänge, sie widerstreiten einander nicht und sie sind voneinander jeweils unabhängig (im Gegensatz z.B. zu den vitalen Gefühlen der Furcht und des Hoffens). Sie erfüllen auch keine emotionale Funktion, d.h. sie verweisen auf nichts, was über sie unmittelbar hinausgeht (allenfalls ein Streben zu ihnen).

Sinnliche Gefühle sind außerdem tolerant gegen die Aufmerksamkeit. Richten wir uns auf ein sinnliches Gefühl, so verändert es sich dadurch nicht wesentlich, allenfalls seiner Intensität nach. Das ist bei allen anderen Gefühlsarten anders. Ebenso sind sie in gewisser Weise vom Wollen und Nichtwollen abhängig, während sich höhere emotionale Stufen dem Willen immer mehr entziehen. Sinnliche Gefühle lassen sich über die Bereitstellung der Objekte, an denen sie auftreten, herstellen, aber auch unterdrücken:

5.2 Wert und Wertordnung

So ist z.B. jeder Schmerz narkotisierbar, nicht aber ein Unwohlsein, eine Mattigkeit, die Gesundheit usf. Sinnliche Gefühle sind im Wesentlichen also reaktiv.

Der Hedonismus und einige Spielarten des Eudämonismus (zu denen das Denken des Aristoteles wohl nicht gehört) behaupten, dass sich der Mensch nur am Streben nach sinnlicher Lust orientieren sollte. Die vielen Gegenstände (z.B. auch das Glück, der Besitz, Prestige und Macht), welche der Hedonist zur Lebensgestaltung außerdem erstrebt, dienen zuletzt aber immer nur der Lustvermehrung. Mit der sinnlichen Stufe der Gefühle kann man auch besonders gut »rechnen«. Sinnliche Emotionen sind steuer- und herstellbar. Nur dadurch ist so etwas wie das benthamsche Glückskalkül überhaupt möglich. Scheler wirft dieser Richtung also vor, dass auf ihrer Grundlage immer nur die niedrigsten Freuden erstrebt werden können. Nur diese sind dem Zugriff und der Steuerung des sozialen, des rechtlichen und des politischen Handelns unterworfen. Dagegen haben Ethiker, deren Bestreben in der »Einkehr der Person in sich selbst« besteht (von Sokrates bis Tolstoi), immer auch eine Besinnung auf die tieferen emotionalen Schichten des Seins und Lebens gefordert.

Unter die sinnlichen, empfindenden und zuständlichen Gefühle fasst Scheler z.B. Schmerz, sinnliche Lust, An- und Unannehmlichkeit bei Speisen, Getränken, Genussmitteln, bei Berührungen usf., das Tastgefühl und die Augenreizung, also alle unmittelbar durch die Sinnesorgane hervorgerufenen Reizungen und die anderen Sinnesreizungen.

Vitale Gefühle sind, so Scheler, grundsätzlich nicht auf sinnliche Gefühle zurückführbar. Vielmehr unterscheiden sich Vitalgefühle in allen genannten Punkten von sinnlichen Gefühlen. Sie sind nicht ausgedehnt und nicht spezifisch lokalisierbar, auch wenn sie notwendigerweise auf den Leib bezogen sind. Ein Krankheits- oder ein Gesundheitsgefühl betrifft zwar den Leib, man kann aber keinen Ort dazu angeben. Seelische oder geistige Gefühle sind unmittelbar auf das Ich bezogen (»ich bin traurig«, »fröhlich« usf.), vital oder leiblich dagegen *fühle ich mich* in einer bestimmten Weise. Das »Leibich« wird gewissermaßen in diesem einheitlichen Leibbewusstsein empfunden. Erst aus diesem treten einzelne Organempfindungen heraus.

Lebensgefühle sind einheitliche Tatbestände. Sinnliche Gefühle können auseinander treten. Sogar polar entgegengesetzte Gefühle können auf der sinnlichen Ebene nebeneinander bestehen. Bei den Lebensgefühlen ist das nicht so. So sind sie weitgehend invariant gegenüber den sinnlichen Gefühlen. Ein positives Lebensgefühl wird durch kleinere Verletzungen nicht beeinträchtigt. Über die Leibrückkoppelung sind die vitalen Gefühle allerdings nicht vollkommen unabhängig von sinnlichen Zuständen. Aber auch hierbei ist jeweils eine andere Schicht des emotionalen Lebens betroffen.

Lebensgefühle haben einen funktionalen und intentionalen Charakter. Sinnliche Zustände können allenfalls Anzeichen für gewisse leibliche Zustände oder Organprozesse sein, bei den vitalen Gefühlen dagegen »... fühlten wir im Lebensgefühl unser *Leben selbst*« (Formalismus, 342), seinen Aufstieg und Niedergang, seine Krankheit, Gesundheit usf. Da wir ab der vitalen Stufe bereits des Mitfühlens fähig sind, »... ist uns im Lebensgefühl auch ein eigentümlicher Wertgehalt unserer Umwelt ...« (ebd.) gegeben. Scheler nennt als Beispiel die Frische des Waldes, welche sich uns in der drängenden Kraft der Bäume mitteilt. Das mag etwas romantisch klingen. Scheler spricht hier in Analogie zu Sachverhalten von einem Wertverhalt, der uns gegenüber allen Äußerungen des Lebens gegeben ist und der so etwas wie eine Gemeinschaft mit anderen Lebewesen begründet.

Außerdem verändern sich vitale Gefühle unter der Aufmerksamkeit auf sie, sie können dadurch in ihrer Wirksamkeit sogar zerstört werden. Dagegen sind sie erinner- und nachfühlbar. Sie können mitgefühlt werden, d.h. sie sind übertragbar. Sie besitzen deswegen auch eine Kontinuität. Ebenso bilden sie, auch wenn sie sich ihrer Qualität nach unterscheiden, sinnvolle Einheiten in ihrem Zusammenauftreten (z.B. Fürchten und Hoffen). Sie lenken unsere Lebenstätigkeiten in einer sinnvollen Weise. Lebensgefühle sind durch unser willentliches Handeln kaum veränderlich.

Über all das hinaus sind Lebensgefühle ihrer Wertbedeutung nach evident indizierbar, und zwar weit über das Vorstellungsvermögen und das Begreifen hinaus. Das Lebensgefühl vermag so z.B. eine Gefahr oder einen Vorteil bemerken, ohne dass das Erkenntnisvermögen schon so weit wäre zu sagen, worin diese Gefahr oder der Vorteil besteht. Das Individuum reagiert, ohne sich über das genaue Tun im Klaren zu sein. Uns ist also im Lebensgefühl schon der Wert bestimmter Erscheinungen gegeben, ohne dass diese uns selbst bewusst sind. Vitalgefühle sind damit unmittelbar auch auf die Zukunft bezogen. Scheler schreibt:

Der ganze Sinn und die ganze Bedeutung dieser Gefühle besteht ja eben darin, dass sie den Wert von *Kommendem*, nicht den Wert von Vorhandenem anzeigen, und dass sie in gewissem Sinne sowohl räumliche als zeitliche Ferngefühle sind, im Gegensatz zu den räumlichen und zeitlichen Kontaktgefühlen, welche die sinnlichen Gefühle darstellen (Formalismus, 343f.).

Scheler zählt zu den leiblichen, funktionalen und intentionalen Gefühlen alle emotionalen Gegebenheiten, wie sie z.B. gegeben sind bei Hunger und Appetit, beim Wohlgefühl, in der vital-leiblichen Schlechtigkeit, im vitalen Elend, im Kraftvollsein und in der Frische, in der Mattigkeit, beim Krank- und Gesundsein, bei Sympathiegefühlen und beim Abgestoßensein, bei der »Lust auf ...«, bei der Scham, beim Genießen, beim Ekel und der Aversion, beim Schwindel, der Furcht und der Angst, beim Hoffen und bei Gefahr.

5.2 Wert und Wertordnung

Die *seelischen Gefühle* (Scheler bezeichnet sie als »reinseelische« oder als Ich-Gefühle) sind im Unterschied zu den leiblichen Gefühlen unmittelbar auf das Ich bezogen (sie sind eine »Ichqualität«), wenn auch in verschiedener Ferne (»ich fühle mich traurig« – »ich fühle Trauer« – »ich bin traurig«). Sie sind insofern nicht erst funktional auf einen Leib bezogen. Sie unterliegen eigenen Gesetzen des Wechselns. Sie sind erinner- und nachfühlbar. Sie sind im normalen Zustand »motiviert«, d.h. sie verweisen auf Verstehenszusammenhänge. Sie werden durch unmittelbare Aufmerksamkeit auf sie oftmals zerstört. Sie haften an der jeweiligen Konstellation der Bewusstseinsinhalte eines Individuums und sie sind damit einer willentlichen Lenkung wesentlich entzogen (vgl. Formalismus, 338). Sie sind in gewissen Grenzen dauerhaft und ebben insofern nur langsam ab. Scheler zählt zu den seelischen Gefühlen: den seelischen Schwindel, das seelische Elend, Wehmut, Trauer, Heiterkeit, Fröhlichkeit, das Unglück, das Leid, das Mitgefühl und die Freude.

Geistige Gefühle (Persongefühle) durchdringen, wie Scheler sich ausdrückt, alle besonderen Erlebnisinhalte, »... *erfüllen* gleichsam vom Kern der Person her das Ganze unserer Existenz und unserer ›Welt‹« (Formalismus, 345). Sie entziehen sich vollständig dem Wollen und sind damit dauerhaft und stabil. Sie sind von allen Emotionen am meisten spontan (nichtreaktiv), indem sie unmittelbar aus der Tiefe der Person herausquellen. Sie sind insofern nicht intendierbar. Ihr Sein und Nichtsein unterliegt generell keinerlei Zwecksetzung. Sie sind niemals zuständlich und sie sind unmittelbar auf die Person (und ihre Existenz) bezogen, ohne die Möglichkeit auf ein Etwas anzugeben. Sie sind absolute, nicht auf außerpersonale Wertverhalte bezogene (nichtbedingte) Gefühle. Selig oder verzweifelt zu sein fühlt sich also völlig anders an und findet in einer ganz anderen Region in uns statt, als wenn wir über etwas froh oder unfroh sind. Geistige Gefühle entziehen sich dieses Gegenstands- oder Motivbezugs. Sie sind auf diese Weise nicht einmal erlebt, sondern wir sind durch und durch vollständig von ihnen ergriffen.

Geistige Gefühle sind die metaphysischen und religiösen Selbstgefühle schlechthin. Seligkeit besteht dort, wo kein Bezug mehr zu den Umständen und besonderen Seinsgebieten, zu irgendwelchen Akten, Sach- und Wertverhalten gegeben ist, außer zu sich selbst und der Person. Ebenso ist Verzweiflung erst dort zu finden, wo jeder mögliche Weg des Entrinnens, des Wollens oder Verhaltens aus dem negativen Gefühl heraus verschlossen scheint. Scheler schließt:

In dieser Nichtbedingtheit durch Wertverhalte außer der Person und ihrer möglichen Akte hebt sich heraus, dass diese Gefühle nur im Wertwesen der Person *selbst* und ihrem allen ihren Akten überlegenen Sein und Wertsein wurzeln« (Formalismus, 345).

Zu den geistigen Gefühlen rechnet Scheler die Seligkeit, die Glückseligkeit, das Glücklichsein, die Verzweiflung, den Seelenfrieden und die »geistig-erfüllende Heiterkeit«. An anderer Stelle unterscheidet Scheler als geistige Wertgefühle auch erkennende, ästhetische, ethische und heilige Werte.

5.3 Was heißt bei Scheler Phänomenologie?

Max Scheler wurde schon als »Proteus der deutschen Phänomenologie« (Waldenfels) und als »Adam des neuen Paradieses« (Ortega y Gasset) bezeichnet. Nachdem er zunächst v.a. bei Rudolf Eucken in Jena studiert hatte, kam er mit der Phänomenologie in Berührung und wurde mit Husserl bekannt. Für Scheler ist immer wichtig, was uns die unmittelbare »Anschauung« vermittelt. In einer Fülle von Einzelanalysen beschäftigte er sich mit ethischen, sozialen, kulturellen und religiösen Phänomenen, so mit Liebe, Hass, Sympathie, Gemeinschaft, dem Heiligen, Ressentiment. Für Scheler gibt es phänomenologische Tatsachen, die von jeder wissenschaftlichen oder alltäglich-lebensweltlichen Sphäre unabhängig sind. Zu dieser Art Tatsachen haben wir einen unmittelbaren Zugang, indem wir ihr Wesen erkennen und es in Sachanalysen verständlich machen. Scheler spricht auch von »reinen oder absoluten Tatsachen«. Was hierbei erschaut ist, erfahren wir unmittelbar und gewissermaßen total.

Die »Form« und das »Apriori« sind im Grunde die Begriffe, durch welche Scheler seine Position auf der einen Seite bestimmen und auf der anderen Seite von der Position Kants absetzen will. Für Kant konnte das material Gegebene immer nur sinnlich vermittelt werden. Für die Grundlegung der Ethik konnte das Materiale nicht taugen, weswegen Kant einen formalen Grund für sie suchte. Das »Formale« ist für Scheler dagegen nur eine relationale Kategorie: Etwas ist für etwas anderes formal. Das Formale ist aber nichts für sich. Die Ethik muss deswegen auf eine materiale Grundlage gestellt werden. Die Frage ist nur, aus welcher Quelle das Materiale dabei stammt. In einem ersten Schritt ist also zu untersuchen, wie Scheler das Apriorische bestimmt, und in einem zweiten, wie er es vom Aposteriorischen unterscheidet. Dann muss man sehen, warum das Formale nicht das gesuchte Apriorische sein kann, wie Kant meinte, und ob zwischen einem material und einem sinnlich Gegebenen ein Unterschied besteht (den Kant nicht gemacht hat!).

Unter »a priori« versteht Scheler alles, was nicht in irgendeiner Form durch ein Subjekt oder die Naturanlage »gesetzt ist«. Scheler spricht hier

5.3 Was heißt bei Scheler Phänomenologie? 133

von idealen Bedeutungseinheiten oder Sätzen. Etwas Apriorisches ist als solches »vor« aller induktiven Erfahrung gegeben. Es ist damit auch nicht auf eine sinnliche Anschauung bezogen; es ist keine Form, wie Kant meinte, und ebenso kein Allgemeines. Es gehört zur »Tatsachensphäre«. Als solches kann es immer nur aufgewiesen, nicht aber bewiesen werden. Apriorische Erfahrung ist entsprechend auch phänomenologische Erfahrung. Durch sie sind uns die »Sachen selbst« gegeben. Diese sind unabhängig von der sinnlichen Erfahrung gegeben und können damit durch diese auch nicht belegt oder widerlegt werden. Sie sind diesen »*a priori*«.

Das Apriorische in dieser Hinsicht ist eine phänomenologische Erkenntniskategorie. Wie schon angedeutet, können wir in gehaltvollen Anschauungen, sog. Phänomenen, eine Wesenserkenntnis (oder Wesensschau) der Dinge erlangen. Unter Wesen ist dabei keine realgegenständliche Idee, ein Allgemeines oder ein Individuelles verstanden, sondern der Sinngehalt von Begriffen, die wir in Aussagen über die Dinge *verwenden*. In den Aussagen über die Dinge kommt dagegen immer etwas hinzu (Realität, Wirklichkeit, Schein), was eine weite Quelle von Täuschungen ist. Der Sinngehalt der verwendeten Begriffe ändert sich aber bei diesen Realbezügen nicht. Wenn ich äußere, etwas sei lebendig, so kann ich mich mit dieser Behauptung täuschen, was in dem Zusammenhang aber »Leben« heißt, ist klar bestimmt. Dieses Wesen – Scheler bezeichnet das »Wesen« auch einfach als »Was« – von »Leben« muss schon gegeben sein, sonst könnte der Satz, unabhängig von seiner Wahrheit oder seinem Zutreffen, überhaupt nicht verstanden werden. Eine solche »Washeit« kann sich wiederum sowohl am Individuellen als auch am Allgemeinen finden.

Damit gehören die phänomenologischen Gegebenheiten aber auch zur »Tatsachensphäre«. Erkenntnis beruht also auf der materialen Rezeption von Wesenheiten, welche durch Tatsachen belegt werden; wobei man einen Unterschied zwischen dem Begriff »Ding« und einer »anschaulichen Dingheit« machen muss (vgl. Formalismus, 69). Scheler verdeutlicht diesen Sachverhalt, indem er schreibt, dass wir alles, was zur Wesensnatur eines gegebenen Gehaltes gehört und das wir beobachten wollen, »... immer schon *erschaut* haben müssen, um der Beobachtung die gewünschte und vorausgesetzte *Richtung* zu geben ...« (Formalismus, 69). Diese erschauten Sachverhalte können wir nicht definieren, weil wir sie damit von anderen Gegebenheiten abhängig machen würden. Der Zirkelschluss ist dann immer unvermeidlich.

Scheler nennt ein Beispiel: Ein Rot ist auf verschiedene Weisen zu bestimmen. Es kann damit die Farbe einer bestimmten Oberfläche gemeint sein, auf die ich deuten kann, man kann es innerhalb der Farbskala auffinden und bestimmen oder aber auch seine Wellenlänge unter geklärten Bedingungen aufzeigen usf. Immer ist hierbei das Rot als Zeichen oder als X gegeben:

Die *phänomenologische* Erfahrung aber ist diejenige, in der die jeweilige *Gesamtheit* dieser Zeichen, Anweisungen, Bestimmungsarten ihre *letzte* Erfüllung findet. Sie allein gibt das Rot »*selbst*«. Sie macht aus dem X einen *Tatbestand der Anschauung*. Sie ist gleichsam die Einlösung aller Wechsel, welche die sonstige »Erfahrung« zieht. Wir können also auch sagen: Alle *nicht*-phänomenologische Erfahrung ist prinzipiell Erfahrung durch oder vermittelst irgendwelcher *Symbole*, und insofern *mittelbare* Erfahrung, die niemals die Sachen »selbst« gibt. Nur die phänomenologische Erfahrung ist prinzipiell *asymbolisch* und eben darum fähig, *alle* nur möglichen Symbole zu erfüllen (Formalismus, 70).

Gleichzeitig ist die phänomenologische Erfahrung, so Scheler, auch immanente Erfahrung; in ihr gibt es so auch keine Trennung von »Vermeintem« und »Gegebenem«. Nur das, was im Akt selbst anschaulich ist, gehört zur phänomenologischen Erfahrung. Das Phänomen erscheint gerade dann, wenn Vermeintes und Gegebenes zur Deckung kommen.

Die zweite Frage beschäftigt sich mit der Abgrenzung des Apriorischen vom Aposteriorischen. Für Scheler beruht alle Gegebenheit auf Erfahrung. Gegeben ist aber das Apriorische wie das Aposteriorische gleichermaßen. Es handelt sich dabei allerdings um zwei *völlig verschiedene Erfahrungsarten* und ihrer Art nach zu unterscheidende Tatsachen. Das Apriorische ist hier nicht die spezifische Form des Verstandes, das uns die Unabhängigkeit vom sinnlich Gegebenen garantiert, wie Kant meinte, sondern es ist ein intuitiver Gehalt, der in »reinen« oder »absoluten« Tatsachen besteht und dadurch entsprechend »einsichtig« und »evident« ist:

Nicht also um Erfahrung und Nichterfahrung oder so genannte »Voraussetzungen *aller* möglichen Erfahrung« (die dann selbst in *jeder* Hinsicht unerfahren wären) handelt es sich im Gegensatz des a priori und a posteriori, sondern um zwei *Arten* des Erfahrens; um reines und unmittelbares Erfahren *und* durch Setzung einer Naturorganisation des realen Aktträgers bedingtes und hierdurch vermitteltes Erfahren (Formalismus, 71).

Die apriorischen Erfahrungen dienen in jeder nicht phänomenologischen Erfahrung als »Strukturen« und »Formgesetze«. Die induktive Erfahrung richtet sich nach diesen Schemata. Alles, was hier als Form bestimmt werden kann, muss allerdings innerhalb der phänomenologischen Erfahrung »... noch zur »*Materie*« und zum »*Gegenstande*« der Anschauung werden« (ebd.). Was also nicht durch die phänomenologische Erfahrung ausgewiesen ist, ist entweder nur ein Zeichen oder eine zufällige Konvention.

Wenn das Formale nur eine »Form für etwas« ist und zuletzt selbst in einer Anschauung fundiert sein muss, stellt sich die Frage nach dem Unterschied zwischen »Form« und »Materie«, denn bei Kant entsprach die Form dem Apriorischen und die Materie dem Aposteriorischen.

Es gibt, schreibt Scheler, »[*i*]*nnerhalb* der gesamten Sphäre des a priori Einsichtigen ... daher die weitgehendsten Unterschiede von ›Formalem‹ und ›Materialem‹« (Formalismus, 73). Der Unterschied zwischen »formal« und »material« besteht nämlich nur in Bezug auf allgemeine Begriffe und Sätze. Es gelten die Gesetze der Logik gegenüber den Sätzen der Arithmetik als *formal*, diese aber sind gegenüber jenen durch ein Mehr an Anschauungsfülle *material*. Auch die Gesetze der Logik enthalten einen anschaulichen Gehalt, der sich auf der unmittelbaren und evidenten Einsicht in ihre Gültigkeit gründet, die nur in der phänomenologischen Erfahrung zu gewinnen ist. Formal können die Gesetze der Logik auf jeden beliebigen Gegenstand und Sachverhalt bezogen werden. Und auch einzelne arithmetische Wahrheiten sind wie z.B. »2 x 2 = 4« formal »für Zwetschgen und Birnen« (ebd.). Die Differenz von »formal« und »material« ist also keine zwischen apriorisch und aposteriorisch, sondern steht gewissermaßen quer zu dieser Unterscheidung, da es auch im (aposteriorischen) Bereich des Beobachteten eine logische Form und einen materialen Gehalt von Tatsachen gibt.

Als letzte Unterscheidung ist noch die zwischen dem Materialen und dem Sinnlichen zu machen. Nach Kant stammt alles, wovon wir Erkenntnis haben können, aus der aposteriorisch-sinnlich gegebenen Empfindung, welche durch die apriorische Form des Verstandes geordnet wird. Für das Praktische lösen diese materialen Empfindungen die sinnlichen Zustände der Lust und Unlust aus. Scheler hält dagegen auch nicht sinnliche und dennoch materiale Erfahrungen für möglich. »Sinnlicher Gehalt« und »Empfindung« sagt für ihn nichts über den Inhalt aus, sondern lediglich etwas über die Art und Weise, wie wir es aufgenommen haben. Was bei Kant sinnliche Empfindung heißt, ist ein komplexes Bündel von unmittelbaren Gegebenheiten, die erst phänomenologisch aufgeschlüsselt werden müssen. Nach Scheler muss man nur die einfache »Was-Frage« stellen. Was ist nämlich in der »meinenden Intention« unmittelbar gegeben? In dieser Aktintention blicken wir von allen Konkretheiten der Person, des Blicks, der Welt und dem Ich ab und »... sehen, *was* da [ist; GF] und wie es erscheint ...« (Formalismus, 74).

Scheler verdeutlicht das an einem Beispiel (vgl. Formalismus, 74ff.): Wenn ich frage, *was* mir gegeben ist, wenn ich einen Würfel wahrnehme, so kann nach Scheler die Antwort nur heißen: Ein Würfel! und zwar als Ganzer, als materielles und ungeteiltes Ding einer bestimmten räumlich-geformten Totalität. Man weiß dabei zunächst noch nichts von einer von mir vollzogenen, visuell gegebenen, perspektivischen Seitenansicht. Es seien vielmehr eine ganze Reihe zusätzlicher Akte nötig, um den komplexen Sachverhalt »perspektivische Seitenansicht eines Würfels«, den wir üblicherweise als selbstverständlich voraussetzen, zustande zu bringen. Man muss sich verdeutlichen, dass hier erstens ein Akt der Icherfassung vorliegt, dass es sich zweitens um einen Sehakt handelt, der Form, Farbe, Licht und Schatten unterscheidet. Unter dieser Hinsicht ist zwar noch ein ganzes Ding vorhanden; es erscheint uns aber nur als seine Hülle – denn in den Würfel hineinschauen können wir nicht.

Um aber nun die Gegebenheit »perspektivische Seitenansicht« zu erhalten, sind noch eine ganze Reihe weiterer Reflexionen nötig: Ich muss mir bewusst werden, dass es sich um einen besonderen Wahrnehmungsakt handelt, der möglich ist, weil ich Augen und eine leibliche Organisation habe und weil ich mich von einem bestimmten Punkt im Raume aus dem Würfel zuwende. Dass ich mit den Augen sehe, liegt weder an der Sehfunktion noch am Sehding. Ich nehme es vielmehr aufgrund des Experiments an, dass, wenn ich die Augen schließe oder sie mit dem Körper in ihrer Blickrichtung variiere, das Sehding verschwindet. Das Sehding aber muss immer schon da sein und in einer bestimmten Größenqualität vorliegen, wenn solche Variationen möglich sein sollen. Die Bestimmung »perspektivische Seitenansicht eines Würfels« erhalte ich zuletzt aber erst, wenn ich diese Momente alle in Beziehung zueinander setze. Diese »perspektivische Seitenansicht eines Würfels« kann also nicht der Ausgangspunkt von Wahrnehmungsexperimenten sein.

Was wir damit noch gar nicht eingeholt haben, ist die Kategorie des »Empfindungsinhalts«. Darunter versteht Scheler Gehalte, die unmittelbar unsere leibliche Konstitution betreffen. Nur diese sind unmittelbar gegeben. Dagegen ist alles andere, was wir im weitesten Sinn »Empfindungen« nennen, »durch Analogie« erschlossen. Wir empfinden also nicht primär Töne, Farben, Gerüche und Geschmacksqualitäten, sondern zuerst Hunger, Durst, Schmerz usf., also alles, was auf Empfindungen beruht, die von den Sinnen oder von den Organen herrühren. Scheler zieht damit eine scharfe Grenze zwischen den körperlichen Empfindungen, die sich durch objektive Befunde und Veränderungen (durch physische und psychologische Methoden) empirisch nachweisen lassen und allen geistigen Momenten, die sich eines empirischen Zugriffs kategorisch verweigern.

Das, was wir »Empfindung« nennen, ist nach Scheler im Grunde nie ursprünglich und unmittelbar gegeben. Empfindungen sind nämlich immer abhängig von unserer Leiborganisation und seinen Variationsmöglichkeiten, wie sie gegenüber »der äußeren (*und* inneren) Erscheinungswelt ...« (Formalismus, 77) möglich sind. Jede Empfindung steht deshalb in einem komplexen Zusammenhang von bereits Empfundenem, d.h. auf der einen Seite von gegebenen Erfahrungen, auf der anderen Seite in Bezug auf unterschiedliche Leibzustände. Die Aufgabe der Philosophie ist es, von dieser

Art der Empfindung abzusehen, da sie nur Fakten des leiblichen Zustands liefert.

Die aufgewiesenen Zusammenhänge gelten nach Scheler auch für die Werte und für das Wollen. In Anschauungen sind uns in erster Linie Dinge als Ganzes gegeben, und erst eine Reflexion darauf schafft uns die theoretischen Vorstellungen von Visualität, Perspektivität, Vorstellungen vom Körper und seiner Organisation, Außenwelt usf. – und zuletzt eben auch von »Empfindungen«. So sind uns primär und »in natürlicher Einstellung« auch nur »Güter« gegeben. Von diesen ausgehend werden wir uns fühlend der diesen zugrunde liegenden Werte bewusst. Erst dann können wir auf die damit zusammenhängenden Zustände von Lust und Unlust, die auf die Wirkung der Güter bezogen sind, reflektieren und ganz zuletzt erst vermitteln sich uns die damit verbundenen sinnlichen Empfindungen (Gefühle bzw. Gefühlsempfindungen). So ist das sinnliche Wohlgefühl auf der Zunge – das abhängig von der Leiborganisation ist – vom Angenehmen des Zukkers selbst zu unterscheiden. Güter lösen also keine Gefühlszustände aus, sondern erst über eine Reihe von reflexiven Zwischenschritten und perspektivischen Verkürzungen werden sie uns bewusst. Für Scheler sind die Güter und Werte für unser Handeln und Leben also weit ursprünglicher als die Gefühlszustände.

5.4 Schelers Wertlehre

Wir sprachen schon ausführlich davon, dass die Werte bei Scheler in einer Rangordnung stehen; und zwar in einer Rangordnung, die ihre Entsprechung in der Schichtung des emotionalen Lebens findet. Es ist nun aber gar nicht so einfach zu sagen, was Werte bei Scheler eigentlich sind. Gut, es sind Tatsachen der Erfahrung! Aber was heißt das, wenn die Erfahrungsart keine sinnliche ist; und wir im Grunde – wohl ein Erbe der kantischen Philosophie – davon ausgehen, dass Erfahrung immer sinnlich ist?

Wir haben auch schon davon gehört, dass Werte an Gütern, also Wertdingen, haften. Darüber hinaus finden sie sich außerdem an unterschiedlichen Sachverhalten und an Personen. Bewusst sind uns dann auch in erster Linie die Gegenstände, an denen die Werte auftreten. Der Werte selbst werden wir uns nach Scheler auch gar nicht unmittelbar bewusst. Es handelt sich bei der Werterfahrung um eine eigenständige Erfassung ganz bestimmter Sachverhalte, die gewissermaßen die Ordnungsstruktur, in der sie stehen, schon mit transportiert. Scheler nennt diese Erfassungsart das »Vorziehen« und das »Nachsetzen«. Auch davon war schon die Rede.

Werte werden uns also immer in einem »Höher« und »Niedriger« bewusst. Das spiegelt jeweils auch die formale Struktur (also die Rangordnung) des Wertes selbst wider. Allerdings ist es nicht so, dass wir die Wertstruktur sozusagen schon parat haben und uns dann zwischen verschiedenen Gegebenheiten von Werten entscheiden, sozusagen eine Art Auswahl treffen. Vielmehr ist der einzelne Wert, wenn er wahrgenommen wird, immer auch schon in seinem Vorzug mit gegeben. Es braucht dazu nicht eines Vergleichs mit einem niedrigeren Wert. Wird ein Wert erkannt, kann es sein, dass sich ganz neue »Güterwelten« eröffnen. Ebenso gibt es nach Scheler allerdings auch die Möglichkeit der Werttäuschung. Dabei wird ein niedriger Wert als ein höherer aufgefasst, was sich ebenfalls auf die gegebene Güterwelt auswirken kann.

Blickt man sehr genau auf die Gegebenheitsweise der Werte hin, so bemerkt man ihre Unabhängigkeit von den Gütern, aber auch ihre »Objektivität« und ihre »Tatsachennatur«. Vor allem die Bezogenheit auf die emotionalen Schichten, die für das Subjekt eine ganz unterschiedliche Einordnung bei gleich gegebenen Werten erlaubt, verweist darauf. Z.B. wären wir ohne unsere sinnliche Natur unfähig, sinnliche Werte zu erfassen. Werte des »reinen« Fühlens wie Lieben oder Vorziehen (und die damit verbundenen sittlichen Werte) sind dagegen unabhängig von der Sinnlichkeit. Diese fühlen wir, ohne eine Empfindung von ihnen zu haben, unmittelbar als jeweils vorgezogene, wir müssen sie also nicht erst an sinnlich gegebenen Gütern festmachen.

Scheler unterscheidet eine ganze Reihe von formalen Unterschieden bei den Wertarten (Personwerte, Sachwerte, Fremdwerte, Funktionswerte, Erfolgswerte, Konsekutivwerte usf.), die jeweils auf die verschiedenen Stufen der Wertrangordnung zu beziehen sind.

5.4.1 Der Wertbegriff

Werte sind für Scheler Gegenstände der Erfahrung. Nur dadurch kann er diesen auch ihre Objektivität sichern. Würden Werte nur vermeint, geglaubt oder konstruiert, hätten sie auch nur subjektiven Charakter. Zu bestimmen bleibt aber noch die Erfahrungsart, das »...Wesen derjenigen Erfahrung ..., die uns die sittliche Erkenntnis gibt ...« (Formalismus, 173). Erfahrung geht dabei immer auf Tatsachen. Doch erscheint es auch Scheler eigentümlich, nach »sittlichen Tatsachen« zu fragen.

Wenn wir die Handlungen anderer Menschen nach verschiedenen moralischen Kriterien wie gut, schlecht, gemein, niedrig, verbrecherisch beurteilen, müssen wir fragen, um welche Art von »Tatsachenmaterial« es sich handelt, das sich in diesen Urteilen findet? Eine »sittliche Tatsache« ist für

Scheler allerdings etwas anderes als eine Tatsache, wie sie uns in der inneren oder äußeren Erfahrung gegeben ist. Verschiedentlich habe man angenommen, dass die sittlichen Tatsachen in den Gefühlen liegen. Zwar begleiteten Gefühle unser Tun, ihnen liegen aber keine »sittlichen Tatsachen« zugrunde. Mit dem Verweis auf Gefühle allein kann niemand entscheiden, was schicklich, gemein, angemessen oder peinlich ist. »Innere Tatsachen« verweisen immer auf etwas Äußeres, auf einen Gegenstand oder Sachverhalt, von dem man eine Vorstellung hat. Gefühle vermitteln aber keine Tatsachen im Sinne ihrer Wahrnehmung. Wenn man etwas bereut, wenn man sich schuldig fühlt, dann verweist dabei nichts auf irgendwelche Gegenstände, die Inhalte einer Vorstellung sind.

Für Scheler sind dagegen z.B. sittliche Werte nicht Verstandesgegenstände, sondern so genannte ideale Gegenstände. Sie sind nicht von einzelnen Empfindungen abhängig, da dann eine erkannte gute Handlung oder eine Person immer nur Beispiel des einen Guten wäre. Es kommt bei sittlichen Werten stattdessen auf den ursprünglichen Anschauungsgehalt an. So erkennen wir z.B. auch Farben durch verschiedene Farbnuancen hindurch als dieselben. Scheler schreibt:

Gegenüber der Sphäre der Nur-Bedeutungen sind also die sittlichen Tatsachen *Tatsachen der materialen Anschauung*, und zwar einer *nicht* sinnlichen Anschauung, sofern wir mit »Anschauung« nicht notwendig die Bildhaftigkeit des Inhalts, sondern die Unmittelbarkeit im Gegebensein des Gegenstandes meinen (Formalismus, 176).

Scheler ist also ausdrücklich der Meinung, dass es so etwas wie »selbständige *Werttatsachen* überhaupt und *sittliche* Werttatsachen insbesondere« (Formalismus, 177) gibt, welche sich in einer eigenen und nicht sinnlichen Anschauungsart zu erkennen geben. Das Wertfühlen selbst bezeichnet Scheler als »intentionales Fühlen«, das in den Vorzugs- und Nachordnungsgefühlen seine Ergänzung findet.

5.4.2 Fühlen und Gefühle

Das intentionale Fühlen ist eine der theoretisch-logischen Erfahrungsart analoge Wahrnehmungsweise, in der statt Gegenständen Werte und statt Sachverhalten Wertverhalte zum Ausdruck kommen. Scheler ist sich bewusst, dass er mit dieser eigenen Wahrnehmungsart etwas annimmt, das von der philosophischen Tradition bisher nicht recht ernst genommen wurde. (Scheler verweist allerdings auch auf die beiden Ausnahmen Pascal und Augustin.) Schon in der antiken Philosophie schied man die Vernunft und die Sinnlichkeit (v.a. seit Demokrit). Was nicht zur Vernunft (*logos*) gehört, stammt demnach aus der sinnlichen Anschauung. Also ist auch unser gesamtes emotionales Leben und alles Streben ein Teil unseres sinnlichen Empfindens, ebenso wie alles andere »Alogische«, wie »Anschauen, Fühlen, Streben, Lieben, Hassen«. Der psychophysische Apparat ist letztlich abhängig von den uns umgebenden und auf uns einwirkenden Kausalverhältnissen. Scheler moniert:

> Ob es auf dem Boden des Alogischen unseres geistigen Lebens ursprüngliche und wesenhafte Rangverschiedenheiten der Aktinbegriffe und der Inbegriffe von Funktionen geben könne – und darunter auch solche einer »Ursprünglichkeit«, die jener der Akte gleichsteht, durch die wir die durch reine Logik gebundenen Gegenstände erfassen –, es also auch ein *reines Anschauen, Fühlen, ein reines Lieben und Hassen, ein reines Streben und Wollen* gäbe, die alle zusammen von der psychophysischen Organisation unserer Menschenart *ebenso* unabhängig sind wie reines Denken, und zugleich einer ursprünglichen Gesetzmäßigkeit teilhaftig, die sich keineswegs auf die Regeln des empirischen Seelenlebens zurückführen läßt – das wird auf Grund jenes Vorurteils [der ausschließenden Trennung von Vernunft und Sinnlichkeit; GF] gar nicht einmal gefragt. Es wird damit natürlich auch nicht gefragt, ob es nicht apriorische Zusammenhänge und Widerstreite zwischen den Gegenständen und Qualitäten gibt, auf die sich jene alogischen Akte richten, und ihnen korrespondierend apriorische Gesetzmäßigkeiten dieser Akte selbst (Formalismus, 259f.).

Die Ethik zerfällt dann historisch entweder in eine apriorisch-rationale oder in eine relativ-empirisch-emotionale Richtung. Dagegen findet sich in den Schriften Pascals die Idee vom »ordre du cœur« bzw. der »logique du cœur«. Pascal schreibt: »Le cœur a ses raisons« und er verstehe »... darunter eine ewige und absolute Gesetzmäßigkeit des Fühlens, Liebens und Hassens, die so absolut wie die der reinen Logik, die aber in keiner Weise auf intellektuelle Gesetzmäßigkeit reduzierbar sei« (Formalismus, 260). Doch hat man Pascal missverstanden. Man nahm an, er meine, man soll nicht nur auf den Verstand hören, sondern auch das Gefühl zu Wort kommen lassen. Das Herz und das Gemüt (als eine Art blinden Gefühls) hätten schließlich auch ihre Bedürfnisse, welche das Denken ergänzten oder welchen das Denken zuweilen sogar nachgeben sollte. Doch ist tatsächlich gemeint, dass es »Gründe des Gefühls und des Herzens« gibt, welche den Gründen des Verstandes in nichts nachstehen, welche diese auch nicht ergänzen, sondern welche ihren eigenen Beitrag zu einer Erkenntnis der Welt und dem Handeln in ihr leisten. Scheler schreibt:

> Es gibt eine Erfahrungsart, deren Gegenstände dem »Verstande« völlig verschlossen sind; für die dieser so blind wie Ohr und Hören für die Farbe – eine Erfahrungsart aber, die uns *echte* objektive Gegenstände, und eine ewige Ordnung zwischen ihnen, zuführt, eben die *Werte*; und ihre Rangordnung zwischen ihnen. Und diese Ordnung und die Gesetze dieses Erfahrens sind so bestimmt, genau und einsichtig wie jene der Logik und Mathematik; d.h. es gibt evidente Zusammenhänge und Widerstreite zwischen den Werten und den Werthaltungen und den darauf sich aufbauenden Akten

5.4 Schelers Wertlehre

des Vorziehens usw., auf Grund deren eine wahre Begründung sittlicher Entscheidungen und Gesetze für solche möglich und notwendig ist (Formalismus, 261).

Das »intentionale *Fühlen von etwas*« ist allerdings kein zuständliches Fühlen. Betrachtet man z.B. den Zustand eines Schmerzes, so ist dieser sinnlich gegeben. In welcher Art und Weise man sich aber auf ihn bezieht, ist damit noch nicht bestimmt. Man kann diesen Schmerz leiden, ihn ertragen, dulden oder vielleicht auch genießen.[2] Dabei kann die Funktionalqualität des Fühlens variieren, ohne dass sich der Zustand des Schmerzes verändert: Die Schmerzgegebenheitsvariationen sind also unabhängig von den Schwellen und den Steigerungsverhältnissen des Schmerzzustandes.

Spezifisch sinnliche Gefühle sind immer zuständlich. Mittelbar beziehen wir diese Art von Gefühlen auf Objekte verschiedenster Art (der Vorstellung, der Wahrnehmung oder auf allgemeine Sachverhalte usw.). Das Objekt ist dann nachträglich assoziiert, aber dem Fühlen nicht unmittelbar gegeben. So kann man sich eine momentane Stimmung nicht erklären, weil man gerade nicht weiß, was sie hervorgebracht hat; oder man verknüpft nachträglich ein bestimmtes Gefühl mit dem Zustand einer Krankheit als Vorzeichen für diese. Um diese Verbindung herzustellen, braucht man den Verstand und die Erfahrung.

Von den Gefühlszuständen unterscheidet Scheler das »intentionale Fühlen« und das, *was* in diesem »gefühlt wird«. Hierbei »nimmt« das Fühlen ohne denkende Verknüpfungsleistung etwas »auf«, es »bewegt« sich ihm etwas entgegen, es kommt in ihm »auf einen zu« und es ist ihm ein »Meinen« und ein Gerichtetsein immanent. Diese Art des Fühlens erfahren wir beim »Fühlen von Werten«. Das Sichbeziehen und Sichrichten des Fühlens auf gegenständliche Werte besteht ursprünglich und unvermittelt. Es ist kein Zustand oder Tatbestand und keine vom Ich-Zentrum ausgehende Tätigkeit, welche innerhalb der Zeit stattfindet, sondern »... eine punktuelle, je nachdem vom Ich aus gegenständlich gerichtete, oder auf das Ich zukommende Bewegung, in der mir etwas gegeben *wird* und ›zur Erscheinung‹ kommt« (Formalismus, 263). Das intentionale Korrelat dieses Fühlens ist der Wert, analog wie beim Vorstellen der Gegenstand. So sind gefühlte Werte auch mitteilbar und verständlich, im Gegensatz zu Gefühlszuständen, welche nur konstatierbar und allenfalls kausal erklärbar sind.

Wir haben also zu unterscheiden zwischen dem Fühlen von Gefühlen (als Gefühlszustände), dem Fühlen von gegenständlichen emotionalen Stimmungs-Charakteren (z.B. der Ruhe eines Flusses), welche zwar als

---

2 Z.B. wenn man schwere körperliche Arbeit verrichtet hat und sich gerade angesichts der schmerzenden Knochen über das Erreichte freut. Die Schmerzen bilden dabei gerade den Erweis dafür, dass man selbst es war, der die Arbeit getan hat.

Gefühlsqualitäten vorliegen können, als Gefühle aber nicht ichbezüglich erlebt sind, und schließlich dem Fühlen von Werten wie *angenehm, schön* und *gut*. Nur bei diesen erhält das Fühlen seine kognitive Funktion.

Der Gegenstand, z.B. eines Zorns (als Zustand), ist mit diesem nicht unmittelbar verknüpft; er tritt erst hinzu; die Übel aber, über die man zürnt, müssen zuvor schon fühlend erfasst sein. Im Zorn selbst wird dabei nichts erfasst. Bei der Freude dagegen steht der Gegenstand der Freude schon vorher vor einem – und zwar »... nicht nur wahrgenommen, sondern auch bereits *mit* im Fühlen gegebenen Wertprädikaten behaftet« (Formalismus, 264). Die emotionale »Antwortreaktion« steht dabei normalerweise in einem Sinn- bzw. Verständniszusammenhang mit den sie hervorrufenden Wertqualitäten. Ein Widerspruch zwischen dieser Antwortreaktion und dem erkannten Wertverhalt wird dagegen eine emotionale Missstimmung hervorrufen. Diese Verhaltensweise hat zwar mit dem intentionalen Fühlen die Richtung gemeinsam, sie gibt uns aber keinen Gegenstand. Beim Wertfühlen dagegen fühlen wir nicht »über etwas«, sondern wir bemerken dabei unmittelbar etwas, »... eine bestimmte Wertqualität« (ebd.). Scheler folgert:

> In diesem Falle, d.h. *im* Vollzug des Fühlens wird uns das Fühlen nicht gegenständlich bewußt: Es tritt uns nur eine Wertqualität von außen oder innen her »entgegen«. Es bedarf eines neuen Aktes der Reflexion, damit uns auch das »Fühlen von« gegenständlich wird, und damit wir nun nachträglich auch darauf reflektierend hinsehen können, *was* an dem gegenständlich schon gegebenen Wert wir »fühlen« (ebd.).

Die Gegenstandskonstituierung, also die »intentionale Fühlfunktion«, erfolgt nicht durch »objektivierende Akte« des Vorstellens oder Urteilens an Hand der Verbindung mit der gegenständlichen Sphäre, wie das bei zuständlichen Gefühlen geschieht. Beim Wertfühlen ist uns die Gegenstandswelt unmittelbar gegeben, soweit sie von ihrer Wertseite her betrachtet wird. Insofern liegt in ihm selbst ein »objektivierender Akt«. Scheler geht sogar so weit zu behaupten, diese Wert- und Fühleinheiten sind fundierend und leitend für jede theoretische Auseinandersetzung mit der Welt, ob diese erkennend, entwickelnd oder im sprachlichen Ausdruck erfassend ist. Diese Sachzusammenhänge werden übersehen, wenn die gesamte Gefühlswelt ausschließlich psychologisch gedeutet wird:

> [M]an wird dann nie darauf sehen, was *im* Fühlen, *im* Vorziehen, *im* Lieben und *Hassen sich uns an Welt und Wertgehalt der Welt erschließt*, sondern immer nur darauf, was wir in innerer Wahrnehmung, d.h. in »vorstelligem« Verhalten in uns vorfinden, *wenn* wir fühlen, *wenn* wir vorziehen, *wenn* wir lieben und hassen, *wenn* wir ein Kunstwerk genießen, *wenn* wir zu Gott beten (Formalismus, 265).

Wie schon erwähnt, erfassen wir nicht nur die Werte, sondern auch eine Rangstufe der Werte zueinander, also ihr Höher- und Niedrigersein. Dies geschieht im schon erwähnten »Vorziehen und Nachsetzen«. Darunter ist kein Streben zu verstehen, kein Wählen und »... auch kein rein fühlendes Verhalten, sondern eine besondere Klasse emotionaler Akterlebnisse« (Formalismus, 265). Vorzugs- und Nachsetzungsakte bilden gerade die Voraussetzung für Streben und Wählen, das an Handlungen, Zielinhalten und dinglichen Trägern geschieht und deren Setzung erfordert. Alles Wollen ist also auf das Werterkennen und dem Erkennen des jeweiligen Wertrangs hin fundiert. Im Gegensatz zu den intentionalen Fühlfunktionen sind diese Vorzugsakte nach Scheler genuin »emotionale Akte«, die mit jenen allerdings ihre Richtungs- und Sinngebungsfunktion (Intentionalität) gemeinsam haben.

»Lieben und Hassen« bilden, so Scheler, die höchsten Stufen des emotionalen Lebens und des wertrangerkennenden Vorziehens und Nachsetzens. Diese Fühlfunktionen sind am weitesten von zuständlichen Gefühlen entfernt und sie sind gerade keine Antwortreaktion auf gefühlte Werte, sondern sie schreiten letztlich aller Werterkenntnis aufgrund ihrer auf Werte hin disponierenden Funktion bereits voraus. Auch ihnen genügt ein einziger erkannter Wert. In ihnen verengt bzw. erweitert sich das von allen Gütern unabhängige Wertreich, das einer Person jeweils zugänglich ist. Mit dem Wertreich ist der Bereich gemeint, der einem fühlenden Wesen werterfassend zugänglich ist. Es beschreibt allein die Zugangsart und ist kein Machen, Bilden oder Konstruieren von Werten. Der Akt der Liebe entdeckt damit Werte, welche wiederum vorgezogen oder nachgesetzt werden können. Nach Scheler bildet das Aufzeigen der »Gesetze von Lieben und Hassen« den Schlussstein aller Ethik.

5.5 Der Personalismus Schelers

Das letzte Fundament, der Bezugspunkt für alle wertenden, liebenden und hassenden Akte ist die Person. Diese ist, wie Scheler schreibt, das »Aktzentrum«. Damit verabschiedet er sich von allen Bestimmungen der Person als dinghafte oder substanzielle Seele bzw. als individuelles Ich. Jedes Personsein konstituiert sich nach ihm im Vollzug, als »unmittelbar miterlebte *Einheit* des Er-lebens« (Formalismus, 371). Sie ist als solche »geistige[...] Person *und* Individualität« (Formalismus, 373).

In einer langen Auseinandersetzung mit der kantischen Vorstellung vom Ich als dem Begleitmoment aller vollzogenen Vorstellungen weist Scheler nach, dass sich die Person niemals auf eine solche materiale Gegebenheit eines Ichpunkts (das Ich wird dabei selbst zum psychologischen Gegenstand) beziehen kann, sondern vielmehr im Vollzug ihrer Akte gefunden werden muss. Die Person bildet nach Scheler also die Einheit ihrer Aktvollzüge. Diese richten sich auf die »Einheit einer Welt« als Sachkorrelat. Jeder Person korrespondiert also auch eine »Welt«. »Person« wie »Welt« sind dabei – als »Einheiten« betrachtet – psychophysisch indifferent, da sie sich gar nicht auf empirische Gegebenheiten beziehen (vgl. Formalismus, 381), sondern solche erst fundieren (vgl. auch Formalismus, 392ff.).

Die Person ist kein »leerer Ausgangspunkt von Akten«, sondern sie ist das »konkrete Sein«, auf das die unterschiedlichen Akte des Wahrnehmens, Fühlens, Urteilens usf. jeweils bezogen werden. Die Person besteht gewissermaßen in nichts anderem als in ihrem Aktvollzug, in dem sie sich auch erlebt. Man kann von ihr also auch nicht abstrahieren, da man alle Akte erst aus ihr heraus zu vollziehen vermag. Die Person ist sozusagen das »Erleben ihrer Erlebnisse«, denen gegenüber sie allerdings transzendent ist. Auch andere Personen sind uns im Mit-, Vor- und Nachvollzug ihrer Akte gegeben und nicht als Gegenstände.

Alles nun, was mit der Person und ihren Akten in Zusammenhang steht, heißt bei Scheler »Geist«. Er schreibt:

Wohl aber nehmen wir für die gesamte Sphäre der Akte (...) den Terminus »Geist« in Anspruch, indem alles, was das Wesen von Akt, Intentionalität und Sinnerfülltheit hat – wo immer es sich finden mag –, also nennen. ... Vielmehr ist *Person* die wesensnotwendige und einzige Existenzform des Geistes, sofern es sich um konkreten Geist handelt (Formalismus, 388).

Man muss bedenken, dass Scheler eine radikale Trennung der Person und der Gegenstände ihrer Aktvollzüge durchführt. Dabei ist entscheidend, dass man psychische Tatsachen nicht »vergeistigt« und ebenso wenig den Geist »psychologisiert«. Was auf die Person bezogen ist, ist Geist, was auf den faktischen Bewusstseinsstrom und der mit ihm gegebenen Inhalte bezogen ist, gehört dagegen zur Psychologie. Diese untersucht nur die Erlebnisse (als Bewusstsein und innere Wahrnehmung) in der Person, nicht aber die apriorische Quelle des Erlebens, nämlich die Person selbst.

5.5.1 Person und Ethik

Im letzten Abschnitt seines Formalismusbuches wendet sich Scheler der phänomenalen Beschreibung der Person zu. Dabei bestimmt er vier Grundmerkmale, welche, wenn sie im Konkreten erfüllt werden, die Person ausmachen. Diese sind die Vollsinnigkeit, die Mündigkeit, die Willensmächtigkeit und die Zurechen- bzw. Verantwortbarkeit.

Scheler ist der Ansicht, dass die »Person« nicht von irgendeiner Bestimmung des Ich, der Beseelung bzw. der Selbstbewusstheit abhängt. Er spricht

5.4 Schelers Wertlehre

hierbei ausdrücklich davon, dass sogar einigen Tieren – neben der Beseelung – auch eine Ichheit zugeschrieben werden muss, nicht aber eine Person. In seiner späteren Schrift *Die Stellung des Menschen im Kosmos* wird Scheler den Unterschied zwischen Mensch und Tier wesentlich schärfer fassen. Aber auch der Mensch ist als Mensch für Scheler nicht schon Person. Zwar gebe es Keime von Personsein in Vorformen und derivierten Formen des Menschseins; Personen aber wären nur eine bestimmte Art von Menschen. Wer zu dieser Art Menschen gehört, hänge historisch gesehen von den jeweiligen Kulturbedingungen ab. Der Maßstab dafür, wer eine Person im vollwertigen Sinne ist, liegt in den im Folgenden ausgeführten Merkmalen.

Ein erstes Merkmal des Personseins ist die so genannte »phänomenale Vollsinnigkeit« (im Gegensatz zum Wahnsinn). Hierzu müssen die Urteile, das Fühlen und die Willensakte der Person in einem sinnvollen Zusammenhang stehen. Die Akte sind einheitlich auf ein »geistiges« Aktzentrum bezogen. Lebensäußerungen, Urteile, Handlung usf. stehen bei Personen in einem sinnvollen Verstehenszusammenhang, während man bei »Wahnsinnigen« im Allgemeinen nur von einer Ichheit bzw. einem Leibes- und Lebenszentrum ausgeht. Hier sucht man für die jeweilige »Lebensäußerung« nach kausalen, psychischen »Erklärungen«. So ist man bei der Äußerung: »Das Wetter ist schön!« intentional auf das Wetter gerichtet; nimmt man dagegen an, dass es sich nicht um eine vollsinnige Person handelt, sagt man, dieser Mensch äußere, dass das Wetter schön sei. Auf die Richtigkeit der Aussage kommt es dabei gar nicht an. Die Äußerung kann, selbst wenn sie zutrifft, z.B. auch einer Situation nicht angemessen sein. Dagegen »entpersonalisiere« jede Psychologisierung, jedes Aufsuchen von kausalen Bedingungen und jede »Erklärung« – im Unterschied zum »Verstehen« – von Lebensäußerungen den Menschen.

Nach Scheler kann bei einem Menschen erst dann sinnvoll von einer Person gesprochen werden, wenn er eine bestimmte Entwicklungsstufe erreicht hat. Ein Kind ist damit z.B. noch keine sittliche Person. Zur Person gehört also die Mündigkeit des Menschen – dies wieder im phänomenalen Sinn verstanden, d. h. unabhängig davon, wie der Begriff historisch und rechtlich verstanden wurde. Mit der Mündigkeit ist die Möglichkeit gegeben, zwischen den intentionalen Aktarten des Fremden und des eigenen unterscheiden zu können. Scheler schreibt:

Das Grundphänomen der Mündigkeit besteht im Erlebenkönnen einer unmittelbar im Erleben jedes Erlebnisses selbst schon gegebenen (also *nicht* erst auf dessen Inhalt gegründeten) Verschiedenheitseinsicht eines *eigenen* und *fremden* Aktes, Wollens, Fühlens, Denkens; und – worauf es ankommt – dies ohne *notwendigen* Hinblick darauf, ob ein fremder Leib oder der eigenen Leib es ist oder war, durch den sich das Akterlebnis nach außen kundtat (Formalismus, 471f.).

Hier geht es allerdings nur um die grundsätzliche Möglichkeit und nicht um die ständige Aktuierung. Es werden die Äußerungen aus der Umwelt nicht einfach nur mit vollzogen, die Person lässt sich nicht primär anstecken oder übernimmt die Stimmungen, das Wollen oder die Ansichten ihrer Umgebung, sondern sie erkennt diese als jeweils fremde, zu denen sie sich verhält oder wenigstens verhalten kann. Was dabei als fremd erkannt wird, ist der jeweilige Sinnzusammenhang der Inhalte dieser Äußerungen und nicht erst ihre Verbindung mit z.B. Bildinhalten von Leibäußerungen. Der Unmündige kann dagegen die Lebensäußerungen nicht mehr in Eigenes und Fremdes differenzieren.

Ein weiteres Kriterium für die Personalität ist nach Scheler das Verhältnis der Person zu ihrem Leib, das er als Willensmächtigkeit bezeichnet. Die Person erlebt sich als Herr über ihren Leib; sie identifiziert sich nicht nur mit seinen Zuständen, sondern betrachtet diesen »als zu sich gehörig« (im Sinne von: »mein Leib«). Diese Herrschaft tritt auch äußerlich in Erscheinung. Der eigene Leib ist einem zwar im Sinne einer Sache (wieder verstanden im phänomenologischen Sinn), nicht aber als Ding oder Körper gegeben. Die Person erlebt sich als durch den Leib wirkend. Das ist der phänomenale Tatbestand des »Tunkönnens« und der »Willensmächtigkeit«. Unabhängig von der Leiberfahrung besteht dabei eine Kontinuität des Wollens und des »Tunkönnens«. Fehlt eine solche Willensmächtigkeit, sprechen wir nicht mehr von einer Person.

Das vierte Kriterium ist das der Verantwortbarkeit. Nach Scheler ist die Person kein Gegenstand und, da sie nichts Psychisches ist, ist sie auch nicht das kausale Zentrum (im Sinne der Wechselwirkung zwischen Seele und Körper) ihrer Akte und sozusagen nicht der Endpunkt aller Reizungen und der Ausgangspunkt ihrer Handlungen. Allerdings werden die Handlungen einer Person als äußere oder innere *erlebt*. Nach Scheler sind Handlungen einheitlich phänomenale Vorgänge, welche sich einer Zerlegung in innere seelische Vorgänge (nach dem Reiz-Reaktionsschema) entzieht. Jede Handlung, ob es eine eigene oder eine fremde ist, kann immer nur vom Zentrum der handelnden Person aus verstanden werden (vgl. Formalismus, 475f.).

Die inneren Anlagen (Charakter) haben mit dem Personsein allerdings nichts zu tun. Personen können bei gleicher Anlage innerhalb der gleichen Situation verschieden handeln. Der Charakter ist nach Scheler nämlich kausal bedingt. Charakteränderungen sind demnach möglich, ohne dass sich deswegen auch die Person geändert haben muss (z.B. bei seelischen Krankheiten) – selbst dann, wenn aufgrund einer schweren Erkrankung die Person eines Menschen gar nicht mehr fassbar ist. Wir machen die Person dann auch nicht für die Handlungen verantwortlich; wir rechnen ihr diese also nicht zu. Charakterveränderungen sind damit unabhängig von den sittlichen und geistigen Intentionen einer Person. Bei psychiatrisch relevantem Verhalten ist dann auch jede »sittlich tadelnde oder lobende« Ausdrucksweise unangebracht.

Allerdings kann man einer Person die »Verantwortlichkeit« für ihre Akte nicht nehmen, nur weil man nicht entscheiden kann, ob man ihr diese zurechnen darf. Verantwortung besteht also für jeden persönlichen Akt. Man kann die Handlungen nur der Person nicht zurechnen, weil die Wirksamkeit der Motive für die Handlung vom normalen Gang der Dinge abweicht. Also sind die Unzurechenbarkeit und die (sittliche) Verantwortlichkeit zu unterscheiden, weil diese auf dem Erleben einer »Selbstverantwortlichkeit« ruht. Die Person weiß und erlebt, dass sie die Akte vollzieht; unabhängig davon, ob es sich dabei um innere oder äußere Akte handelt. Deswegen kann die Person nicht krank sein, sondern nur die Seele oder der Mensch. Eine psychologistische oder eine vitalistische Ethik kann letztlich auch zwischen krank und böse gar nicht hinreichend unterscheiden (vgl. Formalismus, 479f.).

Wenn wir Personen und ihre Handlungen bewerten, beurteilten wir meistens auch nicht ihre charakterlichen Dispositionen, sondern ihre »immanenten Wertintentionen«. Wir legen dabei keine allgemeingültigen Normen an, sondern versuchen, »... daß wir die durch zentrales Verständnis *ihres* individuellen *Wesens* gewonnenen *Grundintentionen* der fremden Person gleichsam zu Ende ausziehen und in die Einheit eines nur anschaulich gegebenen *konkreten Wertidealbildes* der Person zur Vereinigung bringen« (Formalismus, 480). Wie Scheler meint, verstehen wir die Handlungen einer Person noch nicht, wenn wir alle ihre Eigenschaften, Anlagen und Erlebnisse kennen. Nur wenn wir ihren »zentralen Springquell verstehen«, sind wir dazu in der Lage. Die Person ist also gar nicht mit Hilfe von psychologisch-induktiven Verfahren zu erklären.

5.5.2 Person und Individuum

Der Grund der Ethik ist nach Scheler in der *individuellen* Person zu suchen. Obzwar er von einer Individualisierung der Werte, der sittlichen Handlungen und der Sollensforderungen an die Person spricht, ist sein Entwurf der einer objektiven Wertethik. Zu jeder individuellen Person gibt es ein »individuelles Wertwesen«. Ethisch können nur Handlungen sein, welche auf einer Erkenntnis dieses jeweiligen Wertwesens beruhen. »Objektiv« ist das Ganze, weil allgemeine Wertzusammenhänge bestehen, welche dem Aufbau jeder individuellen Ethik vorhergehen. Für jede Person gelten dann nur die Werte, welche ihrem individuellen Wertwesen zugrunde liegen. Die Werte, die sie innerhalb ihres Bereiches erkannt hat, muss sie dann (im Sinne des »sittlichen Sollens«) – wenn sie ethisch gerechtfertigt handeln will – auch realisieren. Es geht also nicht darum, innerhalb einer Situation die überhaupt höchst möglichen Werte erkennen und realisieren zu müssen. Das individuelle Wertwesen ist dann auch gar nicht durch die erkannten Werte zu erkennen, sondern durch die Vorzugsregeln, welche die Werte gewissermaßen strukturieren.

Scheler verbindet also einen durchgängigen und konsequenten Personalismus mit der Objektivität der durch eine Person realisierbaren Werte. Er schreibt:

Wird dagegen jedes Sollen selbst erst sittliches und echtes Sollen dadurch, daß es auf die *Einsicht in objektive Werte,* hier in das sittlich *Gute sich gründet,* so besteht die Möglichkeit der evidenten Einsicht in ein Gutes, in dessen *objektivem* Wesen und Wertgehalt der *Hinweis* auf eine individuelle Person liegt, und dessen zugehöriges Sollen daher als ein »Ruf« an diese Person und sie allein ergeht, gleichgültig ob derselbe »Ruf« auch an andere ergehe oder nicht (Formalismus, 482).

Ein »An-sich-Gutes für mich« ist vor diesem Hintergrund auch gar kein Widerspruch. Zwar gibt es dann das »Gute für sich« (das Wertmäßige), unabhängig davon, dass ich es kenne; in der Art der Erkenntnis, in der es mir vermittelt ist, liegt allerdings ein erlebter Hinweis auf mich selbst und meine Person. Nach Scheler enthält der materiale Gehalt dieses Guten sogar diesen personalen Hinweis.

Das Ziel der Erkenntnis der eigenen Wertstruktur ist zuletzt im eigenen »Heil« zu suchen. Das ist nicht eudämonistisch zu verstehen, da das »Heil« mit Glück und Lust gar nichts zu tun hat. Scheler bezeichnet damit vielmehr die Übereinstimmung zwischen dem »Bild«, das man von sich hat und der tatsächlichen Person, welche man ist. Das Maß für dieses Heil bemisst sich ihm zufolge am Grad der Verzweiflung bzw. der Seligkeit der Person.

Nach Scheler gibt es also eine individuelle Art des Sollens und dennoch allgemeingültige Werte, welche man zu erfüllen hat. Das höchste Gut, das Heil, wird erst durch die Erfüllung der individuellen Verpflichtungen erreicht. Die Forderung, das sittlich Gute zu tun, liegt also ausdrücklich nicht in der Forderung, »nur« das allgemein Geforderte – das, was von jedem gefordert ist – zu erfüllen, wie es Kant geradezu als Maßstab allen sittlichen Tuns überhaupt angesehen habe.

Vielmehr stellt jeder Lebensmoment einer individuellen Entwicklungsreihe zugleich die Erkenntnismöglichkeit für ganz bestimmte und *einmalige* Werte und Wertzusammenhänge dar, entsprechend dieser aber die Nötigung zu sittlichen Aufgaben und Handlungen, die sich niemals wiederholen können und die im objektiven Nexus der an sich bestehenden sittlichen Wertordnung für diesen Moment (und etwa für dieses Individuum) gleichsam prädeterminiert sind und die, ungenützt, notwendig für ewig verloren gehen (Formalismus, 485).

Objektivität der Werte besteht also auch unabhängig davon, dass sich die Kulturen und die Zeiten darüber uneins sind, was als ethisch wertvoll zu gelten hat und was nicht. Die Unterschiede sind vielmehr die notwendige Konsequenz aus dem Personalismus der individuellen Wertsysteme. Dagegen ist die neuzeitliche Subjektivierung der Werte eine Folge aus den Universalisierungstendenzen innerhalb der verschiedenen Moralsysteme. Erstens können die Werte also nicht aus den Gütern abstrahiert werden und zweitens wird es angesichts des Personalismus nicht möglich sein, aus der Fülle des Wertreichs ein Individuum, ein Volk oder eine Zeit als »besonders sittsam« herauszustellen. Die Aufgabe der Philosophie besteht also nicht darin, Ethik als philosophische Disziplin erschöpfend zu behandeln, sondern darin, allgemeine Regeln und Vorzugszusammenhänge aufzuzeigen.

5.5.3 Vorbilder

Es bleibt zuletzt die Frage, wie die Person ihre Werte und deren Struktur erkennt und verinnerlicht. Schließlich ist die Wertordnung der Person (der *ordo amoris*) die Grundlage ihres Handelns. Die höchsten Werte sind nach Scheler die Personwerte (im Unterschied zu den Sach- und den Zustandswerten). Vor allem ihre Struktur wird es dann sein, welche die Person ausmacht. Es geht damit in der Ethik also nicht um das *Tun*, sondern allein um die Person und ihr sittliches *Sein*. Die höchste Norm für sittliches Sein und Verhalten dürfte dann aber in der *Idee* einer material höchstwertigen Person liegen (vgl. Formalismus, 558). Diese und ihre Wertstruktur bildet gewissermaßen das Vorbild für sittliches Sein. Vorbildhaft kann dann etwas nur sein, wenn es auf einem einsichtigen Personwert fußt.

Bei Kant ist eine Handlung positivwertig, wenn die Person ihre Akte gemäß dem Sittengesetz vollzieht. Eine Nachahmung macht da keinen Sinn. Scheler meint dagegen, dass der »Sinn aller sittlichen Akte« in einem solidarischen Personreich bester Personen besteht. Das sittliche Subjekt ist kein bloßes X, das formale Übereinstimmung erzielt, sondern ein individuelles, konkretes und selbstwertiges Aktzentrum. Im Gegensatz zu Kant können nach Scheler Normen selbst noch gut oder schlecht, positv- oder negativwertig sein. Pflichtnormen ohne eine setzende Person kann es dagegen nicht geben. Hinter jeder guten Handlung steht eine gute Person, welche dann auch ein Vorbild sein kann:

Und so gilt allgemein: Alle Normen haben Wert und Unwert gemäß der möglichen positiv- oder negativwertigen *Vorbildhaftigkeit der Person*, die sie setzt; die Positiv-

resp. Negativwertigkeit des Vorbild*gehaltes* aber bestimmt sich nach dem positiven oder negativen Wertwesen der Person, die als Vorbild fungiert (Formalismus, 560).

Um eine Moral zu verstehen, muss sie also in das System von Vorbildern und damit auf die »herrschenden und geltenden idealen Persontypen« eingeordnet werden. Das erlebte Verhältnis der nachbildenden Person zum Vorbild ist dann die »… *Gefolgschaft* in der Bildung des sittlich-persönlichen Seins *selbst* – nicht also primär Gleichvollzug der Akte des Vorbildes oder gar bloße Nachahmung seiner Handlungen und Ausdrucksgebärden« (ebd.). Das »reine gute Beispiel« ist dann der einzige unmittelbare Ursprung der Bestimmung von Aktvollzügen. Und Kant parodierend (vgl. Kant, GMS BA 1) schreibt Scheler: »Nichts gibt es auf Erden gleichzeitig, was so ursprünglich und was so unmittelbar und was so notwendig eine Person selbst gut werden lässt, wie die einsichtige und adäquate bloße Anschauung einer guten Person *in* ihrer Güte« (Formalismus, 560).

Eine Person hat die höchste Wirkung als Vorbild, wenn sich der Nachvollzug nicht ausdrücklich und unmittelbar auf das Wollen, auf das Handeln, auf ein Streben, ein Urteilen oder ein Tun stützt. Sittliche Veränderungen in der Welt kommen also in erster Linie durch ein Vorbild, das als solches nicht bewusst ist, zustande (und ebenso durch ein Gegenbild, das gewissermaßen die Wertstruktur des Vorbildgehalts transportiert). Die bewusste Nachahmung birgt nämlich immer die Gefahr, dass sie äußerlich bleibt. Das Vorbild ist kein Leittier. Auf diese Weise ist die Vorbildlichkeit der Person auch dem Gebotsgehorsam oder der sittlichen Erziehung überlegen.

Die Grundlage des Erkennens der Personeinheit sind die Akte des Werterkennens (insb. des Fremdwerterkennens) in ihren Formen des Liebens, Hassens, Fühlens, Vorziehens und Nachsetzens. Ein Erkenntnisgehalt besteht hier deswegen, weil das Vorbild als solches in all diesen Akten schon vorausgesetzt wird, nicht aber so, dass hierzu ein Bildinhalt des Vorstellens gegeben sein muss.

Für Scheler entfaltet sich in jeder Sozialeinheit ein »… *System von vorbildlichen, idealtypischen Sozialpersonen* …« (Formalismus, 562), von denen eine vorbildliche oder gegenbildliche Wirksamkeit ausgeht und die ein klar bestimmtes Maß der Vorbildwirksamkeit an sich tragen. Solche Vorbilder können z.B.: Vater, Familienhaupt, Ahn, Fürst, Adeliger, Volksmann, Vertrauensmann, Präsident, Abgeordneter, Führer, Lehrer, Meister, Held, Dichter, Sänger, Staatsmann, Führer des Wirtschaftslebens, Reformator, Heiliger, Gesellschaftslöwe, Gourmet, Vorbild in Mode, Takt und Umgang etc. sein.

Das Vorbild ist nach Scheler »ein strukturierter Wertverhalt«, und so gründet sich die Güte der Person auf einer objektiven Wertstruktur, die sie gewissermaßen repräsentiert. Dadurch erscheint sie als vorbildhaft und fordert zur Nachahmung auf (»Soll*seins*forderung«). Dabei geht es zuletzt aber nicht um die Person, sondern um den durch sie repräsentierten Wertgehalt (vgl. Formalismus, 564).

Gegeben sind uns Vorbilder in der Weise eines »machtvollen Zuges«, welcher im Vorbild selbst verankert ist. Man bewegt sich nicht aktiv dem Vorbild entgegen, das Vorbild wird nicht als Ziel oder Zweckinhalt bestimmt, sondern »das Vorbild *wird* ziel-*bestimmend*«. Der Zug geht auf ein ihn bestimmendes »Bewußtsein des Sollseins und des Rechtseins«. Nach Scheler findet sich im Vorbild immer eine »Tendenz auf Einsicht«. Der Gehalt selbst ist im »Eingegrenztsein« erlebt, »... so, dass im Gesamt*inbegriff* von Erlebnissen der Erfüllung und Nichterfüllung (...) durch ein mögliches Exemplar als besonderer Gehalt zur Gegebenheit kommt« (Formalismus, 565). Der Vorbildgehalt wirkt als Auffassungsform, hinter der immer ein Einheitssinn steckt.

Die sittliche Umbildung (Folge, Nachfolge, Gefolgschaft) der Gesinnung (der Gesinnungswandel, die Sinnesänderung in Wollen und Werterkennen) erfolgt unterschiedlich je nach der Verschiedenheit des Vorbildes. Scheler beschreibt diese als ein »Hineinwachsen des Personseins selbst und der Gesinnung in Struktur und Züge des Vorbilds«, als »freie Hingabe an seinen autonomer Einsicht zugänglichen Personwertgehalt« (Formalismus, 566). Die Art und Weise bestehe in einem »Werden wie ..., nicht in einem »Werden was ...«.

Vorbilder sind im Grunde keine konkreten Menschen. Sie entspringen an ihnen als Gegenstände der Erfahrung, sie sind dabei aber nicht aus einer zufälligen, empirisch feststellbaren Beschaffenheit abgezogen, abstrahiert oder vorgefunden. Ein konkreter Mensch ist ein »Exemplar« für unser eigentliches Vorbild, das diesem unterschiedlich adäquat entspricht. Es wird also am Beispiel einer konkreten Person ein Strukturtypus eines Vorbildes erkannt. Das Wertreich des Strukturtypus wird dann in der Weise konkret, dass es zuletzt auch als Strebensziel des eigenen Strebens und Handelns fungieren kann.

Fassen wir Schelers Position zusammen:
1. Scheler entwickelt seine Wertethik in der Auseinandersetzung mit Kant. Er kritisiert dessen Annahme, die Ethik bestehe nur darin, unsere sinnlichen Eindrücke durch »Formen der Vernunft« einzuschränken. Nach Scheler orientiert sich das ethische Verhalten dagegen an den, von Personen erkannten, aber apriorischen Werten.
2. Die Werte stehen in einer apriorischen Rangordnung, sie sind untereinander damit relativ. Innerhalb der verschiedenen emotionalen Regionen und Stufen (Wertmodalitäten; denen grob die »Schichtung des emotiona-

len Lebens« entspricht) unterscheidet Scheler den Wertgegenstand (Sachwert), die Weise des Erkenntnisakts (Funktionswert) und seinen Eigenwert (Zustandswert). Die Wertmodalitäten bauen aufeinander auf; sie sind aber nicht aufeinander zurückführbar.

a) Die Werte des Angenehmen und des Unangenehmen werden sinnlich wahrgenommen. Der Zustand ist eine Empfindung. Sie sind auf den Leib eines Ich bezogen, d.h. sie lassen sich an Körperstellen lokalisieren und stehen auch nicht im Widerspruch zueinander; sie sind aktuell, d.h. man kann sich an sie nicht adäquat erinnern; sie sind tolerant gegen die Aufmerksamkeit, vom Willen abhängig und sie lassen sich herstellen.

b) Die vitalen Werte sind im Unterschied zwischen »edel« und »gemein« zu finden. Sie werden als »geeignet für« und »gut für« erkannt und im »Aufstreben« und »Niedergehen«, z.B. als »krank oder gesund«, wahrgenommen. Sie sind indirekt auf den Leib und das Ich bezogen im Sinne des »ich fühle mich«; dabei sind sie nicht spezifisch lokalisierbar. Auch teilen sie sich über bloße Ausdrucksphänomene hinaus mit.

c) Die geistigen Werte umfassen das »Schöne«, das »Gute und Rechte«, die »Wahrheitserkenntnis« usf. Sie werden im »Lieben und Hassen« und im »Billigen und Missbilligen« und in der geistigen »Freude und Trauer« in einem eigenen »geistigen Fühlen« wahrgenommen. »Geistige Gefühle« sind auf den Personkern bezogen. Sie sind daher sehr stabil und durch den Willen nicht zu ändern; sie entziehen sich jedem Gegenstands- und Motivbezug.

d) Die Wertmodalität des Heiligen kennt nur »absolute« Gegenstände. Sie findet sich als »Lieben und Hassen« in der »Seligkeit« und in der »Verzweiflung«. Die Werte des Heiligen können nur »geistig« erfasst werden. Zwischen die vitalen und die geistigen Gefühle treten die seelischen Gefühle. Sie sind unmittelbar auf das Ich bezogen: sie bestehen also weniger z.B. in einem »sich traurig fühlen» als in einem »traurig sein«. Sie sind nachfühlbar und motiviert, dauerhaft und dem Wollen entzogen.

3. Werte sind für Scheler apriorische und materiale Tatsachen, d.h. sie sind unabhängig von der sinnlichen Erfahrung, unmittelbar in ihrer »Washeit« phänomenologisch gegeben. Damit postuliert Scheler eine eigene Erfahrungsart. Alles, was für etwas »formal« sein kann, muss letztlich anschaulich und material gegeben sein. Aus diesen Gründen ist die kantische Gleichsetzung von »material« und »sinnlich« unterlaufen.

4. Nach Scheler nehmen wir die Werte, v.a. die der höheren Stufen, nicht direkt und unmittelbar wahr, sondern im so genannten »Vorziehen« und »Nachsetzen«. Darin ist die einzelne »Werttatsache« aber schon gege-

ben, wir treffen also keine Wahl. Werte finden sich an Gütern, Sachverhalten und Personen.
5. Scheler unterscheidet »Gefühlszustände«, »intentionales Fühlen« und »das, was darin gefühlt wird«. Beim Letzteren erhält das Fühlen die von Scheler gesuchte kognitive Funktion. Die höchste Stufe des emotionalen Lebens und des wertrangerkennenden Vorziehens und Nachsetzens ist »Lieben und Hassen«.
6. Der Kulminationspunkt für alle wertenden, liebenden und hassenden Akte ist die Person. Diese bildet die Einheit ihrer Aktvollzüge, der die Einheit ihrer Welt gegenübersteht. Alles, was mit der Person in Verbindung steht, heißt bei Scheler »Geist«.
7. Zum vollen Personsein gehören die »phänomenale Vollsinnigkeit« (der sinnvolle Zusammenhang aller Akte der Person), die »Mündigkeit« (die Zurechenbarkeit und die Möglichkeit zur Grundunterscheidung zwischen eigenen und fremden Akten), die »Willensmächtigkeit« (die Verfügungsmächtigkeit über den eigenen Leib) und die »Verantwortbarkeit« (der phänomenologische Einheits- und Erlebnissinn aller Handlungen einer Person).
8. Jede Person hat ein konkretes »Wertidealbild«, in dessen Rahmen sie Werte erkennen kann. Auf der anderen Seite besteht die Wertrangordnung objektiv. Ethisch kann von jedem Menschen aber nur gefordert werden, was innerhalb seines jeweiligen Werterkenntnisbereichs liegt.
9. Belehrung, Bestrafung und Nachahmung sind für Scheler fruchtlose Mittel der ethischen Erziehung. Es bildet sich das ethische Wertbild einer Person mit ihren Vorzugsregeln nämlich fast ausschließlich an der bildenden Ausrichtung an Vorbildern.

Ethische Positionen

Die vorgestellten Positionen bieten eine Auswahl. Vor allem neuere Ansätze, wie sie sich seit dem Zweiten Weltkrieg weltweit herausgebildet haben, wurden nicht berücksichtigt.

Das Ziel war die möglichst textnahe und somit weitgehend originale Darstellung der wichtigsten ethischen Positionen, auf die sich als unterschiedliche Paradigmen die neueren Ansätze im Kern zurückführen lassen. Die moderne fachphilosophische Debatte über die Begründung in der Ethik ist geprägt durch utilitaristische Modelle. Auch bei uns üben inzwischen angelsächsische und v.a. amerikanische Theorien einen großen Einfluss aus. Weil man sich offenbar scheut, den alten Begriff des Nutzens zu gebrauchen, spricht man lieber von »Interessen« oder von »Gründen«, die jemand für eine bestimmte Handlung hat. Die Frage nach den Gründen für moralisches Handeln erlaubt zwar eine erweiterte Sichtweise gegenüber der bloßen Problematisierung von Interessen, sie muss aber immer auch ein Maß angeben, wofür sie einen Grund abgibt. Entweder es handelt sich dabei wieder nur um ein »Interesse«, oder aber man orientiert sich am Begriff eines »guten Lebens«, was einen Rückgriff auf Aristoteles darstellt. Auch die Vorstellungen von Tugenden werden – wiederum im teilweisen Rückgriff auf aristotelische Vorgaben – heute neu diskutiert. Auf der anderen Seite gibt es in der amerikanischen Diskussion eine Renaissance kantischer Vorstellungen. Man kann also ohne Übertreibung sagen, dass die historischen Vorbilder ihre Relevanz bis heute und weltweit bewahrt haben.

Wegen der enormen Differenzierung und der Vielzahl der berücksichtigenswerten Elemente scheint klar zu sein, dass es eine Ethik für alle ohnehin nicht geben kann. Auch die Vielfalt des Lebens widerspricht wohl einem solchen Unternehmen. Ethik ist und bleibt immer auch etwas Persönliches, wenn auch – wie schon gesagt – nichts Beliebiges. Das Persönliche kristallisiert sich nämlich erst in der Auseinandersetzung mit dem Anderen heraus. Das ist auch der Umstand, der die Ethik nicht zu einem Ende kommen lässt. Denn Anderes, noch nicht Berücksichtigtes, gibt es immer, und so hat es die Ethik *per se* auch immer wieder mit Neuem zu tun. Auf dieses muss sie sich einlassen, wenn sie orientieren will, aber ebenso, wenn sie selbst in ihrem Nachdenken über das Gute weiterkommen will.

Literatur

Verwendete Textausgaben

Aristoteles, Die Nikomachische Ethik, übersetzt und mit einer Einführung und Erläuterungen versehen v. Olof Gigon, München, ⁴2002 (NE)
Cicero, De officiis / Vom pflichtgemäßen Handeln, lateinisch-deutsch, übersetzt, kommentiert und herausgegeben von Heinz Gunermann, Stuttgart, 1999 (DO)
Immanuel Kant, Kritik der praktischen Vernunft, Grundlegung zur Metaphysik der Sitten, herausgegeben von Wilhelm Weischedel, Frankfurt/Main, ¹⁰1989 u.a. Auflagen (GMS)
John Stuart Mill, Utilitarismus, übersetzt und kommentiert von Dieter Birnbacher, Stuttgart, 1997 (Utilitarismus)
Max Scheler, Der Formalismus in der Ethik und die materiale Wertethik. Neuer Versuch der Grundlegung eines ethischen Personalismus, (Gesammelte Werke Bd. 2) Bern, München: Franke, ⁵1966, Bonn, ⁶2002 (Formalismus)

Stellennachweise, Seitenzahlen nach den angegebenen Ausgaben

Aristoteles, 105-117, 131-145, 203-208, 231-237, 245-249
Marcus Tullius Cicero, 5-21, 47-57, 57-67, 77-89, 89-91, 92-94, 97-99, 101,103-107
Immanuel Kant, 18-36, 41-51, 74-102
John Stuart Mill, 3-10, 11-23, 30-45, 60-71
Max Scheler, 67-73, 74-78, 117-126, 173-176, 256-267, 331-345, (370-392), 469-486, 558-568

Aristoteles: Nikomachische Ethik
Die Eudaimonia, NE Buch I;
Ethische und dianoetische Tugenden, NE Buch II, Abschn. 1-4;
Die Tugend als Mitte, NE Buch II, Abschn. 5-9;
Die Gerechtigkeit, NE Buch V, Abschn. 1-9;
Die Klugheit, NE Buch VI, Abschn. 1-5 u. 13.

Marcus Tullius Cicero: De officiis, Buch I
Einleitung (DO Abschn. 1-7);
Die Fundamente der Moral (DO Abschn. 8-17);
Die Kardinaltugenden: Weisheit (DO Abschn. 18f.), Gerechtigkeit (DO Abschn. 50-60), Tapferkeit (DO Abschn. 62-73 u. 85-92), Mäßigkeit / Besonnenheit (DO Abschn. 93-99);
Das pflichtgemäße Handeln (DO Abschn. 100-103, 105-107, 110f., 115, 117-121).

Immanuel Kant: Grundlegung zur Metaphysik der Sitten
Kritik an Aristoteles und theoretische Grundlagen der kantischen Philosophie aus der Metaphysik der Sitten und der Kritik der reinen Vernunft;
Pflicht und guter Wille, GMS BA 1-29;
Imperative, GMS BA 36-52 u. 87-99;
Autonomie und Freiheit, GMS BA 100-128.

John Stuart Mill: Utilitarismus
Einleitung, Utilitarismus, Kap. I, S. 3-10;
Was heißt Utilitarismus, Utilitarismus Kap. II, S. 11-23;
Das Glück und der Nutzen (Einwände), Utilitarismus Kap. II, S. 30-45;
Der Beweis für das Nützlichkeitsargument, Utilitarismus Kap. IV S. 60-71.

Max Scheler: Der Formalismus in der Ethik und die materiale Wertethik
Werte und Wertordnung, Formalismus S. 117-126 u. 331-345;
Die Phänomenologie und die Abgrenzung von Kant, Formalismus S. 67-73, 74 (unten)-78;
Schelers Wertlehre, Formalismus S. 173-176, 256-267;
Der Personalismus Schelers Formalismus (S. 370-392), S. 469-486, 558-568.

Weitere Literatur

Zu Aristoteles
Anthony Kenny, Aristotle on the perfect life, Oxford 1992
Peter Stemmer, „Aristoteles' Glücksbegriff in der Nikomachischen Ethik. Eine Interpretation von EN 1 7, 1097 b 2-5", in: Phronesis 37(1992), 85-110
Otfried Höffe, Aristoteles. Die Nikomachische Ethik, Klassiker auslegen Bd. 2, Berlin 1995
Friedo Ricken, „Aristoteles", in: Philosophen der Antike I, hg. v. Friedo Ricken, Stuttgart, Berlin, Köln 1996, 227-244 (Literatur 276-279)
Robert Spaemann, Glück und Wohlwollen, Stuttgart ^{4}1998
Aristoteles, Nikomachische Ethik, übersetzt und kommentiert von Franz Dirlmeier, Berlin ^{10}1999
Otfried Höffe, Aristoteles (Beck'sche Reihe: Denker), München ^{2}1999
Ursula Wolf, Die Philosophie und die Frage nach dem guten Leben, Reinbek bei Hamburg 1999

Zu Cicero
Lotte Labowsky, Der Begriff des Prepon. Die Ethik des Panaitios, Diss. Heidelberg 1934
Max Pohlenz, Die Stoa, Geschichte einer geistigen Bewegung, Göttingen ^{3}1964
Ulrich Knoche, „Cicero: Ein Mittler griechischer Geisteskultur", in: Römische Philosophie, hg. v. Gregor Maurach, Darmstadt 1976, 118-141
Wolfgang Weinkauf, „Einleitung" zu: Die Stoa, Kommentierte Werkausgabe, übers. und hg. v. Wolfgang Weinkauf, Augsburg 1994, 9-85
Woldemar Görler, „Cicero", in: Philosophen der Antike II, hg. v. Friedo Ricken, Stuttgart, Berlin, Köln 1996, 83-109 (Literatur 285-288)
Barbara Guckes (Hg.), Zur Ethik der älteren Stoa, Göttingen 2004

Zur antiken Philosophie insgesamt
Friedrich Ueberwegs Grundriss der Geschichte der Philosophie: Erster Teil. Die Philosophie des Altertums, hg. v. Karl Praechter, Tübingen ^{13}1953 (oder die folgenden Auflagen); Neugestaltung (Ueberweg-Nachfolge) hg. v. Helmuth Flashar, Die Philosophie der Antike, mehrere Bände, Basel ab 1983
Wolfgang Röd, Geschichte der Philosophie, München ab 1976 (mehrere Bände und Auflagen)
Wolfgang Röd, Der Weg der Philosophie von den Anfängen bis zur Gegenwart, erster Band, München 1994
Friedo Ricken, Philosophie der Antike, Stuttgart ^{3}2000

Zu Immanuel Kant
Paton, Herbert J., Der kategorische Imperativ. Eine Untersuchung über Kants Moralphilosophie, Berlin 1962
Beck, Lewis, W., Kants „Kritik der praktischen Vernunft". Ein Kommentar, München 1974, ^{3}1995

Otfried Höffe, Grundlegung zur Metaphysik der Sitten. Ein kooperativer Kommentar, Frankfurt/Main 1989
Schönecker, Dieter, Kant: Grundlegung III. Die Deduktion des kategorischen Imperativs, Freiburg, München 1999
Otfried Höffe, Immanuel Kant (Beck'sche Reihe: Denker), München ⁵2000
Dieter Schönecker, Allan W. Wood, Immanuel Kant „Grundlegung zur Metaphysik der Sitten". Ein einführender Kommentar, Paderborn u. a. 2002

Zu John Stuart Mill
Otfried Höffe, Einführung in die utilitaristische Ethik, Klassische und zeitgenössische Texte, Tübingen ²1992
J.-C. Wolf, John Stuart Mills „Utilitarismus". Ein kritischer Kommentar, Freiburg/Br. 1992
Ralph Schumacher, John Stuart Mill, Frankfurt/M., New York 1994
J. Gaulke, John Stuart Mill, Hamburg 1996
R. Crisp, Mill on Utilitarianism, London 1997
D. Lyons (Hg.), Mill's ‚Utilitarianism': Critical Essays, Lanham 1997
J. Skorupski (Hg.), The Cambridge Companion to Mill, Cambridge 1998
Peter Rinderle, John Stuart Mill (Beck'sche Reihe: Denker), München 2000

Zu Max Scheler
Alexander Altmann, Die Grundlage der Wertethik. Wesen / Wert / Person, Berlin 1931
Ernst Wolfgang Orth, Gerhart Pfafferott (Hg.): Studien zur Philosophie von Max Scheler, Freiburg/Br. 1994
Paul Good, Max Scheler. Eine Einführung, Düsseldorf, Bonn 1998
Wolfhard Henckmann, Max Scheler (Beck'sche: Reihe Denker), München 1998
Christian Bermes, Wolfhard Henckmann, Heinz Leonardy (Hg.), Person und Wert, Schelers „Formalismus" - Perspektiven und Wirkungen, München, Freiburg/Br. 2000

Zur Ethik insgesamt
Thomas Gil, Ethik, Stuttgart 1993
Franz von Kutschera, Grundlagen der Ethik, Berlin, New York ²1999
Annemarie Pieper, Einführung in die Ethik, Tübingen ⁴2000
Konrad Ott, Moralbegründungen. Zur Einführung, Hamburg 2001

Grundfragen der Philosophie   V&R

Stephan Grätzel
Dasein ohne Schuld
Dimensionen menschlicher Schuld aus philosophischer Perspektive

2004. 304 Seiten, gebunden
ISBN 3-525-30144-8

Stephan Grätzel deutet die Schuldfrage in ihrer ganzen anthropologischen Breite. Schuld wird dabei in ihrer elementaren Form der Daseinsschuld – die das Leben gegenüber den Vorfahren und dem Vorleben insgesamt geschuldet und gegenüber den Nachfahren verantwortet sieht – aufgegriffen und in ihren kulturellen und religiösen Bezügen sichtbar gemacht. Das erlaubt eine völlig neue Sicht auf drängende Fragen der Vergangenheitsbewältigung in säkularisierten Gesellschaften und neue Antworten, die insbesondere in Deutschland wichtig sind.

Servais Pinckaers
Christus und das Glück
Grundriss der christlichen Ethik

Aus dem Französischen übertragen von Tobias Hoffmann. Mit einem Vorwort von Alasdair MacIntyre.
2004. 108 Seiten, kartoniert
ISBN 3-525-30142-1

Die christliche Ethik ist ein Gesetz der Freiheit. Sie ist die Antwort auf das Streben nach Glück.

Wulff D. Rehfus (Hg.)
Handwörterbuch Philosophie
Mit Beiträgen von 54 Autoren

UTB 8208 L
2003. 736 Seiten mit 10 Tabellen und 2 Schaubildern, kartoniert
ISBN 3-8252-8208-2

Das *Handwörterbuch Philosophie* bietet notwendiges Grundlagenwissen zum gesamten Bereich der Philosophie im Überblick – zusammengetragen von ausgewiesenen Spezialisten.
Es gliedert sich in drei Teile: einen philosophiegeschichtlichen Grundriss vom Altertum bis zum Ende des 20. Jahrhunderts; ein alphabetisches Lexikon der wichtigen Philosophen, ergänzt um ausführliche Kurzporträts der bedeutendsten Denker; ein alphabetisches Wörterbuch philosophischer Grundbegriffe.

Wulff D. Rehfus (Hg.)
Handwörterbuch Philosophie
CD-ROM

2005. Muldimedia CD-ROM mit Booklet (4-farbig)
ISBN 3-525-30148-0

Jetzt auch auf CD-ROM: Das bewährte Nachschlagewerk verbindet die Vorzüge historischer und systematischer Darstellung.

Vandenhoeck & Ruprecht

Sammlung Philosophie – wichtige philosophische Studientexte

V&R

Band 1: Johannes Duns Scotus
Die Univozität des Seienden
Texte zur Metaphysik

Herausgegeben von Tobias Hoffmann.
2002. XLVI, 234 Seiten mit 1 Abb., kartoniert
ISBN 3-525-30600-8

Indem Scotus das Seiende als univok (eindeutig) auffasst, kann er auf neue Weise die Einheit der Metaphysik denken.

Band 2: David Hume
Eine Untersuchung der Grundlagen der Moral
Eingeleitet, übersetzt und erläutert von Karl Hepfer. 2002. LXXVI, 164 Seiten, kartoniert
ISBN 3-525-30601-6

Der Text gilt als eines der klassischen Werke der praktischen Philosophie, dessen Gedanken bis heute in der systematischen Diskussion präsent sind.

Band 3: Immanuel Kant
Grundlegung zur Metaphysik der Sitten
Herasugegeben, eingeleitet und erläutert von Jens Timmermann.
2004. XL, 171 Seiten mit 1 Abb., kartoniert
ISBN 3-525-30602-4

Die Grundlegung ist vermutlich der wichtigste deutsche Text zur Ethik überhaupt.

Band 4: Gottlob Frege
Funktion – Begriff – Bedeutung
Herausgegeben von Mark Textor.
Neuausgabe 2002. XLVI, 96 Seiten, kartoniert
ISBN 3-525-30603-2

Der Band enthält Freges grundlegende Arbeiten, die von großer Bedeutung für die aktuelle Sprachphilosophie, Logik und Ontologie sind, und erschließt sie durch einen Studienkommentar.

Band 5: René Descartes
Meditationen
Dreisprachige Parallelausgabe. Latein – Französisch – Deutsch

Eingeleitet, übersetzt und erläutert von Andreas Schmidt. 2004. XXXVII, 338 Seiten, kartoniert
ISBN 3-525-30604-0

Einzige dreisprachige Parallelausgabe von Descartes' Meditationen (lateinisch – französisch – deutsch) mit Einführung und Studienkommentar.

Vandenhoeck & Ruprecht